Wolfgang Schindler

MYTHOS
UND
WIRKLICHKEIT
IN DER
ANTIKE

WOLFGANG SCHINDLER

MYTHOS UND WIRKLICHKEIT IN DER ANTIKE

EDITION LEIPZIG

Einbandmotiv:
Geometrische Darstellung einer Wagenfahrt
auf einem Krater aus Theben, 8. Jh. v. u. Z.
London, Britisches Museum

Schindler, Wolfgang:
Mythos und Wirklichkeit in der Antike. —
Leipzig : Edition Leipzig, [u. a.] 1987. — 292 S.:
zahlr. III. (z. T. farb.)

© 1987 Edition Leipzig
Gestaltung Maja Thorn
Gesamtherstellung Grafische Werke Zwickau
Printed in the German Democratic Republic
Liz.-Nr. 600/11/87
ISBN 3—361—00141—2
Bestell-Nr. 594 511 2

INHALT

1
Zyklus der Theseustaten auf
dem Innenbild einer attisch-
rotfigurigen Schale aus Spina.
Werk des Penthesileamalers,
erste Hälfte des 5. Jh. v. u. Z.
Ferrara, Archäologisches
Nationalmuseum.

EINLEITUNG

Am Anfang der griechischen Dichtung steht Homer. Unter seinem Namen sind zwei Epen überliefert, »Ilias« und »Odyssee«. Erstere wird auf ihn zurückgeführt, letztere dürfte in seiner Nachfolge entstanden sein. Beide präsentieren neben der mythischen Haupthandlung – einmal ist es eine Episode aus dem Trojanischen Krieg, zum anderen ist es die Heimkehr des Helden Odysseus – eine Fülle von Mythen, die kaum als eine Erfindung ihres, also des 8. Jahrhunderts v. u. Z. denkbar sind. Vielmehr weisen sie in eine sagenhafte Vergangenheit, die in ihnen bewahrt und überliefert wird.

Wie diese vom Mythos aufgegriffenen Begebenheiten bis in die homerische Zeit bekannt bleiben konnten, ist bis heute ein Rätsel; denn die Griechen haben ihre Schrift erst im 9. Jahrhundert v. u. Z. entwickelt. Davor liegen mehr als zwei Jahrhunderte der Schriftlosigkeit im griechischen Kulturbereich. Durch archäologische Ausgrabungen der geographischen Bezugspunkte des Mythos, etwa Trojas, Mykenes, Tiryns', Thebens und anderer Kulturzentren der ägäischen Frühzeit des 2. Jahrtausends v. u. Z. konnten diese Mythen als legendäre Geschichtsüberlieferung, gewissermaßen als historischer Reflex der Vorgängerkulturen erwiesen werden.

Das Maß der Glaubwürdigkeit im einzelnen ist freilich bis heute umstritten. So gesehen ist ihre Abbildfunktion historischer Vorgänge eine durch Rezeption vermittelte und durch die jeweils zeitgenössischen Intentionen modifizierte. Man hat längst die Einfärbung der »Ilias« und »Odyssee« durch das homerische bzw. das nachhomerische Zeitalter, besonders in den eingestreuten Gleichnissen, erkannt. Das ändert nichts an dem grundsätzlichen Informationsgehalt, den uns noch heute diese Mythen aus der griechischen Vorzeit übermitteln. Die Zuverlässigkeit dieses Realitätsgehalts ist – wie bereits angedeutet – Gegenstand des wissenschaftlichen Meinungsstreites geblieben. Die Skala der Meinungen reicht bis hin zur Negierung des historischen Kerns der Mythen, soweit das die griechische Vorzeit betrifft. An dem historischen Abbildcharakter – wie auch immer motiviert und abgewandelt – kann jedoch zunächst einmal festgehalten werden. Auf welche Argumente sich eine solche Annahme stützt, soll im ersten Kapitel näher begründet werden (S. 14 ff.).

Indem die Griechen des 1. Jahrtausends v. u. Z. sich des Mythos vergewisserten, verwendeten sie ihn zugleich zur Verständigung über ihr eigenes Zusammenleben, ihre Weltsicht, ihr Menschenbild. Kultpraxis und Legitimierung sozialer Prozesse und Führungsansprüche sind in den frühen Jahrhunderten der griechischen Kulturentwicklung ohne die Motivation durch den Mythos gar nicht denkbar. Literatur und Bildkunst, auch die Geschichtsschreibung legen dafür ein beredtes Zeugnis ab.

Ob nun zum Beispiel der Reformator Solon (um 640 bis 560) sein Gesetzeswerk unter den Schutz der Stadtgöttin Athens gestellt verstanden wissen will oder ob seine Widersacher, die Tyrannenfreunde, gegen Mitte des 6. Jahrhunderts v. u. Z. eben diese Göttin Athena als Helferin ihres Staatsstreiches regelrecht inszenieren, immer gilt für diese Zeit archaischer Verhältnisse als unabdingbar, die mythische Verankerung alles dessen herzustellen, was bei den frühen Griechen als Gesetz und Ordnung, als wert- und sinnhaltige Begründung Geltung beansprucht.

Inbegriff der kultischen und damit gesamtgesellschaftlichen Orientierungen waren die Götter, über deren Herkunft und Geschichten, Kompetenz und Wirksamkeit die Mythen Auskunft gaben. Der Zentralwert dieser Wesenheiten zeichnet sich im Mythos mit aller Deutlichkeit ab, bis hin zur Disqualifizierung anderer Götter als potentieller Gegner. Die kriegerische Auseinandersetzung der olympischen Götter, das heißt der dritten etablierten Göttergeneration, mit den Titanen oder den Giganten ist dafür ein sprechendes Beispiel. Dieser Mythos vom Götterkampf hat bis in die griechische Spätzeit – erinnert sei nur an die Darstellung auf dem großen Fries des Pergamonaltars – nichts an Gesellschaftsbezogenheit eingebüßt, im Gegenteil, er hat an Brisanz und allgemeingültiger Aussagekraft eher noch zugenommen. Dabei will beachtet sein, daß in der Handhabung des Mythos insofern eine Änderung eingetreten ist, als auf der Frühstufe Mythisches als unmittelbar erlebte Wirklichkeit dargestellt, später aber nur noch als abgebildete Wirklichkeit bewußt gemacht wird.

Die Wandlungs- und Umwälzungsprozesse in den einzelnen Jahrhunderten sind nicht ohne Einfluß auf die Mythentradition, ihre Aus- und Umgestaltung gewesen. Es ist erstaunlich, daß selbst in der Zeit, als der Gültigkeitsanspruch des Mythos als Welterklärungs- und Gesellschaftsmuster bestritten und durch die Herausbildung neuer Normen und Leitbilder, vor allem durch die wissenschaftlichen Erkenntnisse, in seine Schranken gewiesen wurde, er als Instrumentarium, gleichsam als ein Vehikel, zur Verständigung über zeitgenössische Probleme, bis hin zur Tagespolitik, unentbehrlich blieb. Die Tragödien des 5. Jahrhunderts v. u. Z. sind aufschlußreiche Modellfälle für die komplexe Sinnhaltigkeit mythischer Vermittlungen, die in diesem Falle als Bühnenproduktionen mitten in den Meinungsstreit der Bürgergemeinde von Athen eingriffen.

Man darf sagen, daß in gleichem Maße, wie die politischen und kulturellen Problemdarstellungen zunehmend in der mythischen Version ihren Niederschlag fanden, auch die ideologiebefrachtete Zuspitzung dieses Darstellungsmediums eher zugenommen hat. Das Verbot politischer Angriffe, soweit sie in der altattischen Komödie etwa eines Aristophanes (um 445 bis um 386) ausgetragen wurden, macht die Heftigkeit der Auseinandersetzungen und ihrer theaterwirksamen Konsequenzen ganz deutlich. Dabei muß einschränkend zugegeben werden, daß diese Form der Einmischung in die Diskussionen um Zeitprobleme, wie sie im späten 5., frühen 4. Jahrhundert v. u. Z. in Athen geführt worden sind, gerade in der Komödie viel unmittelbarer, also weniger mythisch verhüllt, eingesetzt worden ist.

Die Erschließung des Mythenarsenals und seine Inanspruchnahme im Zuge der ideologischen und moralischen Festigung des Staatsbewußtseins, der dynastischen Vergewisserung für die Besetzung der Staatsspitze, der Begründung des Herrschaftsanspruches, der Interpretation des Herrscherbildes, hat im römischen Bereich, vor allem in der Kaiserzeit der ersten drei Jahrhunderte u. Z., zweifellos seine brillanteste, zugleich beziehungsreichste Ausformung erfahren.

Aufgrund des viel bewußteren und gezielteren Einsatzes mythischer Ausdrucksweisen bei den Römern hat hier die propagandistische Beanspruchung dieses 9 durch Allgemeinverständlichkeit besonders breitenwirksamen und volksverbundenen Verständigungsmittels eine hervorragende Rolle gespielt. Die Sensibilisierung dieses Mediums, sei es in literarischer oder bildkünstlerischer Vergegenständlichung – bis hin zur mythosbezogenen Ausgestaltung des privaten Wohn- und Lebensbereiches der Römer –, ist derart vorangetrieben und entwickelt worden, daß für die gebildeten und mit den mythischen Varianten vertrauteren Römer auch die latenten oder aber offenkundigen Ansätze einer Herrschafts- und Gesellschaftskritik in dialektischer Verzahnung mit der offiziellen Repräsentations- und Legalisierungsfunktion bild- beziehungsweise literaturwirksam gemacht werden konnten.

Die Resonanz auf die so gesehen polyfunktionale Geladenheit mythischer Realisierungen dürfte besonders in den tonangebenden Kreisen und Schichten Roms voll ausgebildet gewesen sein. Die Verbannung des Dichters Ovid (43 v. u. Z. bis 18 u. Z.) an die westpontische Küste, für damalige Verhältnisse ans Ende der Welt, wird von der neueren Forschung weniger mit seiner »Liebeskunst« als vielmehr mit seinen »Metamorphosen« in Zusammenhang gebracht, deren gesellschaftskritische Doppelbödigkeit man erst jetzt allmählich deutlicher zu erkennen beginnt.

Römische Kaiserherrschaft war auf weite Strecken nicht denkbar, ohne daß der von den Herrschern erhobene Machtanspruch in der staatlich sanktionierten Kultpraxis verankert und auf das jeweils sinnvoll, das heißt personenbezogen durchprogrammierte Götterpantheon abgestimmt war. Etliche Kaiser ließen es sich angelegen sein, die Rolle von Göttern und Heroen zu übernehmen, die sie in der bildkünstlerischen Konsequenz ihren Denkmälern, bis zur Maskierung und Kostümierung ihrer Person anzuähnlichen und einzuverleiben trachteten. Das hatte auch den Vorteil, in solcher Gestalt populär und massenwirksam zu werden, etwa als Held Achill oder als Herakles, am Ende gar als Sonnengott als Vorstufe des alleinigen, alle anderen in sich begreifenden Gottes. Diese Inszenierungen haben auch vor der Vertauschung der Geschlechter nicht zurückgescheut. So ließen es einige Kaiser nicht unversucht, männlichen und weiblichen Gottesanspruch in ihrer Person zu verschmelzen. Kaiser Nero (reg. 54 bis 68) hat als Schauspieler damit den Anfang gemacht, indem er auch weibliche Rollen des Mythos durchzuspielen versuchte. Kaiser Gallienus (218 bis 268) scheiterte auf einer schon entwickelteren Stufe dieses Konzepts offenbar an dem feministischen Aspekt der von ihm beanspruchten Vergötterung. Die Kritik folgte solchen Versuchen auf dem Fuße. Den nachträglichen Verteufelungen solcher Inszenierungen der Kaiser entnehmen wir die sonst nur spärlich zu erlangenden Informationen über diesen pervers anmutenden Prozeß, in dem sich die Universalität spätantiken Herrschaftsanspruches anzubahnen scheint.

Nach den bahnbrechenden Versuchen des Kaisers Diocletian (reg. 284 bis 305) im späten 3. Jahrhundert u. Z. ließ sich Kaiser Constantin (reg. 306 bis 337) als »dominus et deus«, Herr und Gott, verehren, das heißt als oberster Gebieter und Herrscher von Gottes Gnaden, als Inbegriff absoluter Staatsmacht erfassen. Diese Entwicklung, die auf die uneingeschränkte Vergöttlichung der Staatsspitze hinauslief, signalisiert das Ende der Antike beziehungsweise den Beginn der Spätantike im

4. Jahrhundert u. Z. Die christliche Religion und Ideologie verlieh dieser Synthese in einem neuen Mythos adäquaten Ausdruck, in der Lebens- und Leidensgeschichte Jesu Christi. Damit wurde der alte Mythos als heidnisch degradiert und nur noch in seinem christianisierten Symbolgehalt akzeptiert und verwendet.

Die Gestalt des guten Hirten, in der Antike vorbereitet, rückte nunmehr in den von Christus her gesehenen neuen Sinnzusammenhang, nämlich dem von der Erlösung der Welt durch den von Gott gesandten Hirten der Völker. Ein solches Missionsverständnis der christlichen Religion hatte sich bereits im 1. Jahrhundert u. Z., besonders durch das Wirken des Apostels Paulus, herausgebildet. Die Heilsgeschichte von dem in Bethlehem geborenen Messias, der auf den heftigsten Widerstand der jüdischen Obrigkeit gestoßen und aus diesem Grunde wegen Gotteslästerung zum Tode verurteilt und ans Kreuz geschlagen worden war, fand ihren Niederschlag in den Evangelien, der schriftlichen Fixierung seines Wirkens und Sterbens.

Als Heilande der Welt hatten sich schon hellenistische Herrscher verehren lassen. Mit Augustus' (reg. 27 v. u. Z. bis 14 u. Z.) Bemühen um die Neuordnung des römischen Imperiums, also der damaligen Mittelmeerwelt, soweit sie bewohnt und kultiviert war, erneuerte sich der Anspruch, Retter der Menschheit zu sein. Basierte das Friedenswerk des ersten Kaisers auf der Beendigung der blutigen Bürgerkriege, der Wiederherstellung normaler Produktionsverhältnisse und deren Sicherung durch neuformierte, sinnvoll stationierte Militäreinheiten, die letztendlich auf das Kommando des Prinzeps hörten, so orientierte die Heilsbotschaft Jesu Christi auf den inneren Frieden der Menschen und ihre Verbrüderung über alle sozialen Schranken hinweg. Das bedeutete nicht unbedingt ein Infragestellen der bestehenden Gesellschaftsordnung. Jeder Freie und Unfreie sollte an seinem Platz und in seiner Funktion das ihm Mögliche zum sozialen Ausgleich beitragen. »Gebt dem Kaiser, was des Kaisers ist«, lautete die Devise.

So konnten sich die frühen Christengemeinden innerhalb des Imperiums relativ ungestört entwickeln. Die überlieferten Verfolgungen wurden vor allem durch die Weigerung ausgelöst, sich am Opfer im Kaiserkult zu beteiligen, das durch die Vergöttlichung des Staatsoberhauptes motiviert war. Dieses Moment erwies sich jedoch später als willkommener Anknüpfungspunkt für die Ergebenheit der christianisierten Untertanen gegenüber dem Machthaber, sofern er nur seine Macht im Namen Christi ausübte. Die neue Religion beförderte also ein nicht weniger mythisch begründetes Herrschaftsverhältnis und Weltverständnis, das sich von der Schöpfungsgeschichte über das Heilsgeschehen bis zum zukünftigen Weltgericht erstreckte.

HERODOT V. 67

»... Denn als dieser (Kleisthenes von Sikyon)
Krieg mit den Argivern führte, verbot er
zunächst den Rhapsoden, in Sikyon Wettkämpfe
wegen der Homerischen Gesänge zu halten, weil Argos und
die Argiver darin beständig besungen werden.
Weiter aber wollte er auch Adrastos, den Sohn des
Talaos, dessen Tempel damals wie jetzt noch auf dem Markte
in Sikyon stand, weil er ein Argiver war, aus dem Lande
vertreiben.
Damals ging er nach Delphi, um das Orakel zu befragen,
ob er ihn vertreiben solle. Die Pythia aber beschied ihn,
Adrastos wäre König in Sikyon, und er nur
ein grausamer Tyrann.
Da der Gott ihm das nicht gestattete, ging er wieder
nach Hause und sann nun auf ein Mittel,
wie er Adrastos dazu bewegen könne, von selbst
aus Sikyon abzuziehen ...«

(Übersetzung Theodor Braun)

AUF DEN SPUREN HOMERS

Mykener

Am Anfang war Homer. Für die Griechen, die ihn zum Vater der Dichtung machten, war er die Quelle ihres Wissens vom Trojanischen Krieg, das heißt von der Eroberung Trojas durch die Achäer. Das waren die Vertreter der nach dem Herrschaftszentrum Mykene (nordöstliche Peloponnes) benannten Festlandskultur, die sich gegen die Mitte des 2. Jahrtausends v. u. Z. auf der Peloponnes und in Mittelgriechenland herausgebildet und ihren Einfluß in den folgenden Jahrhunderten über die Inseln des Ägäischen Meeres bis an die Küsten Kleinasiens, vor allem bis nach Kreta, ausgedehnt hatte.

Die Expansion war ein Prozeß, der seit dem Vulkanausbruch auf der Insel Thera nach 1500 v. u. Z. einsetzte und sich im Laufe des 14. Jahrhundert v. u. Z. mit zunehmender Deutlichkeit abzeichnete. Die Eroberer der Insel des Minos gerieten selbst in den dort über Jahrhunderte hin gewachsenen Kulturstrom und brachten ihn mit ihren eigenen Intentionen zur Verschmelzung. Auf diese Weise trat die kretisch-minoische Kultur, die auf ein volles Jahrtausend Entwicklung zurückblicken konnte, in den Mykenisierungsprozeß ein, an dessen Ende das Erbe der Kreter fast völlig aufgezehrt und umgesetzt wurde. Über diese Umschichtung und Neuorientierung geben die keramischen Produkte der Insel kontinuierliche Auskunft. Sie sind zum zuverlässigsten Indiz eines geschichtlichen Ablaufs geworden, dessen politische und ökonomische Konturen sich bisher nur in allgemeinsten Zügen abzeichnen.

Trojanischer Krieg

In diese Phase der mykenischen Expansion fällt auch jene Begebenheit, die Homer als den Trojanischen Krieg überliefert hat, eine Auseinandersetzung zwischen den Späthelladikern des griechischen Festlandes, also den Mykenern, und den Trojanern und ihren Verbündeten. Homer greift in seiner »Ilias« nur eine Episode aus diesem Krieg heraus, den »Zorn des Achill«, wie man diesen Abschnitt auch betitelt hat. Das ist die Geschichte, nach der sich dieser Griechenheld von dem Heerführer Agamemnon trennt und in den Kampf erst wieder eingreift, als sein Freund Patroklos gefallen ist und die Trojaner das Schiffslager der Achäer bedrängen. Wir erfahren in diesem Zusammenhang die Umstände des Krieges, seinen Anlaß, seine Vorbereitungen, und wissen aus späteren Quellen, schon aus der »Odyssee«, wie er abgelaufen und zum Abschluß gekommen ist. Es ergibt sich ein Gesamtbild, das im wesentlichen von Homers Epen getragen wird.

Historizität

Für die Griechen des 1. Jahrtausends v. u. Z. war die Kunde von der Belagerung und Eroberung Trojas ein Mythos, eine Erzählung, in der dieses Vorkommnis, das Jahrhunderte zurücklag, mitgeteilt wurde. In Wort und Bild ist dieser Mythos dann immer wieder aufgegriffen und abgewandelt worden. Seine Historizität wurde nie hinterfragt. Erst die historisch-kritische Einstellung der Moderne, vor allem des 19. Jahrhunderts, hat den Mythos als eine poetische Schöpfung zu erfassen versucht, deren historischer Kern zunehmend zu einem Problem wurde. So war etwa in der Mitte des vorigen Jahrhunderts für die Mehrzahl der Forscher der Krieg um Troja eine dichterische Erfindung der homerischen Zeit, deren historische Verifizierung in Angriff zu nehmen aussichtslos schien. Ulrich von Wilamowitz-Moellendorff (1848 bis 1931), ein namhafter Philologe des 19./20. Jahrhunderts, formulierte 1873 in einem Brief an seine Eltern wie folgt:

»Da das Reich des Priamos in demselben Lande liegt, wo das himmlische Jerusalem, Dantes Hölle, Schillers Böhmische Wälder, die Königsburg des Lear und das Eisland, in dem Brunhilde herrscht, so kann man Priamos' Schatz nur ebenso finden, wie die Sprossen von der Himmelsleiter und die Stelle, wo, wenn Romulus nicht Rom gegründet hätte, Remus Rom gegründet hätte.«[1]

Gerade in dieser Zeit der wissenschaftlichen Skepsis hatte sich ein Außenseiter, Kaufmann seines Zeichens, auf die Beine gemacht, das historische Troja zu finden. Es war Heinrich Schliemann (1822 bis 1890), der aus seiner Homerlektüre die Gewißheit gewonnen hatte, daß Troja existiert haben müsse und alles darauf ankam, seine Ruinen zutage zu fördern. Es muß fairerweise daran erinnert werden, daß die trojanischen Gefilde im nördlichen Küstenstrich Kleinasiens nie ganz als Schauplatz dieser Auseinandersetzungen in Vergessenheit geraten sind. Schon in der griechischen Antike wußte man die Skamanderebene auf Homers Schilderung der Kämpfe um Troja zu beziehen. Der römische Kaiser Caracalla (reg. 211 bis 217) inszenierte in der Rolle des Helden Achill das Opfer am Grabe des Freundes Patroklos, wie es in Homers »Ilias« vorgezeichnet war (S. 269). Das geschah in eben dieser Gegend am Eingang der Dardanellen.

Schliemanns Initiative

Als Schliemann sich aufmachte, die Ruinen von Troja zu finden, gab es nur wenige Fachleute, die an Trojas historischer Existenz festhielten. Und diese suchten den Platz des sagenumwobenen Ortes landeinwärts am Balidagh bei Bunarbashi. Zu ihnen zählten Gelehrte wie der berühmte Historiker Ernst Curtius (1814 bis 1896), der Initiator der Ausgrabungen von Olympia. Schliemann verwarf alsbald dieses viel zu weit von der Küste abgerückte Suchfeld als möglichen Standort Trojas und konzentrierte sich, angeregt durch Frank Calvert (1828 bis 1909), den amerikanischen Konsul, der sich dort bereits angekauft hatte, auf den Hisarlik, den etwa 4 km vom Meer entfernt liegenden Burghügel, der 250 m lang und 150 m breit über der Ebene aufragte, im Zwickelfeld des Skamander und des in ihn einmündenden Simoïs.

Hisarlik

2

Die Ausgrabungen, die Schliemann auf dem Hisarlik 1871 bis 1873, 1878/1879, 1882, schließlich 1890 durchführte, brachten ein Ergebnis, das durch die Nachgrabungen der 1930er und 1950er Jahre ergänzt, vertieft, auch korrigiert worden ist, im Prinzip aber Schliemanns Initiative bestätigte. So darf Schliemann als der Entdecker von Troja angesprochen werden, als der er auch ein volles Jahrhundert hindurch immer wieder gefeiert worden ist. Mit gutem Grund ist er als »Vater der mykenischen Archäologie« bezeichnet worden, ein Prädikat, das seinen Verdiensten um die Erschließung des vorgriechischen 2. Jahrtausends Rechnung zu tragen versucht.

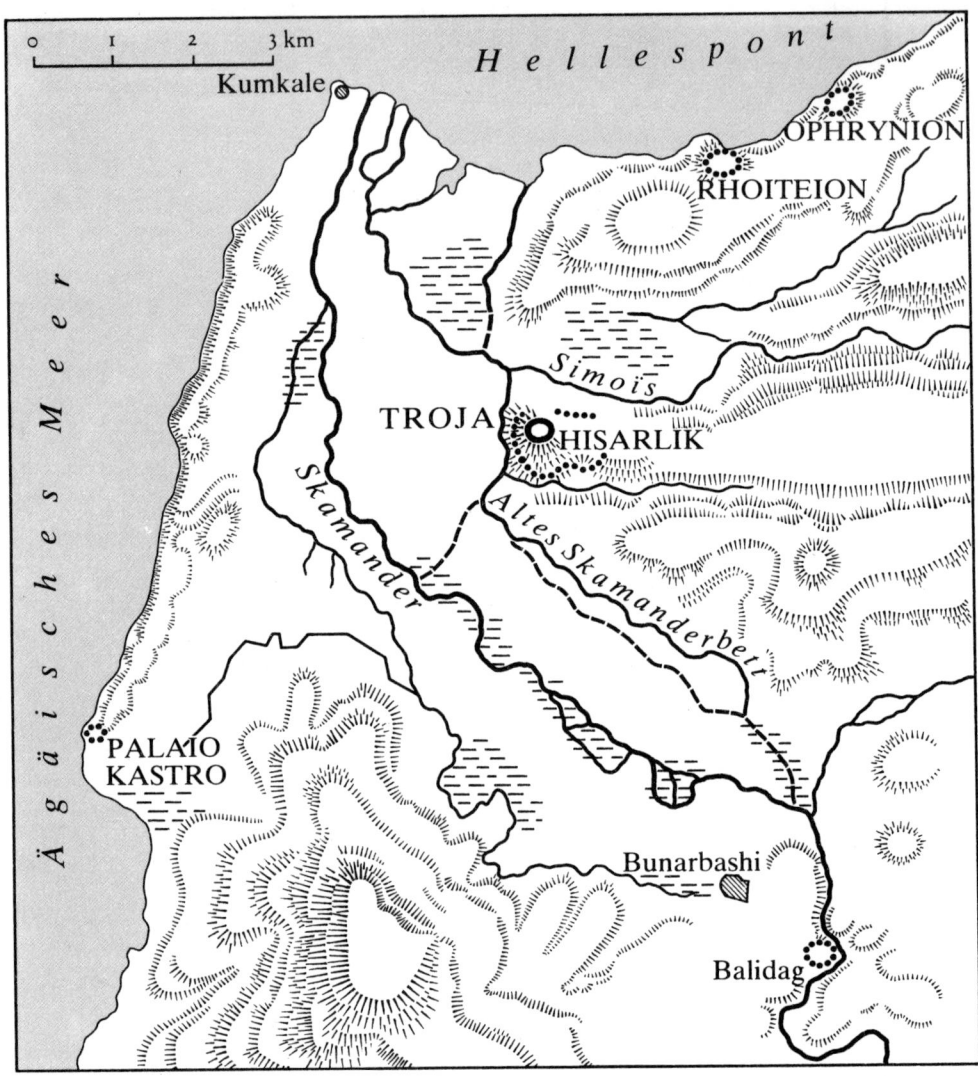

2 Karte zur Verdeutlichung
der Lage von Troja (Hisarlik)
und Bunarbashi.

**Mykenische
Grabung**

Mit Schliemanns Entdeckung schien sich die historische Glaubwürdigkeit des Mythos um Troja überraschend zu bestätigen. Die Zweifler waren zunächst einmal in
die Schranken gewiesen, haben aber Schliemann Zeit seines Lebens keine Ruhe
gelassen, wie die oben zitierte Briefstelle von Wilamowitz deutlich macht, die sich offensichtlich auf Schliemanns eben in diesem Jahre getätigten Schatzfund bezieht.
Der durchschlagende Erfolg von Schliemanns Bemühungen um die Aufdeckung der
mykenischen Ära kam aber nicht von Troja, sondern von einer anderen Stätte. 1876
setzte er die Grabungen des Burgareals von Mykene ins Werk. Eine Fülle von Funden kam ans Licht. Erst damit erlangte Schliemann schlagartig Weltruhm. Die im
Schachtgräberrund von Mykene aufgedeckten Schätze fügten sich glänzend in das

13

3, 12

16

3 Schachtgräberrund innerhalb des Burgareals von
Mykene während der
Grabungen Schliemanns
1876.

mythisch überlieferte Geschichtsbild vom goldreichen Mykene. Fünf der sechs
Schachtgräber öffnete Schliemann selbst. Zutage kamen Goldmasken, Goldplätt-
chen, Goldkronen, Gold- und Silbergefäße, Prunkwaffen mit Einlegearbeiten, Fi-
beln, Nadeln. Diese Funde werden heute im Athener Nationalmuseum aufbewahrt,
während die trojanischen Schätze, die Schliemann nach Deutschland brachte, offenbar für immer verschollen sind. In seinem Finderglück gab Schliemann einzelnen
Stücken sofort mythosbezogene Namen, so dem »Nestorbecher«, der »Atreus«-
und »Agamemnonmaske«. Diese Namen sind an den Gegenständen bis zur Gegenwart haften geblieben.

Heute sehen wir Schliemanns Verdienste im Lichte der neueren kritischen Erforschung seines Lebens und Werks. Er wußte sich als ein Selfmademan, der aus ein-
fachsten Verhältnissen kam und sich durch eine traumhafte Karriere zu einem ge-
machten Mann seiner Zeit aufschwang, geschickt zu inszenieren. Vieles Wunderba-
re seines Lebens, das schon von ihm selbst, aber auch von seinen Biographen bis
zum Romanhaften ausgesponnen worden ist, läßt sich heute auf einen realen Kern
reduzieren, der mitunter beachtlich von den Schliemannschen Darstellungen ab-
weicht. Unsere Bewunderung der hohen Energieleistung und des unermüdlichen
Einsatzes, die schließlich zum Ziel führten, wird dadurch kaum gemindert. Im Gegenteil, die historisch glaubhafter gewordene Erscheinung Schliemanns ist uns um
so wertvoller, als das zeitgenössische Image, das er sich um jeden Preis zu ver-
schaffen wußte, zum ergiebigen Gegenstand wissenschaftlicher Erkundung im Sinne der Verhaltensmuster und Inszenierungsweisen seiner Zeit geworden ist.[2]

Ein neuer Schliemann

Schliemanns Pioniertat hat nicht zuletzt auch zu einer Aufwertung des Mythos als Auskunft über die Vorgeschichte der Griechen beigetragen. Von der Zeit an, als Schliemann seinen Spaten in die trojanische Erde stieß, sind die Bemühungen nicht zum Stillstand gekommen, die sich das Ziel gesteckt hatten, die eine oder andere Kulturschicht des Hisarlik mit dem homerisch verbürgten Troja in Verbindung zu bringen. Schliemann selbst hatte seine Not, den von ihm gesammelten »Schatz von

4 »Schatz des Priamos«.

Troja«, der allgemein ins späte 3. Jahrtausend v. u. Z. datiert wird, mit den mykenischen Horizonten des Burghügels in Einklang zu bringen; denn es sollte ja der »Schatz des Priamos« sein, des von Homer erwähnten Königs von Troja zur Zeit seiner kriegerischen Bedrängnis durch die Achäer. Schon Wilhelm Dörpfeld (1853 bis 1940), der Mitarbeiter Schliemanns seit seiner dritten trojanischen Kampagne 1882, hatte aus den Scherbenfunden gefolgert, daß das homerische Troja von dem des Schatzfundes getrennt werden müsse. Die englischen Grabungen in den 1930er und 1950er Jahren führten schließlich zu dem Ergebnis, daß nur Troja VIIa von den Achäern zerstört worden sein könne.

Gab es den Trojanischen Krieg?

An diesem Punkt nun setzt die neueste Forschung ein, die zu der Feststellung gelangte, daß die Keramik aus der Fundschicht VIIa nicht eher als um 1200 v. u. Z. datiert werden kann oder gar noch etwas später entstanden ist.[3] Zu diesem Zeitpunkt aber ist nach allem, was wir über die damaligen Geschichtsprozesse in der Ägäis wissen, ein achäischer Angriff, der sich gegen Troja gerichtet hätte, so gut wie ausgeschlossen; denn um die besagte Wende vom 13. zum 12. Jahrhundert v. u. Z. war schon der »Seevölkersturm« im Gange, der auch auf die kleinasiatischen Gefilde hinübergriff. Das war eine Bewegung von Wandervölkern, zu denen zum Beispiel die Philister und Teukrer gezählt werden. Diese stießen zu Lande über Kleinasien und Palästina bis ins Niltal vor, wo sie zusammen mit den zur See angreifenden Sikelern auf die Ägypter und deren Verbündete trafen, die diesen »Sturm« zum Stehen brachten. Das geschah im zweiten Viertel des 12. Jahrhunderts v. u. Z., wie die Siegesurkunden der Ägypter vermelden.

Die Aktivitäten des »Seevölkersturms« lassen sich ohne Schwierigkeiten mit der Zerstörung von Troja VIIa um 1200 v. u. Z. oder bald danach in Verbindung bringen. Mit den Achäern haben diese Völker als Angreifer zunächst nichts zu tun, obwohl sich ihnen offenbar alsbald kleinasiatische Kontingente achäischer Provenienz angeschlossen haben, deren Operationen bis ins südöstliche Küstengebiet Kleinasiens hinein verfolgt werden können. Es wäre danach die Zerstörung von Troja VIIa, das nach der archäologischen Evidenz einzig als das von Homer überlieferte Kriegsziel in Frage kommt, nicht von Achäern, sondern von den »Seevölkern« bewerkstelligt worden. So gesehen scheint die Frage berechtigt, ob es den Trojanischen Krieg, wie ihn Homer überliefert, überhaupt gegeben hat. Im Zuge einer solchen Betrachtungsweise war es ein leichtes, den Mythos vom Trojanischen Krieg als eine reine Erfindung des homerischen Zeitalters hinzustellen und als historische Quelle zu verwerfen.[4]

Zwei Kriege

Um den Trojanischen Krieg und damit die homerische Kunde von ihm zu retten, versuchte man in letzter Zeit mit der Hypothese von einer doppelten Eroberung Trojas zu arbeiten.[5] Der Trojanische Krieg, wie ihn Homer schildert, habe früher, und zwar um 1300 v. u. Z. oder bald danach, stattgefunden, sei aber erst durch ein Erdbeben zu dem für die Achäer günstigen Abschluß gekommen. Dabei handelt es sich um

Troja VI, dessen Zerstörung durch seismische Kräfte aufgrund der englischen Grabungen in Troja nachgewiesen werden konnte. Seinen mythischen Niederschlag habe das in der Einführung des hölzernen Pferdes gefunden, durch das die Mauern von Troja letztendlich zu Fall gekommen seien. Dieses Riesenpferd sei ein Sinnbild des Erderschütterers und Meerbeherrschers Poseidon gewesen. Laokoon, der vor dieser Göttergabe gewarnt habe, sei zusammen mit seinen Söhnen von den aus dem Meere auftauchenden Schlangen angefallen und zu Tode gebracht worden, ein Racheakt des erzürnten Meeresgottes.

Das sei der eine Trojanische Krieg gewesen. Der andere wird auf die Katastrophe um 1200 v. u. Z. bezogen. Diese allerdings sei aus der historischen Erinnerung verdrängt worden und deshalb nicht in den Mythos eingegangen. Nur die sogenannte Achäerzerstreuung sei ein Hinweis auf die Verknüpfung beider Ereignisketten. Man versteht darunter die nach dem Brande Trojas unverständliche Nichtheimkehr einiger beteiligter Völkerschaften, die ihre Operationen im kleinasiatischen Küstengebiet südwärts fortgesetzt haben. Deren achäische Versippung ist im Mythos rudimentär ausgewiesen. Das bemerkenswerteste Beispiel sei die Verbindung des salaminischen Aias mit Teukros, seinem angeblichen Halbbruder. Man hat hier Spuren für die im Mythos versuchte Verschmelzung des Teukrerkontingents der »Seevölker« mit dem Teukridengeschlecht von Salamis vermutet.

So bestechend eine solche Theorie auch sein mag, so impliziert sie doch eine neue Hypothek von Fragen, vor allem die Frage nach einer hinreichenden Motivation für die Verdrängung des zweiten Trojakrieges, der doch in den Mythos eingegangen sein müßte, aus der historischen Rückbesinnung.

Neueste Aspekte

Im Januar 1985 ist eine aufsehenerregende Notiz durch die Presse gegangen, die die Glaubwürdigkeit des Trojanischen Krieges als eines historischen Ereignisses wieder zu bestätigen scheint.[6] Bezug genommen wird auf eine linguistische Entdekkung, die Calvert Watkins gemacht hat. Beim Studium eines Keilschrifttäfelchens fand er das Fragment einer Verszeile, die auf Troja Bezug nehmen dürfte. Es ist dort von der Heimkehr aus dem »tiefen Wilusa« die Rede. Gemeint ist offenbar Ilium, das ist der luvische Name für Troja. Der Bezug ist um so frappanter, als auch Homer gelegentlich vom »tiefen Troja« spricht. »Tief« könnte demnach ein Beiwort sein, das den Zusammenhang zwischen ägäischer und homerischer Trojabezeichnung zu gewährleisten scheint, ein Bindeglied ist zwischen mykenischer und griechischer Version des Trojamythos; freilich nur ein dünner Faden, doch immerhin ein nicht zu unterschätzendes Indiz.

Bildkunst als Quelle

Noch von einer ganz anderen Seite her läßt sich die ägäische Verwurzelung des homerischen Mythos nachweisen. Gemeint ist die Bildkunst der frühgriechischen Zeit, und zwar in ihrer ersten Phase der Vergegenständlichung menschlicher Figuren. Nach der geometrisch verkürzten Darstellungsweise dieser Figurationen nennt man diese Stufe der Bildäußerungen die geometrische. Es ist genau die Zeit Homers, in der dieser Zeichencode vor allem auf Tongefäßen, aber auch in freiplastischen Gebilden, meist kleineren Formats, seinen Niederschlag gefunden hat.

Wir begegnen Darstellungen der Aufbahrung von Toten, ihrer Beklagung, der Fahrt zum Verbrennungsplatz, Jagdszenen, kultischen Spielen und anderen Schilderungen aus der Sphäre des Alltagsgeschehens. So findet sich auf einem Krater in New York aus dieser Zeit eine Aufbahrungs- und Beklagungsszene im oberen Streifen abgebildet. Die Lagerstatt ist mit vier Beinen ausgewiesen, darauf liegt der beklagte Tote, über ihm schwebt das Bahrtuch, das wie ein fliegender Teppich ohne näheren Raumbezug beigesellt ist. 19

Für die bildlichen Realisationen dieser Zeit gilt allgemein, daß sie die räumliche Koordination der ins Bildfeld gerückten Figuren und Gegenstände noch außer acht lassen. Auch Bewegungsabläufe sind nicht prozeßhaft gefaßt. Das Nebeneinander verschiedener Stellungen und Hantierungen, demonstriert an dem monoton durchgehaltenen Bildzeichen für Mensch, meint oft ein Nacheinander ganz verschiedener Ablaufphasen. Auch will bedacht sein, daß sich der gezeigte Figurentext nicht auf eine einmalige, sondern mehrmalige Handlung bezieht. Er will also ausdrücken: Immer wenn einer stirbt, wird er aufgebahrt, versammeln sich die Nächsten um ihn, stimmt einer die Totenklage an, treten die anderen hinzu, raufen sich die Haare, schlagen sich die Brüste, am Ende treten die Träger heran, um den Toten auf das Gefährt zu heben, das ihn zum Verbrennungsplatz bringt. Nach der Einäscherung folgen die Leichenspiele. Auf diese lassen sich Wagenfahrt und Krieger des unteren Bildstreifens beziehen.

Man hat deshalb vorgeschlagen, von einer rituellen Darstellungsweise zu sprechen. Das sich immer Wiederholende des Gezeigten ist damit gemeint. Hier freilich tut sich ein Problem auf, das als Ausgangspunkt zur Beantwortung unserer Frage nach der Kontinuität der homerischen Überlieferung hilfreich sein könnte.

Mythos oder Ritus

Mit Blick auf die Mythenfülle in Homers Epen hat man sich nämlich zu fragen, ob nicht ähnliches an Thematisierungen auch in der geometrischen Bilderwelt zu finden ist. Das Ergebnis einer solchen Nachforschung ist enttäuschend. Eindeutig mythische Figurationen — seien sie nun auf Tongefäße gemalt oder freiplastisch gebildet — sind äußerst selten mit Sicherheit nachweisbar. Erinnert sei etwa an die Entführung der schönen Helena auf einem Krater aus Theben — oder handelt es sich dabei um 5

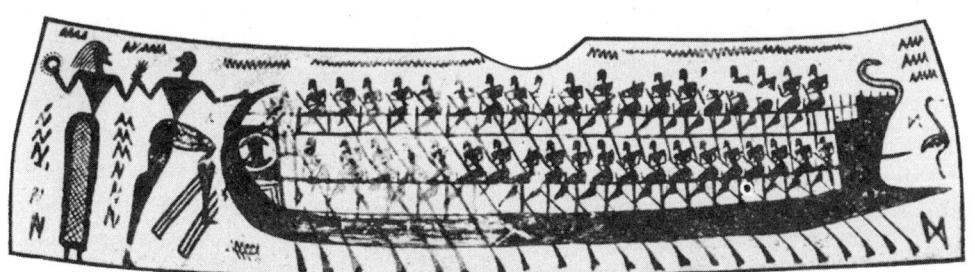

5 Entführung der Helena (?), geometrisches Vasenbild auf einem Krater aus Theben, 8. Jh. v. u. Z. London, Britisches Museum.

einen anderen Frauenraub? –, an den Schiffbruch des Odysseus auf dem Hals der Münchener Kanne oder aber an den Amazonenkampf des Herakles oder Achill auf dem Tonschild aus Tiryns.

Sind wir bei einer solchen Fragestellung auf dem richtigen Weg, oder verkennen wir nur die Masse der anderen Bilder zu sehr als Alltagsbilder? Nicht zufällig hat man den Versuch gemacht, sie als Lebensbilder am Ende doch wieder in die mythische Sphäre einzubeziehen.[7] Wir hätten es in solchem Falle dann schließlich doch mit mythischen Begebenheiten zu tun, die allerdings in einem Maße verallgemeinert dargeboten wären, daß die mythische Hülle gleichsam abgestreift ist, ein Moment, das durch die geometrische Gestaltung noch verstärkt würde. Jede der geschilderten Begebenheiten hätte demnach im Mythos letztendlich seine Verankerung. Eine solche Betrachtungsweise scheint jedoch zu spekulativ zu sein. Sie vermag keine Indizien für eine derartige Annahme aufzuzeigen. Die thematische Ungleichartigkeit von literarischen und bildkünstlerischen Äußerungen der homerischen Zeit bleibt also weiterhin als ungelöstes Problem bestehen. Diesem Zustand wird auch durch Herausarbeiten der gleichlautenden strukturellen Befunde bei den homerischen Gleichnissen und den geometrischen Kompositionen nur wenig abgeholfen; denn es bleibt ja die Frage unbeantwortet, weshalb die Vasenbilder die literarisch so zahlreich überlieferten Mythen eben nur ausnahmsweise in den Abbildungskanon einbezogen haben.

6   Schiffbruch des Odysseus, geometrische Darstellung auf einer Kanne, 8. Jh. v. u. Z. München, Museum Antiker Kleinkunst.

Das umrissene Problem läßt sich auch dann nicht einer Lösung näher bringen, wenn man verschiedene soziale Adressaten für Literatur und Bildkunst annimmt, in dem Sinne, daß die Epen sich vornehmlich an die literarisch Gebildeten gewendet, die Vasenbilder sich dagegen an die breiteren Volksschichten gehalten hätten. Die bemalten Gefäße waren übrigens sicherlich gar nicht so billig, um den Unbemittelten hinreichend erschwinglich gewesen zu sein. In dieser Richtung ist also kein Ausweg zu finden.

Die Ungleichartigkeit von Literatur und Bildkunst in dieser Zeit scheint einem anderen Faktor verpflichtet, nämlich der stärker episch gebundenen Mythenüberlieferung, die durch mündliche Weitergabe die sogenannten dunklen Jahrhunderte zwischen dem Ende der mykenischen Palastzentren im 13./12. Jahrhundert v. u. Z. und der Herausbildung des griechischen Alphabets im 9. Jahrhundert v. u. Z. überdauert hat. Wie hätte sie anders in die epische Tradition eingehen können?

Läßt sich eine solche Hypothese beweisen? Von ihrer Tragfähigkeit hängt ja auch das Nichtversiegen der Kunde vom Trojanischen Kriege ab. Unter anderem kann als Beweis für die Kontinuität zwischen mykenischer und homerischer Zeit die Schildbeschreibung in Homers »Ilias«, Buch 18, Verse 478 bis 608, angeführt werden. Komposition und Bildelemente dieses in Relief getriebenen und mit Intarsien versehenen Prachtstücks der Bewaffnung Achills weisen eindeutig in die Kunstwelt des 2. Jahrtausends v. u. Z. Hier einige Passagen der grandiosen Beschreibung:

Homers Schildbeschreibung

> »Auf dem Schilde schuf er die Erde, das Meer und den Himmel,
> den gerundeten Mond und die unermüdliche Sonne,
> drauf auch alle Gestirne, die rings den Himmel bekränzen.
> …
> Rings die andere Stadt umgaben zwei Heere von Kriegern
> leuchtend im Glanze der Waffen und waren zweierlei Meinung,
> hier für Zerstörung und dort, die Habe doppelt zu teilen,
> alles was drinnen an Gut die prächtige Feste umschlösse.
> Aber sie weigerten sich und legten sich heimlich auf Lauer
> Weiber und zarte Kinder umstellten indessen die Mauer
> oben zum Schutz mit den Greisen, die schon das Alter ermattet.
> …
> Weiter formte der Gott ein wogendes Saatfeld, und auf ihm
> schritten mähende Schnitter mit scharfen Sicheln in Händen.
> Dicht in Schwaden sank ein Teil der Halme zu Boden,
> Garbenbinder umwanden die andern mit strohenen Seilen.«

(Übersetzung Thassilo von Scheffer)

Parallelen zu solchen und ähnlichen Szenen der Schildbeschreibung Homers bieten sich unmittelbar an, und zwar aus dem Repertoire minutiös durchgestalteter Bildtexte des 2. Jahrtausends v. u. Z. So lassen sich etwa die Szenen mit der Heimkehr von der Olivenernte auf der Steatitvase von Hagia Triada oder die Belagerung 18 einer Stadt mit dem erfolgreich abgeschlagenen Angriff auf dem silbernen Trichterbecher aus dem Schachtgräberrund von Mykene vergleichen. Weitere Beispiele, etwa die ländlichen Szenen auf den Vaphiobechern, ließen sich anfügen. Das Ent-
7 14 23

scheidende für unseren Zusammenhang ist die unleugbare Tatsache, daß die Schilderungsweise der auf dem homerischen Schild dargestellten Begebenheiten ganz ähnliche Konzeptionen bei der Realisierung des Figurenwerks, der Bewegungsabläufe, der differenzierten Situationswiedergaben, der landschaftlichen Einbettung des Ganzen zu erkennen geben, wie sie bei den genannten und anderen Bildschöpfungen kretisch-mykenischer Provenienz zu finden sind.

7 Abwehr einer Stadtbelagerung, Darstellung auf einem silbernen Trichterbecher aus dem Schachtgräberrund von Mykene, 16. Jh. v. u. Z. Athen, Nationalmuseum.

In das Gesamtbild, das wir uns bisher von den Bildäußerungen aus diesem Kulturkreis machen konnten, fügen sich die seit den 1970er Jahren bekannt gewordenen Schiffsdarstellungen von Akrotiri auf Thera ergänzend und überraschend bestätigend ein.[8] Der panoramatische Charakter dieser Wandmalereien, die Meeresufer und Flußgestade, ja ganze Städtebilder einschließen, kehrt gleichlautend auf dem homerischen Schild wieder, und zwar in einer Erde, Meer und Himmel, Mond, Sonne und Gestirne einbeziehenden Zusammenschau.

Die Schildbeschreibung Homers darf ohne Zweifel in den hier angesprochenen Betrachtungszusammenhängen als ein unabweisbares Bindeglied zwischen der mykenischen Lebenswelt und dem homerischen Zeitalter, dem 8. Jahrhundert v. u. Z., in Anspruch genommen werden. Eine solche Kontinuität, wie sie sich in der detaillierten Reproduktion dieses herausragenden Kunstwerks fassen läßt, dürfte allgemein auch für die mythische Überlieferung des Trojanischen Krieges, wenn auch nicht bis ins letzte Detail, zutreffen. So wenig aus den Bildzeugen der geometrischen Vasenmalerei ein Schluß auf die Glaubwürdigkeit der homerischen Kunde vom Ende Trojas gezogen werden kann, so eindeutig sprechen andererseits die Bildquellen des 2. Jahrtausends v. u. Z. für die Zuverlässigkeit einer solchen Überlieferung.

8 Stadtbild und Schiffahrt, Wandgemälde des Westhauses auf Thera, Akrotiri, 16. Jh. v. u. Z.

9 Flußlandschaft, Wandgemälde des Westhauses auf Thera, Akrotiri, 16. Jh. v. u. Z.

25

Mythos als Zeitkriterium

Homer hat mit seinen Epen dem Strom mythischer Stoffe, der offenbar zur Jahrtausendwende nicht abgebrochen war, den Weg in sein Jahrhundert gebahnt. Die erst allmählich einsetzende Rezeption durch die Bilderwelt seiner Zeit macht ganz deutlich, daß das Kulturerbe der Wanderungszeit bei den Griechen noch nicht völlig abgebaut war. Übermächtig muß noch der Zwang kollektiv gebundener Bildverständigung gewesen sein, die sich gleichsam an die allen verständliche, geometrische Vereinfachung des Menschenbildes und seiner Gesellschaftspraktiken hielt.

Im fortgeschrittenen 8. Jahrhundert v. u. Z. wird die geometrisch gesichtete und abgebildete Lebenswelt, wie sie auf den Tongefäßen, Metallblechen, in freiplastischen Gebilden aus Bronze, gebranntem Ton, Elfenbein und anderem Material ihren Niederschlag fand, lockerer und elastischer. Vorwiegend aus dieser Zeit stammen auch die mythisch apostrophierten Darstellungen. Diese mythischen Bildwiedergaben signalisieren eine erste, individuellere Fassung des Menschenbildes, das bis dahin nicht etwa als ein Zeichen für Einzelwesen, sondern vielmehr für das Gemeinwesen gestanden hatte. Gattung Mensch, erst allmählich auch geschlechtlich differenziert, war darin vor allem repräsentiert. Erst jetzt werden in ihm mythische Wesen greifbarer gemacht. Das ist zweifellos ein Gestaltungsfortschritt, der das Nahen einer neuen Epoche, der Archaik des 7. und 6. Jahrhunderts v. u. Z., spürbar werden läßt. Erst in diesen auf die homerische Zeit nachfolgenden Jahrhunderten war der Mythos nicht nur das Modell eines ersten zusammenhängender begriffenen Welt- und Menschenverständnisses, sondern zugleich ein Instrument der Herrschaftsbegründung und ein Vehikel der damit verknüpften Ideologieprozesse.

SOLON UND SEIN JAHRHUNDERT

Athen im 7. Jahrhundert v. u. Z.

Mit dem Namen Solons, eines Vertreters der erstarkten Handelsaristokratie Athens, ist eine einschneidende gesellschaftliche Neuerung verbunden, die zu Beginn des 6. Jahrhunderts v. u. Z. für die weitere Entwicklung dieser Polis entscheidende Voraussetzungen schuf. Athen war im Laufe des 7. Jahrhunderts v. u. Z. neben den rasch erstarkenden Poleis am Isthmos, an der kleinasiatischen, der italischen und sizilischen Küste zunächst spürbar zurückgeblieben. Das lag an der vorwiegend agrarischen Produktion und dem noch wenig entwickelten Handwerk und Handel dort. Verglichen etwa mit dem Aufblühen Korinths mochte sein Status rückständig, ja konservativ erscheinen. In dieser Stadt am Isthmos dagegen hatte wohl schon in der Mitte des 7. Jahrhunderts v. u. Z. die Tyrannenherrschaft des Kypselos durchgesetzt werden können.[9] Der neureiche Adel wird die Führungsrolle bei der Mobilisierung der an einer solchen Umwälzung interessierten Polisbürger gespielt haben.

Die florierende Wirtschaft Korinths, sein die damalige Lebenswelt des mittleren und östlichen Mittelmeergebietes erfassender Export, vor allem von Tongefäßen, die teures Salböl enthielten, darf als Triebkraft einer solchen Entwicklung erkannt werden. Es handelt sich bei dieser Warenproduktion vorwiegend um Gefäßtypen kleineren Formats, um Aryballen und Alabastren, deren Fundstreuung die weitverzweigten Handelsbeziehungen Korinths erkennen lassen. Hauptabnehmer waren die Städte Süditaliens und Siziliens. Deren Gräber haben uns eine Fülle dieser Gegenstände beschert, die sich durch die aus anderen Quellen bekannten Gründungsdaten dieser Poleis erfreulich exakt datieren lassen.

Athen hatte demgegenüber weniger wirksame keramische Produkte anzubieten. Zwar beeindrucken die großen, mit ansprechenden Figurationen bemalten Vasen des sogenannten protoattischen Stils durch die Monumentalität ihrer Bildaussagen. Doch finden sie sich vorwiegend nur in Attika, das zu diesem Zeitpunkt an den anderwärts erfolgreich durchgesetzten gesellschaftlichen Veränderungen noch nicht teilnahm. Aufschlußreich ist in diesem Zusammenhang die Bemühung Kylons, eines Schwiegersohnes des Tyrannen Theagenes von Megara, in den 30er Jahren des 7. Jahrhunderts v. u. Z. in Athen die Tyrannis zu errichten. Der Versuch scheiterte. Die Landbevölkerung ließ ihn im Stich. In der Stadt hatte er noch nicht genügend Rückhalt gefunden. Das läßt auf das Fehlen jener Kräfte schließen, denen es anderenorts gelungen war, die politische Vormachtstellung der Grundherrschaft zu brechen.

Sozialen Konfliktstoff hatte es im Athen jener Dezennien durchaus gegeben. Die dem Adel in den 620er Jahren v. u. Z. abgerungene Aufzeichnung des Gewohnheitsrechtes, die mit dem Namen des Drakon verbunden ist, vor allem aber die bald darauf durchgesetzten Solonschen Reformen, sind in dieser Hinsicht von Bedeutung.

Solons Reformen

In seiner Funktion als oberster Archon hatte Solon im Jahre 594/593 v. u. Z. Initiative ergriffen, um durch zwei einschneidende Maßnahmen die angehäuften Sozialprobleme abzubauen und in Bahnen zu lenken, die einen Ausgleich der Interessenlage der einzelnen Gesellschaftsschichten ermöglichten. Zum einen führte er die Seisachtheia durch. Das war ein großangelegter Entschuldungsprozeß, der die verschuldeten Bevölkerungsteile – meist waren es Bauern, die bis zur potentiellen Versklavung verschuldet oder sogar außer Landes verkauft worden waren – freisetzte. Das ging so weit, daß diese Schuldsklaven nunmehr zurückgekauft wurden. Zum anderen nahm Solon eine neue Klasseneinteilung der Bürgerschaft vor. Kriterium ihrer Zugehörigkeit zu den vier neu profilierten Gruppierungen war ihr Einkommen, nach dem sich fortan ihr politisches Mitspracherecht und ihre militärische Mitwirkung bestimmen sollten. Spätere athenische Geschichtsschreibung, nicht zuletzt Aristoteles (384 bis 322), hat diese Reformen als eine der Voraussetzungen für die dann im 5. Jahrhundert v. u. Z. durchgesetzte Demokratisierung der Polis erkannt.

Solon geriet noch zu Lebzeiten in die schwierige Situation, sich gegenüber seinen alten Feinden, den Großgrundbesitzern, aber zunehmend auch gegenüber seinen neuen politischen Gegnern zu behaupten, die das Reformwerk kritisierten und zur Tyrannis drängten. Solche Auseinandersetzungen zeichnen sich in seinem dichterischen Werk ab; denn Solon war auch ein Dichter, der die von ihm geschaffenen Verse in den Dienst der Politik stellte. Ein Beispiel sei herausgegriffen, eine Elegie, die mit der Überschrift »Der Staat in Gefahr« versehen worden ist:

Solon als Dichter

> »Unsere Stadt wird nie nach Rat der unsterblichen Götter,
> noch mit Willen des Zeus je ins Verderben gestürzt:
> Denn als Hüterin hält des Allgewaltigen Tochter,
> Pallas Athene, die Hand sorgenden Sinns über sie.«
>
> (Übersetzung Zoltán Franyó)

So beginnt der Politiker sein Gedicht. Es ist eine Grundsatzerklärung, die die mythosgebundene archaische Mentalität deutlich macht. Das Walten der Götter garantiert die intakte Staatlichkeit. Die Götter sind Inbegriff des gesellschaftlichen Funktionierens. Voran stehen Zeus, der oberste der Götter, und Pallas Athene, seine Tochter, die später zur Schlüsselfigur der attischen Staatsmacht wurde. Die Zeilen Solons verbürgen Athenas führende Rolle schon in dieser Frühzeit. Ob die Aufwertung dieser Göttin in der Konfrontation zu anderen Gottheiten geschah, ist ungewiß; denn die Gegner Solons, die Tyrannenfreunde, voran ihr Führer Peisistratos (um 600 bis 528/527), hoben gerade auch diese Göttin auf ihren Schild. Das war eine geschickte Gegenmaßnahme, mit der jene Argumentation, wie wir sie der Elegie Solons entnehmen, entkräftet werden sollte. Doch folgen wir der Gedankenführung Solons:

> »Aber die Bürger selbst und ihre verworfenen Führer
> bringen die große Stadt, Törichte, selber in Not.
> Denn die Schändlichen lockt die Gier nach großen Gewinnen,
> doch die Verblendeten trifft strafend die Fülle des Leids
> Und die das Unrecht verführt, machen im Handel sich reich.«
>
> (Übersetzung Zoltán Franyó) 29

Solon benennt hier seine Gegner. Es sind jene Kreise, die gleichfalls wie er aus Handwerk und Handel reich geworden waren. Doch im Gegensatz zu ihm wird ihnen Maßlosigkeit im Gewinnstreben vorgeworfen. Ein Vorwurf wiegt besonders schwer:

»Weder des Tempels Besitz, noch das Vermögen des Staats
schonen sie, stehlen und rauben, wo immer die Beute sich bietet,
wahren der Dike hochheilige Satzungen nicht.«

(Übersetzung Zoltán Franyó)

Rechtsbruch wird den Feinden also vorgeworfen und Bereicherung aus Staatsbesitz. Die Position, die hier Solon bezieht, weist zwei Fronten auf. Einerseits erinnert er an seine alten Gegner, die Grundbesitzer und Gläubiger der verschuldeten Bevölkerungsgruppen, andererseits richtet er sich gegen jene Kräfte, die zwar durch Solons Reformen entschuldet und frei geworden waren, aber ohne Grund und Boden schließlich Zuflucht in der Stadt gefunden und sich als Lohnarbeiter verdungen hatten. Ihre Interessenvertreter drängten auf weitere soziale Reformen, die das Gesetzeswerk Solons hinter sich ließen. Solche Forderungen mußten Solon verdächtig erscheinen. Den sich abzeichnenden, drohenden Staatsstreich versucht Solon anzuprangern:

»Unentrinnbar vergiftet den Staat die eiternde Wunde:
Traurige Knechtschaft bricht rasch über alle herein.
Schon entfachen sie selber den Krieg, die schlummernde Zwietracht,
vielen wird so die Kraft blühenden Lebens verzehrt;
denn das verhetzte Gesindel vernichtet, willkommene Rache,
feindlich zu Rotten vereint rasch die geliebteste Stadt.«

(Übersetzung Zoltán Franyó)

Wiederum bemüht der Warner vor der sich anbahnenden Tyrannis das Götterinstrumentarium als Unterpfand der Rechtlichkeit und der geordneten Verhältnisse. Die durch Umsturz gestiftete Verwirrung, der Bürgerkrieg, seien ein Racheakt der Götter insofern, als ihre Gesetze nicht beachtet worden seien:

»Schweigend weiß die Göttin das Künftige wie das Gewesne,
und mit der schreitenden Zeit kommt sie und rächt, was geschah.«

(Übersetzung Zoltán Franyó)

Solon hatte seine Not, die Bürger zur Räson zu bringen. Seine Elegie beschließt er deshalb mit der eindringlichen Ermahnung, ja mit dem Befehl, die Gesetzlichkeit einzuhalten:

»Mir gibt das Herz den Befehl, die Athener so zu belehren:
Gilt kein Gesetz, wird viel Übel dem Staate zuteil.
Gilt das Gesetz, es fügt zu schöner Ordnung das Ganze.«

(Übersetzung Zoltán Franyó)

Peisistratos und die Seinen, die durch Umsturz zur Staatsmacht griffen, kannten diese Argumentation, wie sie Solon verkündet hatte, allzugut. Um ihren Erfolg zu sichern, mußten sie daran anknüpfen, aber eben zugleich deutlich machen, daß die beschworenen Götter als Inbegriff der Staatlichkeit auf ihrer Seite standen. Aus diesem Grunde inszenierten sie – wie wir aus Herodots Geschichtswerk (I. 60) wissen – regelrecht den Einzug der Athena auf einem Prozessionswagen:

»Dabei schickten sie Ausrufer voran, die, als sie in die
Stadt kamen, den Leuten zurufen mußten: ›Athener, nehmt
Peisistratos freundlich auf, dem Athene selbst die höchste
Ehre erweist und ihn auf ihre Burg zurückführt!‹«

(Übersetzung Theodor Braun)

Das geschah wohl nach seiner ersten Verbannung. Offenbar hatte er aus dem Exil gelernt, wie er um die Gunst der Athener buhlen mußte, um sich durchzusetzen. Die mehrmalige Verbannung des Peisistratos beweist, daß sein Staatsstreich offenbar nicht nur von der Mobilisierung der ihm ergebenen Volksschichten abhing. Er versuchte deshalb, durch geschickte Bündnispolitik jene politischen Gruppierungen in seine Absichten einzubeziehen, deren Allianz mit dem Altadel vermutlich zu seiner mehrmaligen Verbannung geführt hatte. Als er in den 540er Jahren v. u. Z. aus seiner zweiten Verbannung zurückkehrte,[10] wußte er seinen Machtanspruch auch finanziell hinreichend zu untermauern und militärisch abzusichern.

In diesen Jahrzehnten der politischen Auseinandersetzungen nach der Jahrhundertmitte zeichnet sich im Themenrepertoire der Vasenmalerei Athens eine Entwicklung ab, in der kunst- und kulturpolitische Tendenzen faßbar werden, die auf eine noch andere Orientierung des Peisistratos schließen lassen. Bei einer Reihe von führenden Malern fällt auf, daß sie ihre Figurentexte allmählich aus dem mythischen Bezugssystem herauszulösen beginnen, so daß es in vielen Fällen schwerfällt, die mythische Vorgabe zu rekonstruieren. Zu den herausragenden Neuerern dieser Richtung zählen Meister wie der Amasismaler, der im Gegensatz zu dem viel stärker der mythischen Thematik verpflichteten Exekias Maßstäbe dieser Art gesetzt hat. Ein Beispiel sei angeführt.

Auf einer Amphora des Amasismalers ist eine Waffenübergabe dargestellt. In der Mitte der Szene nimmt der mit Panzer und Helm Gerüstete von einer weiblichen Gestalt Schild und Speer entgegen. Offensichtlich wird hier auf die Rüstung Achills angespielt. Der Held empfängt aus den Händen seiner Mutter Thetis die Waffen für den Kampf vor Troja, in den er wieder eingreifen wird. Flankiert wird die Mittelgruppe von zwei weiteren Behelmten, deren linker mit einer lang gewandeten Figur konfrontiert ist. Bei näherem Hinsehen entdeckt man, daß diese von der Thematik her durchaus seriöse Handlung mit einer Reihe von Intimgesten durchsetzt ist, die den Ernst des gezeigten Vorgangs mildern, ja ins Vergnügliche abwandeln. Hinter Thetis taucht eine ungerüstete männliche Gestalt auf, die Achill an den Bart faßt. Das ist zweifellos eine Zärtlichkeitsbezeugung, die möglicherweise sogar ins Erotische hinüberspielt. Auch die linke Gruppe scheint von Anspielungen dieser Art nicht frei zu sein.

Das sind Anzeichen einer Aufweichung des Mythos, die uns auch bei anderen Figurenkompositionen dieses Meisters, überhaupt generell dieser Gestaltungsrichtung, begegnen. Diese Tendenz erweist sich innerhalb des attischen Kerameikos ionischen Gestaltungseinflüssen gegenüber als besonders empfänglich. Allgemein charakteristisch für die Vasenmaler dieser Gruppe ist das betont dekorative Arrangement ihres Figurenwerks, die rhythmische Beschwingtheit, mit der die Figuren in Szene gesetzt werden, und ihre nuancierte Konturierung. Das sind alles Gestaltungsmomente, die den Bedeutungsgehalt der mythischen Präsentationen ohnehin abschwächen. Formale und inhaltliche Spezifik gehen hier Hand in Hand.[11]

Dieser Ionismus – wenn man ihn so bezeichnen darf – hat gewiß auch in der Großmalerei seine Entsprechungen gehabt und dürfte in letzter Instanz auf die Bemühungen des Peisistratos zurückzuführen sein, im Zuge der Auseinandersetzungen mit dem Altadel und dessen mythisch abgesicherter Herrschaftsbegründung die Unantastbarkeit und Unbedingtheit dieser Darstellungsmuster in Frage zu stellen. Dieser Abbau vollzieht sich zwanglos im Ergebnis einer ornamentaleren Auffassung der Kompositionen, die dadurch ihren mythisch stringenten Bezug einbüßen, gleichsam entschärft und auf Bedeutungsebenen abgedrängt werden, die den mythischen Modellen einen Anflug des Alltäglichen verleihen. Die betrachtete Rüstungsszene des Amasismalers gleitet in diesem Sinne ins Allgemeinmenschliche hinüber. Eine Verschiebung des Bedeutungsakzents in die angegebene Richtung wird auch dadurch noch befördert, daß die mythischen Beischriften fortgelassen werden.

Begleitet wird dieser »Entmythologisierungsprozeß« mit der Etablierung dionysischer Themen. Gott Dionysos und seine Kultgenossenschaft von Satyrn, Silenen und Mänaden werden nunmehr in einer Häufigkeit auf den Gefäßwänden der attischen Vasen ausgebreitet, wie sie die der Tyrannis voraufgehenden Dezennien nicht entfernt aufzuweisen hatten. Hier bietet sich ein Weg unmittelbaren Verständnisses insofern an, als diese Hervorkehrung des dionysischen Treibens in der Bilderwelt sich aus der Aufwertung der diesbezüglichen Bauernkulte durch Peisistratos und die Tyrannenfreunde ergeben haben dürfte. Eine solche Entwicklung verlief offenbar parallel zu den Auseinandersetzungen mit den mythisch legitimierten Adelskulten, die durch die neuen Orientierungen auf den Platz verwiesen wurden.

Der beeindruckendste Zeuge der Verschiebung des kultischen Interesses ist die gewiß durch Peisistratos und die Seinen bewerkstelligte Herausbildung der Theaterpraxis im Rahmen des Dionysoskultes. Nach dem von Herodot (V.67) bezeugten Vorgang in Sikyon war die Verknüpfung des Heldengesangs mit dem dionysischen Kultkreis allerdings schon anderenorts in Gang gekommen. In Athen hat diese Synthese dann offensichtlich gezielte Förderung erfahren. Das lag ganz im Interesse der Tyrannis, die von jenen Bevölkerungsschichten unterstützt wurde, denen der Herr Dionysos als Wein- und Fruchtbarkeitsgott ganz vertraut war. Die erste Theaterinszenierung, die neben den Chören einen Protagonisten, also ein korrespondierendes Mitglied, aufwies, ist für das Jahr 534 v. u. Z. bezeugt. Thespis aus Ikaria hatte damals mit seinem Schiffskarren, Symbol der Meerfahrt des Dionysos, in Athen seinen Einzug gehalten. Nicht zufällig sollte er aus Ikaria gekommen sein, wie die Überlieferung es will. Dort nämlich hatte nach der Sage der Weingott einst bei dem Ortsheros Ikarios gastliche Aufnahme gefunden. Das Ereignis ist später auf Reliefs bildlich ausgestaltet und immer wieder neu aufgelegt worden. Diese Bildwerke sind nach dem dargestellten dionysischen Gastgeber Ikariosreliefs genannt worden.

10

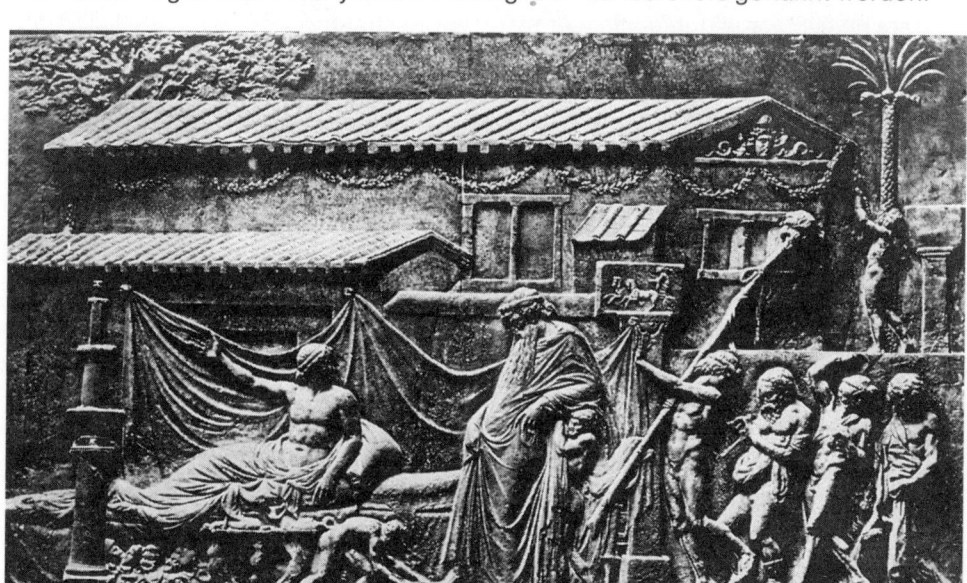

10 Einkehr des Dionysos bei Ikarios, römische Adaption eines hellenistischen Vorbilds aus dem 2. Jh. v. u. Z. London, Britisches Museum.

Als Verbündete des oben angedeuteten kulturpolitischen Werdegangs kamen den Peisistratiden ganz offensichtlich auch die aus dem ionischen Bereich des griechischen Ostens in Athen zugewanderten Künstler und Kunsthandwerker zustatten; denn dort hatten sich mit der persischen Invasion seit der Mitte des 6. Jahrhunderts v. u. Z. die Verhältnisse einschneidend geändert. Der künstlerische Zustrom aus diesen Gegenden läßt sich gerade in der Vasenmalerei in einer Ausführlichkeit ablesen, die dieser Gattung unter dem gefragten Aspekt besondere Bedeutung zukommen läßt.

Gegenüber den ionisierenden Tendenzen, die von den Tyrannenfreunden zweifellos aufgegriffen und gefördert worden sind, behaupteten sich die traditionsgebundeneren Themenkreise zunächst noch mit einem beachtlichen Gestaltungsanspruch. Meister wie Exekias haben bedeutende Werke dieser Art geschaffen. Dabei ist bemerkenswert, daß sie sich den neuen Intentionen nicht völlig verschlossen und diese mit ihrem eigentlichen Anliegen zu verschmelzen suchten. Das ist eine Kon-

Vorklassik

33

stellation, die in ihren künstlerischen Tendenzen und in ihrem Bedeutungspotential als eine Art Vorklassik angesprochen werden kann.[12] Gemeint ist damit eine Art Antizipation jenes in den klassischen Dezennien des 5. Jahrhunderts v. u. Z. erreichten Ausgleichs zwischen den führenden griechischen Kulturkreisen und ihren lokalstilbedingten Traditionen. Athen schien wie geschaffen für die Bewältigung dieser Synthese, die in der Hochklassik nach der Mitte des 5. Jahrhunderts ihre reifste Ausprägung erfuhr. Parthenonskulpturen und sophokleische Dramatik (S. 100 ff.) bezeichnen diesen Gipfelpunkt griechischer Kulturentwicklung.

Genau ein Jahrhundert früher, also im dritten Viertel des 6. Jahrhunderts v. u. Z., sind die künstlerischen und literarischen Hervorbringungen Athens von einer ähnlichen Balance gekennzeichnet, in der geistig vertiefte Bedeutungsgehalte erfahren und entbunden werden. Eine solche Prozeßstruktur geben die Vasenmalereien dieser Zeit zu erkennen, deren Überlieferungsdichte eine solche Beobachtung begründet erscheinen läßt. Auch kann in diesem Zusammenhang auf die Entstehung der Frühform attischer Tragödie verwiesen werden, in der die Heldenliedtradition und der Dionysoskult jene Verbindung eingingen, die sich als überaus fruchtbar für die dramatische Dichtung erweisen sollte. Ein Beispiel aus der gleichzeitigen Gefäßmalerei, die Bauchamphora des Exekias im Vatikan, mit der Darstellung brettspielender Helden und der Heimkehr der Dioskuren, soll die erreichten Qualitäten in der Bildkunst verdeutlichen:

16, 17

Die Figuren auf der Exekiasvase sind entschieden voneinander abgerückt. Sie verteilen sich nicht so geschmeidig, dekorativ gefällig auf dem Bildgrund wie die amasischen Gestalten der betrachteten Rüstungsszene. Dadurch wirken ihre Gesten eindringlicher, bedeutungsgeladener. Auf der Vorderseite Achill und Aias beim zeitvertreibenden Brettspiel in einer Kampfpause vor Troja. Beide Helden stecken in Paradeuniformen. Die gestickten Mäntel sind bis in die diffizilste Musterung hinein durchgezeichnet. Aias duckt sich tiefer, er hat den Helm abgesetzt: Er ist offenbar bei diesem Spiel im Nachteil, wie sich aus den beigeschriebenen Zahlen 4:3 entnehmen läßt.

16

Auf der Rückseite des Gefäßes steht Kastor mit seinem Pferd in der Bildmitte. Er wendet den Kopf zu seiner Mutter Leda, die ihn mit Zweig und Blüte begrüßt. Hinter ihr am linken Bildrand Pollux, der andere der beiden Dioskuren, sich zu dem Hund herabbeugend, der an ihm freudig emporspringt. Rechts außen Vater Tyndareos, das Pferd streichelnd, vor ihm der Diener, vielleicht ein Sklave, mit neuen Gewändern und dem Salböl für die Heimkehrer. Die beiden Ankömmlinge sollen sich nach dem Bade salben und beduften können.

17

Der archaische Figurentext ist hinsichtlich des angegebenen Vorgangs, der Heimkehr der Dioskuren, nur in Exposition gegeben. Anordnung, Zuwendung, Abkehr der Figuren, ihre Gestik, Zuordnung zu Tier und Mensch geben hier die Bedeutungszusammenhänge an, die die Geschichte umreißen. Kastor ist hier als Lieblingssohn der Leda, als Göttersproß hervorgehoben. Sie hatte ihn ja von Gott Zeus, der ihr als Schwan beiwohnte, empfangen. Er beherrscht demgemäß mit Pferd, Sta-

34

tussymbol der gehobenen Schicht, die Bildmitte. Leda wendet sich ihm zu. Weiter abseits demgegenüber Pollux, der den Hund begrüßt, abseits auch der Vater, der das Pferd streichelt.[13]

Mit sparsamsten Mitteln sind Vorgeschichte und Rang der Personen angegeben. Die Beischriften bezeichnen sie eindeutig, unverwechselbar. Verglichen mit den amasischen Figurenparaden beansprucht die Komposition des Exekias bei aller liebevollen Vertiefung ins Detail den Ernst des Mythos, der nicht preisgegeben, auch nicht im Ornamentalen verspielt wird. Und dennoch scheinen die exekiasischen Gestalten schon von der Morgenluft der mythischen Freisetzung umwittert, wie sie von den ionisierenden Meistern dieser Zeit bis hin zur äußersten Formalisierung und bedeutungsmäßigen Entleerung praktiziert worden ist. Meister wie der Manierist, der in der Amasisnachfolge steht, sind für diesen Prozeß beispielgebend und dessen Vollender gewesen.

Die Figurenensembles des Exekias bewahren dagegen ihr unverzichtbares Bedeutungsgewicht. Auch die rhythmisch gefälligere Kompositionsweise des Spätwerks dieses Meisters vermag über diesen Gestaltungsanspruch nicht hinwegzutäuschen. So fand man es unbedenklich, dieses großartige Gleichgewicht zwischen gehaltvoller Thematisierung und formal gefälligerer Präsentation, jene von Exekias unbestritten behauptete Mitte im Einsatz der Gestaltungsmittel als Vorklassik zu bezeichnen.

Hinter dieser künstlerischen Konstellation darf eine ähnliche im politischen Kräftespiel Athens der damaligen Zeit vermutet werden. Die zehnjährige Verbannung des Peisistratos, vermutlich von 556/555 bis 546/545,[14] läßt deutlich werden, daß er seine Konzeption von der Führung des Demos, seine nach Osten geöffnete Außenpolitik, nicht zuletzt seine an den Leistungen der östlichen Lokalstile interessierte Kunstpolitik nicht sofort durchzusetzen vermochte. Vielmehr hatte er sich zunächst einmal ins Verhältnis zu setzen zu den konservativeren Gruppierungen seiner Zeit und deren anders gelagerten Ambitionen. Die Ausschaukelung der politischen Situation zu seinen Gunsten gelang ihm erst, als er sein Regime durch neuerschlossene Geldquellen und dadurch gesicherte Waffengewalt zu sichern verstand.

Ionismus in Athen

Aber das ist auch schon die Zeit des Übergangs zu einer weniger polar aufgefächerten Kunstszene, wie sie sich in den 520er Jahren und im vorletzten Jahrzehnt des 6. Jahrhunderts v. u. Z. darbietet. In diesen Dezennien dominiert der Ionismus und zeigt sich in vielfältiger Weise mit attischen Gestaltungsintentionen verbunden. Die monumentalsten Zeugen dieses Prozesses sind die Koren der Akropolis von Athen, 23 eine geschlossene Denkmälergruppe gut erhaltener Frauen- und Mädchenstatuen 22 aus Marmor, deren Farbreste einen lebhaften Originaleindruck von der Buntheit dieses Frauenvölkchens vermitteln.[15] Sie lassen fast ausnahmslos den ionischen Gestaltungseinfluß in der die Oberfläche subtilisierenden Meißelführung erkennen.

Auch die Vasenmalerei hat diese Spezifik für uns geradezu seismographisch festgehalten, so daß wir die Verästelung des Kunststroms, jedoch ebenso seine mäch- 35 tige Grundströmung, den alles erfassenden Ionismus, beobachten können. Die Bauchamphora des Andokides aus dem Beginn des letzten Jahrhundertviertels vermittelt einen Eindruck von dieser ins ionische Fahrwasser einmündenden Tendenz attischer Vasenmalerei.

21 Auf der einen Seite hat der Lysippidesmaler den Helden Herakles in eine Weinlaube versetzt, gelagert auf einer Kline, vor der ein Tisch mit Essen aufgeschlagen ist. Vor der Bettstatt steht Athena, die auf den Helden einredet, während hinter ihr der Botengott Hermes zugegen ist. Soll der Held aus seiner Weinseligkeit gerissen werden, oder wollen sich die Götter dem Heros zugesellen? Der Schenke jedenfalls macht sich rechts an dem Kessel zu schaffen, um sich der Weinreserve zu vergewissern. Die Szene ist im schwarzfigurigen Malstil angelegt. Auf der Gegenseite,

20 ausgeführt vom Andokidesmaler, finden wir Herakles ähnlich von Weinlaub umrankt, mit Trinkgefäß, im Gespräch mit Athena, die vor sein Lager tritt. Auf weiteres Figurenbeiwerk wurde hier verzichtet, vielleicht als Mittel der Straffung und Verwesentlichung, auch Verinnerlichung, die sich in der rotfigurigen Wiedergabe der Komposition besser zu entfalten vermag.

Den Bildern der Andokidesvase ist die flächenfüllende Tendenz klar abzulesen. Das Figurenwerk, vor allem der schwarzfigurigen Version, bildet ein feinverästeltes Filigran. Ihm ist die dekorative Sensibilisierung der Bildfläche deutlich anzumerken, eine Tendenz, bei der die inhaltliche Aussage der Darstellung zugunsten der ornamentalen Wohlgestimmtheit des Ganzen abgemildert erscheint. Das sind zweifellos Gestaltungsmerkmale, die dem Ionismus dieser Zeit geschuldet sind. Auch das rotfigurige Pendant der Gegenseite zeigt sich von ähnlichen, wenn auch nicht so stark formalisierenden Gestaltungsabsichten bestimmt.

Nicht zufällig scheint die Vergesellung der Athena als der Stadtgöttin Athens mit der Schlüsselfigur des dorischen Kulturbereiches, dem Helden Herakles. Man überfordert womöglich die Bildaussage, wenn man diesem Beisammensein von Zeustochter und Zeussohn übergreifende kulturelle Fusionsabsichten ablauscht, und zwar in der Richtung, daß zur Zeit der Peisistratiden, etwa in den 520er Jahren v. u. Z., eine Synthese angestrebt wurde, bei der attische Intentionen mit denen der dorischen Lebenswelt zur Abstimmung gebracht werden sollten. Das ionisierende Gestaltungsprofil könnte dem Ganzen eine gesamtgriechische Abrundung gegeben haben. Eine solche Interpretation läßt sich im Zusammenhang mit den Bestrebungen der Tyrannensöhne begreifen, die an ihrem »Hofe« Künstler, Literaten, Theoretiker der verschiedenen griechischen Kulturlandschaften versammelten.[16] Wir wissen das aus den Schriftquellen. So haben sich in den mythischen Bildmodellen real- und kulturpolitische Intentionen niedergeschlagen, wobei ohne Frage eine ganz bewußte Handhabung des mythischen Instrumentariums festzustellen ist.

Eine ähnliche Synthese zwischen dem attisch-ionischen und dem dorischen Kulturerbe hatte sich ja in der Herausbildung der in Athen aufgeführten Tragödien angebahnt. Der auf die Leitbilder der Aristokratie bezogene Heldengesang, das heißt die

36 im Chorgesang beschworene Geschichte, Leiden und Untergang gefeierter Hel-

den, fand sich mit den kultischen Praktiken des der Tyrannis freundlichen Gottes Dionysos zusammen. Das war zweifellos eine geniale, aber offenbar auch realpolitisch bezweckte Schöpfung eines Modells der darstellenden Künste, das dann in der Zeit der Klassik des 5. Jahrhunderts v. u. Z. zur führenden Gattung der Literatur wurde. Das Zusammenwirken der verschiedenen Lokalstile läßt sich gerade hier bei diesem literarischen Genus der sprachlichen Fassung der einzelnen, die Tragödie konstituierenden Passagen entnehmen. Sind die Sprechverse im attischen Dialekt abgefaßt, so bewahren die Chorpartien ihre dorische Sprachform. In diesem Wechsel tritt das Zusammenspiel der griechischen Kulturbereiche, wie es in den anderen Kunstgattungen, nicht zuletzt in der Vasenmalerei, beobachtet werden kann, deutlich hervor. Herakles in der Weinlaube im Zwiegespräch mit Athena scheint so gesehen ein mythisches Synonym für das von den Peisistratiden angestrebte Konzept, das weit über die genuin attischen Belange hinausging.

Die Wurzeln zu einer solchen Entwicklung liegen freilich schon viel früher, im dritten Viertel des 6. Jahrhunderts v. u. Z. Peisistratos wird dazu den Grund gelegt haben. Seine Söhne griffen nach dessen Tod 528/527 v. u. Z. das Vatererbe auf, hatten aber wohl alsbald ihre Mühe, diesen Weg der ausgleichenden Bemühungen durchzuhalten. Die politische Szene entwickelte sich anders und zeitigte ihre nicht zu übersehenden Rückwirkungen auf die Kunst. Die Verhärtung der Tyrannis, die zur Ermordung des Hipparchos 514 v. u. Z. und am Ende zur Vertreibung des Hippias 510 v. u. Z. führte, dürfte das Hintergrundgeschehen sein, von dem sich der verstärkte Ionismus aussagereich abhebt. Diese Tendenz gibt die Vasenmalerei in wünschenswerter Nunciertheit zu erkennen.

Auch in der Plastik und Reliefkunst lassen sich entsprechende Beispiele diesem Trend zuordnen. Eine solche Dissoziierung der politischen Kräfte zeichnet sich besonders dort mit Deutlichkeit ab, wo gleiche Mythologeme unter gegensätzlichem politischen Vorzeichen in Anspruch genommen werden. Aus der Endphase der Tyrannis besitzen wir ein aufschlußreiches Beispiel, an dem die ideologische Polarisierung längst vermutet worden ist, den Götter-Giganten-Kampf, der einmal am Alten Athenatempel auf der Akropolis zu Athen, zum anderen am Apollontempel in Delphi giebelfüllend zur Darstellung gekommen ist.

Mit der Verschärfung der politischen Gegensätze unter den Peisistratiden in der Endphase der Tyrannis waren die Vertreter des Adelsgeschlechts der Alkmäoniden und ihre Anhänger außer Landes gegangen und hatten im Heiligtum von Delphi Fuß gefaßt. Dort nahmen sie sich der Vollendung des Neubaus des Apollontempels an, dessen Giebelskulpturen noch auszuführen waren. Das war ein Bauauftrag, mit dem sie ihre politischen Ansprüche demonstrierten. Diese Aktivitäten dürften ins vorletzte Jahrzehnt des 6. Jahrhunderts v. u. Z. fallen. Das ist die Phase der zugespitzten Auseinandersetzung mit den Verfechtern der Tyrannis in Athen. An dem in Marmor ausgeführten Ostgiebel wurde die Theophanie des Apollo, des Herrn dieses einzigartigen Kultortes, zur Darstellung gebracht. Im Westgiebel wurde die Gigantoma-

Mythischer Rollenwechsel

25 chie, der Götter-Giganten-Kampf, vorgestellt. Reste dieser Skulpturen, zum Beispiel die im Kampf ausschreitende Athena, sind erhalten und geben einen Eindruck von dem Kampfgeschehen, das dieses Giebelfeld bis in die Zwickel hinein beherrschte.

Etwa zur gleichen Zeit ist dieses Thema auch in Athen zur Darstellung gelangt, und zwar in einem der Giebel des Alten Athenatempels auf der Akropolis. Auch hier
27, 26 ist Athena erhalten. Ihr ist einer der niedergestürzten Giganten zugeordnet worden. Diese wie auch andere Figurenreste sind aus Marmor gemeißelt. Längst ist die Vermutung ausgesprochen worden, daß in beiden Fällen, also in Delphi und Athen, dasselbe Thema mit einem jeweils gegensätzlichen Bedeutungsgehalt geladen ist. Nahmen die Alkmäoniden das Recht der Identifizierung mit dem siegenden Göttergeschlecht für sich in Anspruch und disqualifizierten ihre Gegner im Gigantenbild, so dürfte es in Athen genau umgekehrt gewesen sein: Die Peisistratiden sahen in sich – ähnlich den Göttern – die Verteidiger der zu behauptenden Staatsmacht und verteufelten ihre Feinde nach außen und nach innen in Gestalt der Giganten, den potentiellen Verlierern dieser Schlacht.[17]

Zugegeben, in solchen subjektiven Intentionen, die mit großer Wahrscheinlichkeit angenommen werden können, wird nur ein Bruchteil der komplexen Bildaussage faßbar. Dieses Thema war ja nicht neu erfunden worden. Es gab bereits anspruchsvolle Darstellungen, die es erprobt und bedeutungsmäßig ausgelotet hatten. Kaum
84, 85 ein Jahrzehnt früher hatten die Siphnier an ihrem nach Delphi gestifteten Schatzhaus den Nordfries diesem Thema eingeräumt. Der zu Beginn des 6. Jahrhunderts
28 v. u. Z. entstandene Westgiebel des Artemistempels in Korfu bemühte gleichfalls ein der Gigantomachie verwandtes Thema. Dieses Darstellungsmuster wies schon eine Reihe von Bedeutungshorizonten auf, die auch als Hinweis auf seine verschieden motivierte Verwendbarkeit aufgefaßt werden konnten. Daß wir also unter solchen Umständen mit einer bewußten Wahl dieses Themas im Hinblick auf die politischen Auseinandersetzungen, die darin angesprochen wurden, rechnen müssen, scheint außer Zweifel.

11
Bildnis Homers, römische
Marmorkopie nach
griechischem Vorbild des
1. Jh. v. u. Z. Potsdam, Staatliche Schlösser und Gärten.

12
Mykene, Schachtgräberrund
innerhalb des Burgareals,
16. Jh. v. u. Z.

13
Burgareal von Mykene, vom
Zaraberg aus gesehen
(Süden).

14
Bändigung eines Stieres,
Darstellung auf dem Gold-
becher von Vaphio,
16. Jh. v. u. Z. Athen,
Nationalmuseum.

15
Goldmaske aus einem
Schachtgrab des Gräber-
runds innerhalb der Burg von
Mykene, 16. Jh. v. u. Z. Athen,
Nationalmuseum.

16
Achill und Aias beim Brettspiel, Amphora des Exekias,
6. Jh. v. u. Z. Rom, Vatikan,
Vasensammlung.

17
Heimkehr der Dioskuren,
Rückseitenbild der Amphora
des Exekias (Abb. 16).

18
Heimkehr nach der Oliven-
ernte, Darstellung auf der
Steatitvase aus Hagia Triada,
Kreta. Heraklion, Museum.

19
Aufbahrungsszene und
Wagenfahrt auf einem
geometrischen Krater,
8. Jh. v. u. Z. New York,
Metropolitan Museum.

20
Herakles, auf einer Kline
gelagert, im Zwiegespräch
mit Athena, rotfiguriges Rückseitenbild der Amphora (Abb. 21).

21
Herakles in der Weinlaube im
Zwiegespräch mit Athena,
attisch-schwarzfigurige
Darstellung auf einer Amphora
des 6. Jh. v. u. Z. München,
Museum Antiker Kleinkunst.

24
Bewaffnung Achills durch
Thetis, Vorderseite einer
Amphora des Amasismalers,
6. Jh. v. u. Z. Berlin, Staatliche
Museen, Antikensammlung.

25
Athena im Gigantenkampf
vom Westgiebel des Apollontempels in Delphi,
6. Jh. v. u. Z. Delphi, Museum.

26
Gigant vom Giebel des Alten
Athenatempels auf der Akro-
polis zu Athen, 6. Jh. v. u. Z.
Athen, Akropolismuseum.

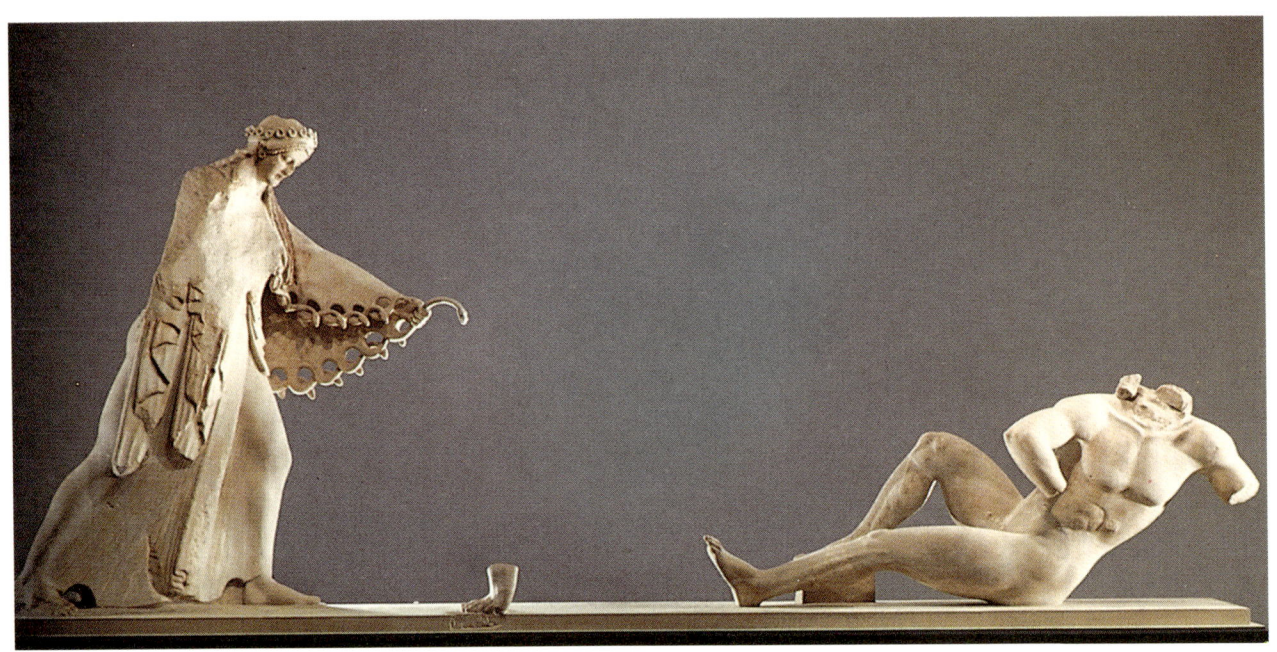

27
Athena und Gigant, Marmor-
skulpturen vom Alten Athena-
tempel auf der Akropolis von
Athen, spätes 6. Jh. v. u. Z.
Athen, Akropolismuseum.

MYTHISCHE BILDPROGRAMME DER ARCHAIK

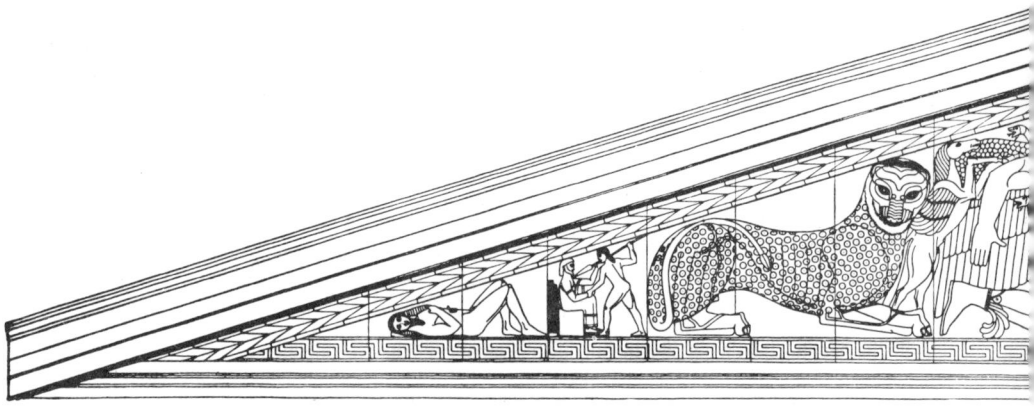

Korfugiebel

Das Thema der Götterschlacht ist wie gesagt schon zu einem viel früheren Zeitpunkt als Modell politischer Manifestation eingesetzt worden. Für den Westgiebel des Artemistempels in Korfu, der im frühen 6. Jahrhundert v. u. Z. entstanden ist, läßt sich die monumentale Ausformung dieses Themas schon nachweisen. Höchstwahrscheinlich handelt es sich dabei nicht um eine Gigantomachie, sondern um den Kampf zwischen Göttern und Titanen, also um eine ähnlich motivierte Behauptung der einen Göttermacht gegen die andere, die sie in Frage stellt und angreift. Von den Giebelskulpturen aus Kalkstein sind beeindruckende Reste erhalten geblieben.[18]

28   Die Mitte des über 17 m in der Breite messenden Giebelfeldes wird durch eine über 2,5 m hohe weibliche Gestalt im Knielaufschema beherrscht. Der Kopf ist als

33   Gorgonenhaupt ausgearbeitet. Die in Schlangenköpfen endenden Ringellocken, die gefletschten Zähne, die bleckende Zunge, die weit aufgerissenen Augen und die Knollennase kennzeichnen das Gorgonenhafte, auch Flügel und Schlangengürtel. Der Knielauf wird durch die Flügelschuhe als Flug markiert. Dem Bewegungsschema der unteren Gliedmaßen entspricht im Prinzip auch das der oberen, die gewinkelt seitlich ausgreifen. Flankiert wird die Gorgo (Medusa) von ihren Kindern Pegasos und Chrysaor, von deren Gestalten unterschiedlich viel erhalten ist.

Im weiteren Abstand folgen beiderseits Pantherlöwen, die der Giebelmitte zugewandt, mit ihren mächtigen Pranken auf dem das Giebelfeld nach unten beschließenden Geison lagern. Die Fleckung ihres Fells ist mit kreisrunden Ornamenten angedeutet. Um ihre Hälse schließen sich Zottelmähnen. In ihrer gelagerten Haltung schmiegen sie sich in die seitlich sich verengenden Giebelhälften zwanglos ein. Ihnen folgen beiderseits zwei Kampfgruppen, im schon kleineren Format: rechts

35   Zeus, der Blitzeschleuderer, im Kampf gegen einen Giganten beziehungsweise Titanen. Die linke Gruppe hat man im Zusammenhang mit dem Ende von Troja als die Tötung des Priamos durch Neoptolemos beziehungsweise als Angriff des Poseidon

34   auf die Titanin Rhea gedeutet. In den Giebelzwickeln liegen niedergekämpfte Geg-
56   ner der Götter, die sich mit ihren Köpfen in die Giebelecken hineinschieben.

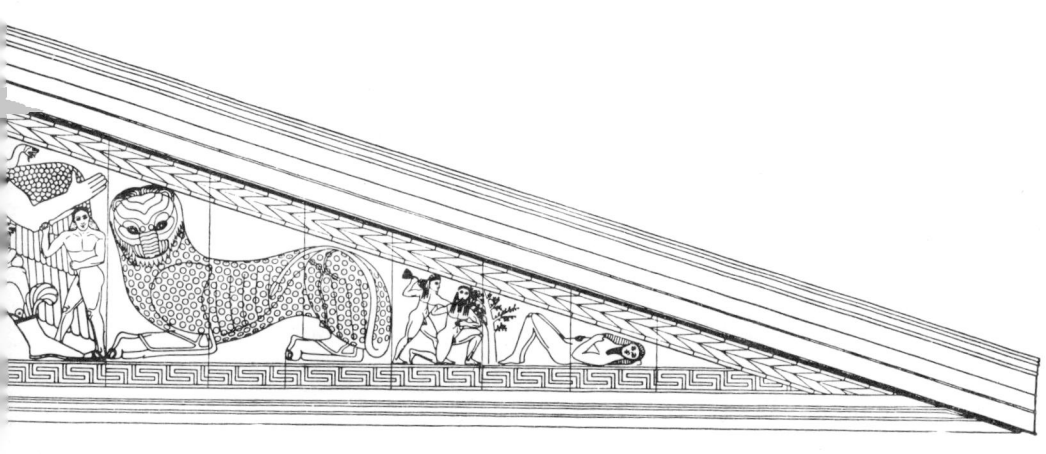

28 Rekonstruktion des Westgiebels vom Artemistempel auf Korfu, 6. Jh. v. u. Z.

Die ikonographische Identifizierung der Darstellung hat bisher Schwierigkeiten gemacht. Wie schon angedeutet, nahm man sie einmal für den Götter-Giganten-Kampf in Anspruch. Auf dieses Thema ließen sich nur die rechte Kampfgruppe und die Zwickelfiguren beziehen. Giebelmitte und Iliupersis (linke Kampfgruppe) verhielten sich dazu heterogen. Also wäre die Giebelkomposition ein compositum mixtum gewesen, ohne erfindlichen Zusammenhang. Dieser Meinung neigen noch heute nicht wenige Forscher zu.

Weiter führt der Versuch, das Figurenensemble als Titanomachie zu lesen. Das ist ein Thema, das alle Gestalten erfaßt und sogar zur Tempelherrin in Beziehung setzt. Angelpunkt einer solchen Deutung ist das Verständnis der Mittelfigur. Die mächtigen Pantherlöwen als ihre Begleiter lassen an Artemis, die Herrin der Tiere, denken. Das Gorgonenantlitz stünde dem nicht im Wege. In der Vasenmalerei finden wir hierfür ebenfalls Beispiele, so auf einem rhodischen Teller, auf dem die als Artemis dargestellte Figur mit Flügeln und Gorgofratze erscheint.[19] Also wäre auf dem Korfugiebel durchaus die Repräsentation der Tempelherrin mit ihrem Schreckensgesicht vorstellbar. Sie ließe sich den Olympiern im Kampfe zugesellen, gleichsam als Mitsiegerin dieses Kampfes.

Bleibt noch die linke Kampfgruppe zu erklären. Sie fügt sich durchaus in den Kontext, wenn wir sie als Bedrängung der Titanin Rhea, der Gemahlin des Kronos, durch den Meergott Poseidon oder einen der anderen Götter verstehen. Das Gewand der Angegriffenen deutet zweifellos eher auf eine weibliche als männliche Gestalt. Der Angriff des blitzeschleudernden Zeus in der rechten Giebelhälfte gälte dann seinem Vater Kronos, der das Göttergeschlecht der späteren Olympier verschlang, um nicht ihr potentielles Aufbegehren fürchten zu müssen. Nach dem Mythos entkam nur Zeus dem unersättlichen Rachen seines Vaters und forderte, in der idäischen Grotte aufgezogen und herangewachsen, diesem alle die Verschlungenen wieder ab. Das waren die Voraussetzungen zu dem später zwischen Göttern und Titanen entbrennenden Kampf.

57

So gesehen hätten wir ein thematisch in sich abgestimmtes Ganzes vor uns. Die Verschiedenzeitigkeit der angedeuteten Vorgänge entspricht archaischer Erzählweise. Vor-, Gleich- und Nachzeitiges stehen unbedenklich nebeneinander. Das zeigt sich schon an der Mittelfigur, der Artemis-Gorgo, deren Kinder vor der Köpfung ihrer Mutter in Erscheinung treten; denn nach dem Mythos entsprangen sie ihrem Hals, nachdem Perseus das Haupt vom Rumpfe getrennt hatte. Die beiden Zweiergruppen seitlich der Pantherlöwen deuten den Kampf selbst an, die Eckfiguren dessen Ende. Zu den Siegern in dieser Auseinandersetzung der Götter mit den Titanen zählt also auch die Tempelherrin Artemis, deren Machtdemonstration sich in der Giebelmitte vollzieht, flankiert von ihren Kindern und den mächtigen Leibern der gelagerten Tiere.[20]

Schwieriger als diese, die scheinbar disparaten Figuren zusammenfassende Lesart der Giebelkomposition ist der Versuch, sie als eine Manifestation politischer Ereignisse zu enträtseln. Die Geschichte Korinths ist für uns zeitlich nicht so festgeschrieben, daß wir einschneidende Geschehnisse, die für Korfu von Belang gewesen sein könnten, mit dem Tempelbau in Verbindung zu bringen in der Lage wären. Immerhin ist es denkbar, daß die zeitweilige Zurückgewinnung der korinthischen Pflanzstadt Korfu, die vermutlich im frühen 6. Jahrhundert v. u. Z. unter dem Tyrannen Periander gelang, ihren Niederschlag fand in diesem Baugeschehen und der Gestaltung des Bildprogramms. Der Gorgonensprößling Pegasos ist aufs engste mit der Mythenwelt der Mutterstadt Korinth verbunden und könnte Hinweis auf derartige Zusammenhänge sein.

Schatzhaus der Sikyonier in Delphi

Aus der ersten Hälfte des 6. Jahrhunderts v. u. Z. gibt es ein weiteres bemerkenswertes Beispiel der Bildkunst, dessen politische Relevanz sich mit Blick auf die einschlägigen Schriftquellen abzuzeichnen beginnt. Es sind die Kalksteinmetopen des Sikyonierschatzhauses in Delphi. Dieses Gebäude war von dem Tyrannen Kleisthenes aus Sikyon (nordöstliche Peloponnes) dorthin gestiftet worden, um seinem Wagensieg in den 580er Jahren, den er in der Ebene von Kirrha, zu Füßen des Heiligtums, davongetragen hatte, ein Denkmal zu setzen. Erhalten geblieben sind die Reste vor allem von vier Metopen, deren Bildthematik klar ersichtlich ist.

37   Einmal findet sich der Rinderraub der Dioskuren dargestellt, den sie mit den Söhnen des Aphareus ausführten. Das Metopenbruchstück läßt drei der genannten Gestalten erkennen, die, bekleidet mit Chlamys, die gestohlenen Rinder zu Paaren treiben. Sodann gehören zwei Fragmente einer Metope hinzu, die einen Schiffsrumpf
38   deutlich werden lassen, aus dem zwei Gestalten aufwachsen, deren eine Orpheus sein dürfte, wie aus dem von ihm gehandhabten Musikinstrument hervorzugehen scheint. Vor dem Schiffsheck taucht einer der beiden Dioskuren zu Pferd auf. Es handelt sich also um die Darstellung des Argonautenabenteuers. In gutem Zustand
39   ist auch die Metope mit der auf dem Stier reitenden Europa. Schließlich ist die Met-
36   ope mit dem Kalydonischen Eber zu nennen. An den Metopen sind Farbreste einsti-
58   ger Bemalung zu erkennen.

Wir übersehen nicht das vollständige Bildprogramm der Metopen. Mit Blick auf das Erhaltene läßt sich feststellen, daß offenbar Themen des argivischen beziehungsweise trojanischen Sagenkreises ausgespart geblieben sind. Dafür fallen die Szenen ins Gewicht, die dem nordwestgriechischen, thessalischen und messenischen Sagenkreis zuzuordnen sind (Eber, Argo, Rinderraub). Durchgehendes Motiv wäre die Dioskurenpräsenz.[21] Etwas abseits stünde die Metope mit Europa auf dem Stier. Bei aller Vorsicht in der Herausarbeitung eines Themenprofils könnte die geographische Eingrenzung im angegebenen Sinne von Belang sein. Von ganz anderer Seite erfährt eine solche Annahme unerwartete Unterstützung.

Im 5. Buch des Geschichtswerks von Herodot (V.67) erfahren wir, daß der Stifter des Sikyonierschatzhauses Kleisthenes im Zuge politischer Auseinandersetzungen mit Argos den Wettkampf der homerischen Gesänge in Sikyon untersagte,

Kleisthenes von Sikyon

> »weil Argos und die Argiver darin beständig besungen werden. Weiter aber wollte er auch Adrastos, den Sohn des Talaos, dessen Tempel damals wie jetzt noch auf dem Markte in Sikyon stand, weil er ein Argiver war, aus dem Lande vertreiben.«

(Übersetzung Theodor Braun)

Er versuchte zuvor, beim Orakel von Delphi dieses Vorhaben abzusichern. Es gelang ihm nicht. Delphi nahm Adrast in Schutz und stellte Kleisthenes als einen Tyrannen bloß. So verlegte er sich auf wirksamere Mittel und Wege. Er verpflanzte eine andere mythische Bezugsperson nach Sikyon, die an die Stelle von Adrast treten sollte, und zwar Melanippos aus Theben in Böotien, einen Feind des Adrast. Dem letzteren entzog er Opfer und Feste und übertrug sie auf Melanippos. Die tragischen Chorgesänge aber, die vormals zu Ehren von Adrast angestimmt worden waren, übertrug er nunmehr auf Dionysos, eine Akzentverschiebung, die folgenreich für die Entwicklung des tragischen Chorgesangs in Athen werden sollte (S. 32 f.).

Diese Gesangesdarbietungen wurden nicht etwa, wie lange Zeit irrigerweise angenommen worden war, von als Böcken verkleideten Sängern vorgetragen, sondern zum Opfer von Böcken. Die These des Aristoteles (384 bis 322), nach der die Tragödie aus dem Bocksgesang erwachsen sei, hat sich also nicht als stichhaltig erwiesen. Sie ist eine gelehrte Konstruktion, von der sich die Philologen nur ungern getrennt haben oder der sie sogar noch heute anhängen.

Die Herodotstelle gibt auch genauere Auskunft, weshalb die Sikyonier Adrast immer hoch in Ehren gehalten hatten. Das Land dort habe ursprünglich Polybos gehört, dem Großvater des Adrast, der ihn dann damit beerbt habe. Die argivische Belastung des Helden ergab sich aus der Verbindung seiner Mutter mit dem Argiver Talaos. Die antiargivische Propaganda des Kleisthenes, mit der er an dem beim Volke beliebten Heros Adrast ein Exempel statuierte, ist also durch die Schriftquelle klar belegt. Motiviert sein dürfte diese politische Wende durch den Umsturz zur Tyrannis 59 in Sikyon, mit deren Errichtung Kleisthenes in Gegensatz zu Argos bis zur kriegerischen Konsequenz geriet. Auch Delphi erwies sich als argiverfreundlich, tyrannenfeindlich, so daß dem Herrscher von Sikyon nichts anderes übrig blieb, als die »Exkommunikation« des Adrast nur mit größter Vorsicht zu betreiben.

Von dieser politischen Konstellation her fällt klärendes Licht auf das Bildprogramm der Metopen des von Kleisthenes initiierten Schatzhausbaues in Delphi. Bei aller Vorsicht dürfen wir vermuten, daß der Tyrann sich bei der thematischen Besetzung des Metopenzyklus von ähnlichen antiargivischen Tendenzen leiten ließ wie bei seiner Aktion gegen Adrast, auch wenn er bei der delphischen Weihung voraussichtlich geschickter vorgegangen sein wird. Ob die Abweisung durch das Orakel vor oder nach dem Schatzhausbau gelegen hat, ist schwer zu entscheiden. Es wäre denkbar, daß er durch Aufstellung seines vergoldeten Rennwagens das Orakel im vorhinein für sich gewinnen wollte, andererseits aber auch plausibel, daß er im nachhinein das Orakel womöglich versöhnen und günstiger stimmen wollte.

Politik im Spiegel der Vasenmalerei

Es ist schon mehrfach versucht, freilich auch immer wieder bestritten worden, daß es eine Möglichkeit gäbe, die Entwicklungsspezifik in der attischen Vasenmalerei des 6. Jahrhunderts v. u. Z. mit den gesellschaftlichen Ereignissen in Verbindung bringen zu können. Das Material liegt für dieses Jahrhundert so dicht, daß wie in kaum einer anderen Gattung sich die verschiedenen Tendenzen, die zweifellos entsprechende Richtungen in der Großkunst abspiegeln, mit aller Deutlichkeit beobachten lassen.[22]

Im ersten Jahrhundertviertel ist der Einfluß der korinthischen Keramik noch vorherrschend. Die Maler der Komastengruppe bezeugen das ganz deutlich. Ein stärkerer Differenzierungsprozeß setzt im zweiten Jahrhundertviertel ein. Solon hatte Kunsthandwerkern großzügig den Zuzug nach Athen gestattet. Das war offenbar eine der Voraussetzungen für die nun einsetzende größere Stilvielfalt. Meister wie der Heidelberger Maler verfeinern das Figurenwerk im dekorativen Sinne, Maler wie die der Sianaschalen halten dagegen am korinthisierenden Erbe noch länger fest. Eine spezifisch attische Mitte scheint sich mit Gefäßen wie dem anspruchsvoll thematisierten Klitiaskrater herauszubilden. Der talentvolle Sophilos schafft dafür im Vorfeld die Voraussetzungen für solche figurenreichen Kompositionen.

Es ist versucht worden, diese Kunstströmungen in Zusammenhang zu bringen mit den schriftlich bezeugten politischen Gruppierungen, wie sie sich zu diesem Zeitpunkt in Attika herauszubilden begannen. Wir erfahren von Herodot (I.59), daß es in der Mitte des 6. Jahrhunderts v. u. Z. drei Parteiungen gab: einmal die konservativen Pediäer, die Leute der Ebene, meist wohl um Athen; dann die Paraler, die Leute der Küste, die von dem Alkmäoniden Megakles geführt wurden und wohl Vertreter der politischen Mitte waren; schließlich die Diakrier, die Leute des Binnenlands, die Peisistratos unterstützten. Eine solche Fächerung der Interessen dürfte gewiß auch kulturpolitische Auswirkungen gehabt haben. Ich sehe deshalb keinen Hinderungsgrund, die politische Linie des Tyrannen mit den ionisierenden, die kon-

servative mit den dorisierenden und die vermittelnde Linie mit den attischen Kunst-
äußerungen im engeren Sinne versuchsweise zusammenzubringen.[23]

Des zunehmenden Ionismus im dritten Jahrhundertviertel war bei dem amasischen Vasenwerk schon gedacht worden (S. 31 f.). Zusammenhänge mit den kulturpolitischen Ambitionen des Peisistratos waren auch bereits in Erwägung gezogen
worden. Meister wie Exekias lassen sich in diesem Spannungsfeld – wie angedeutet
wurde – als Vorklassiker im Sinne einer antizipierenden Synthese und Fusion zwischen den Lokalstilen verstehen (S. 34 f.). Das Athen der damaligen Zeit muß ein
Schauplatz harter politischer und künstlerischer Auseinandersetzungen gewesen
sein. Auf die Verbannungen des Peisistratos wurde in solchem Kontext schon hingewiesen. Mit der Etablierung seines Regimes mündet die Kunstentwicklung in die
ausgeglicheneren Bahnen eines attischen Ionismus ein (S. 35 f.), der gegen Ende
der Tyrannis in Gefahr gerät, zunehmend im Formalismus zu erstarren.

Im letzten Jahrzehnt des 6. Jahrhunderts v. u. Z. erfaßt das in großer Zahl überlieferte ## Jahrzehnt
Vasenwerk Athens erneut ein sofort in die Augen springender Differenzierungspro- ## des Kleisthenes
zeß, der die vormals bezeugte Gestaltungsvielfalt wieder voll zum Tragen bringt.
Diese neue Auffächerung scheint auf den gesellschaftlichen Umbruch von der Tyrannis zur Demokratie unmittelbar zu reagieren. Neben stark dorisierenden Gestaltungen, die die Sensibilisierung der Tyrannenzeit hinter sich lassen – erinnert sei nur
an die Leagrosgruppe –, halten sich andererseits Tendenzen der Subtilisierung im
ionischen Sinne; Meister wie Peithinos zeigen das ganz deutlich.

Dazwischen setzt sich jene Entwicklungslinie durch und bricht sich Bahn, die sich
als die attische Variante im engeren Sinne bestimmen läßt. Hier ist das Frühwerk des
Berliner Malers zu nennen, das auf dem vorbereiteten Boden der frührotfigurigen
Pioniere alsbald mächtig heranwächst und der Klassik den Weg bereitet. Flankiert
wird es zum einen von dem dorisch inspirierten Euphronios und dem in gleicher
Richtung einschlagenden Kleophradesmaler, zum anderen von Meistern wie dem
etwas älteren Euthymides, dessen rhythmisch gefällige Figurenfolgen keinen Zweifel an seinen ionisierenden Ambitionen aufkommen lassen.

Gleichlautend stellt sich die politische Szene dieses Dezenniums dar. Die junge
Demokratie hatte sich unter dem Reformer Kleisthenes einerseits gegenüber dem
spartanischen Einflußstreben behaupten können, andererseits den Tyrannensturz
als Errungenschaft ausbauen können. Dennoch existierte noch eine tyrannenfreund-
liche Gruppierung, deren Chancen mit den Perserkriegen endgültig erloschen sind.

Auch für die Konstituierung neuer mythischer Zyklen ist das Ingangkommen der
Polisdemokratie Athens als Hintergrundsgeschehen nicht hinwegzudenken. Held
Herakles hatte, zunächst Protagonist des dorischen Kosmos, in der attischen Szene, nicht zuletzt in der Vasenmalerei, Fuß gefaßt. Seinen Taten war Athena als stän-
dige Helferin beigesellt worden. Die dorische Genesis dieses Heros stand fortan der
Integration in attische Bedeutungszusammenhänge nicht mehr im Wege. Und als
der attisch-dorische Gegensatz sich langsam anbahnte – erstmals nach dem Tyran- 61

nensturz 510 v. u. Z. – war der Held ins attische Repertoire schon einbezogen, ja bis zu einem gewissen Grade attisiert.

Dennoch empfand man die Ungereimtheit einer solchen Adaption und versuchte, Gegengewichte zu setzen. Held Theseus brachte als attischer Nationalheld alle Voraussetzungen mit, sich einer Aufwertung als würdig zu erweisen. Der Zyklus seiner Taten dürfte literarisch, auch bildkünstlerisch, im späten 6. Jahrhundert v. u. Z. begründet worden sein.[24] Versuchsweise sind sogar die nach Delphi exilierten Alkmäoniden als Anreger eines Dichtwerks in Erwägung gezogen worden, das Theseus und seine Taten zum Inhalt hatte. Die Zeugnisse der Vasenmalerei sprechen ebenfalls eine unmißverständliche Sprache. Auch die Monumentalkunst hat nicht gezögert, den neuen Helden ins Verhältnis zum Althelden Herakles zu setzen.

29 Athenerschatzhaus in Delphi, frühes 5. Jh. v. u. Z., Rekonstruktion.

Zu welchem Ausgleich die Taten beider Helden, des Herakles und des Theseus, bildprogrammatisch gebracht worden sind, davon legen die Metopen des Athenerschatzhauses in Delphi ein beredtes Zeugnis ab. Das Gebäude ist von den Athenern höchstwahrscheinlich noch vor der Schlacht von Marathon, also in den 490er Jahren, nach Delphi gestiftet, möglicherweise aber erst nach 490 v. u. Z. fertiggestellt worden. Für die Entstehung muß eine gewisse Zeitspanne angenommen werden, wie aus den zeitlich stark voneinander abweichenden Gestaltungsmerkmalen der Metopen hervorgeht. Neben solchen, die sich noch ganz der Spätarchaik verpflichtet zeigen (Athena-Theseus), stehen andere, an denen sich der Umbruch zur Frühklassik deutlich ankündigt (Kyknos). Die frühen, aber auch die späteren 490er, vielleicht sogar die frühen 480er Jahre v. u. Z. werden deshalb für den Fertigungsprozeß ins Auge zu fassen sein.[25]

Die von der Forschung vorgeschlagene Anordnung der erhaltenen Metopen darf als einigermaßen gesichert gelten. Danach war die Süd-, wohl auch die Ostseite mit Szenen der Theseussage besetzt, die Nord- und die Westseite mit Heraklesgeschichten. Im einzelnen zeichnen sich auf der Südseite die Kämpfe des Theseus mit Sinis, Kerkyon, Skiron, dem marathonischen Stier und dem Minotauros ab. Auch die Unterredung des Helden mit seiner Schutzgöttin ist hier plaziert worden sowie eine erste Amazonenkampfmetope. Diese leitet zur Ostseite über, die durchgehend diesem Thema eingeräumt wurde.

Auf der Nordseite sind die Heraklestaten angeordnet worden: Kampf gegen den Löwen, Kentauren, die Hirschkuh, Kyknos, Amazonen; dazwischen das Atlasabenteuer. Die Westseite war der Auseinandersetzung mit Geryoneus vorbehalten. Drei Metopen zumindest waren mit Rindern besetzt, eine mit dem dreileibigen Riesen, eine mit dessen Hund Orthros.

Die beschriebene Anordnung läßt erkennen, daß die dem Betrachter zugewandten Seiten, wenn er die Heilige Straße in Delphi auf- oder niederstieg, dem Helden Theseus vorbehalten waren. Held Herakles mußte demgegenüber mit den beiden abgewandten Seiten vorliebnehmen. Eine solche Bevorzugung des attischen Nationalhelden reimt sich mit der Situation um 490 v. u. Z. durchaus zusammen. Athen hatte mit Eretria den ionischen Aufstand gegen die Perser im Jahre 499 v. u. Z. unterstützt, mußte die in den späteren 490er Jahren sich ankündigende Strafaktion gewärtigen und stand dann in der Schlacht von Marathon den persischen Invasoren allein gegenüber. So überrascht die Hervorkehrung des Theseus keineswegs. Sie entsprach dem attischen Risiko und Erfolg gegenüber den äußeren Feinden.

Doch schon damals muß sich abgezeichnet haben, daß die persische Großmacht diese Schlappe auf die Dauer nicht hinnehmen und einen zweiten gewichtigeren Angriff folgen lassen würde. Athen war dabei dieses Mal auf die Hilfe anderer Poleis, vor allem der unbestrittenen Landmacht Sparta, ganz gewiß angewiesen. Es ging ja um das Überleben des griechischen Mutterlandes insgesamt. Daß diese Auseinandersetzung kommen würde, war wohl den Marathonsiegern ebenso klar wie ihren potentiellen Bündnern.

Die Aufteilung der Metopen an beide Helden scheint ein sprechendes Indiz zu sein, das zu dieser Situation genau paßt. Die Bilderzyklen beider Helden sind quantitativ gleichgewichtig aufeinander abgestimmt. Die Hervorhebung des attischen Heros an der Süd- und wohl auch an der Ostseite entsprach dem attischen Anspruch und Erfolg, dem Feind die Stirne geboten zu haben. Höchstwahrscheinlich war es kein Zufall, daß die Haupt-, also die Ostseite mit der Amazonomachie besetzt war. Die Amazonen als ein kriegslustiges Frauenvölkchen galten als Inbegriff des barbarischen Gegners. An diesem Feindbild, das für uns seit der geometrischen Zeit, dem 8./7. Jahrhundert v. u. Z., bezeugt ist, handelten die Griechen das Moment feindlicher Bedrohung ab. Das galt ganz besonders zu diesem Zeitpunkt, als der Kampf auf Leben und Tod mit der Großmacht Persien entbrannte. Nicht zufällig ist dieses Thema an dem Athenerschatzhaus bis in den Bereich der Akroterien am Dache, die reitende Amazonen darstellen, ausgedehnt worden.

Am Bildprogramm dieses Schatzhauses fällt außerdem auf, daß die einzelnen Taten der beiden Heroen nicht genau auf Kontrapost gegeneinander gesetzt, das heißt vergleichbare Einzeltaten nicht auf beiden Strecken gleichmäßig gezeigt worden sind. Überraschend breit ist die Aktion des Herakles gegen den Geryoneus entfaltet; sie nimmt wie gesagt die ganze Westseite ein. Vielleicht sollte dem Amazonenkampf an der Ostseite in gleicher Ausführlichkeit eine Heraklestat an der Westseite gegenübergestellt werden?

Möglich wäre auch, daß an der Ostseite der kombinierte Kampf beider Helden gegen die Amazonen gemeint war. Freilich gibt es keine hinreichend sichere Anzeichen dafür, die eine solche Annahme stützen würden. Eine andere Variante wäre der Kampf des Herakles gegen die Amazonen, eine Version, die auf Vasenbildern dieser Zeit recht oft nachweisbar ist. Aber auch diese Lösung würde wie die zuvor genannte weniger präzis zu der historischen Konstellation passen, die bei einer Datierung des Athenerschatzhauses in die 490er, spätestens Anfang der 480er Jahre v. u. Z. als Hintergrundgeschehen ins Auge zu fassen wäre. ·

HERAKLES UND THESEUS – WEGGEFÄHRTEN ZUR KLASSIK

Rolle des Herakles

Archäologische Forschung hat in den letzten Jahren die Rolle des Helden Herakles als Bildthema näher untersucht.[26] Das Ergebnis ist eine immense Zahl der Heraklesdarstellungen auf den Vasenbildern des 6. Jahrhunderts v. u. Z. Das gilt ganz besonders für die zweite Hälfte dieses Zeitraums. Die Darstellungen bieten den Helden nicht etwa in militärischer Aufmachung, sondern als durchaus individuellen Akteur in den verschiedensten Situationen. Den Herakles in der Weinlaube im Zwiegespräch mit Athena hatten wir schon kennengelernt (S. 36). Das ist ein Thema, das möglicherweise erst in dieser Zeit erfunden worden ist. Die darstellerisch längst erprobten Heraklestaten beherrschen jedoch das Feld.

Man hat diese Hochkonjunktur der Heraklesbilder aus propagandistischen Bestrebungen der Peisistratiden zu erklären versucht. Eine solche Erklärung vermag nicht recht zu befriedigen, da der Held seine Herkunft aus dem dorischen Bereich nicht verleugnen konnte. Mochte er immerhin zu einem allgemein mythischen Emblem aristokratischer Herrschaftsführung geworden sein, so will er doch nicht so recht in die Tyrannenszene attischer Prägung passen. Es bliebe als Deutungsmöglichkeit der Hinweis auf die interpolitischen Bestrebungen der Tyrannen, die das Kulturgut vieler Bereiche aufzugreifen und in Einklang miteinander zu bringen suchten. Das Ensemble von Dichtern und Denkern aus ganz verschiedenen Landschaften Griechenlands am Tyrannenhof Athens im letzten Jahrhundertviertel würde ein solches Anliegen durchaus bestätigen.[27]

Rolle des Theseus

Im Vergleich mit der Vorherrschaft des Herakles im Bildrepertoire der attisch-schwarzfigurigen, alsbald auch der attisch-rotfigurigen Malerei, die minutiös Auskunft darüber wie kaum eine andere Kunstgattung gibt, hat Held Theseus, der Gegenpart des Herakles, erst allmählich auf den Bildfeldern Fuß fassen können. Die Aufwertung und zielstrebige Mobilisierung dieses Helden gegenüber Herakles ist vor allem im Zusammenhang mit den Aktivitäten der Tyrannisfeinde in Athen verstanden worden. Als Initiatoren eines Heldenepos, das die Taten des Theseus feierte, wurde – wie bereits angedeutet (S. 62) – das Adelsgeschlecht der Alkmäoniden und ihrer Anhänger vermutet.

In den ersten Dezennien des 5. Jahrhunderts v. u. Z. ist dann die Beanspruchung beider Helden mehr und mehr ins Gleichgewicht gekommen. Für die Einbußen des Helden Herakles zu diesem Zeitpunkt hat man den ionisch-dorischen Antagonismus verantwortlich machen wollen, der verständlicherweise mit der Herausbildung der attischen Demokratie zunehmen mußte; denn die dorischen Poleis, vor allem die mit Sparta verbundenen, waren keineswegs bereit, an diesen gesellschaftlichen Errungenschaften Athens voll zu partizipieren. Wurde doch dadurch ihre eigene Polisstruktur in Frage gestellt. Im Ergebnis einer solchen Entwicklung dürfen wir annehmen, daß der dorische Held im Zuge einer stärkeren Betonung des attisch-ionischen Kulturerbes und damit auch des Helden Theseus bild- und damit auch bedeutungsmäßig in die Schranken gewiesen worden ist. Das ist ein Erklärungsversuch, der vieles für sich hat.

Ein exzellentes Beispiel des erreichten Gleichgewichts beider Kultursphären, der attischen und der dorischen, in frühklassischer Zeit ist uns in dem Bildprogramm des Zeustempels in Olympia aus dem zweiten Viertel des 5. Jahrhunderts v. u. Z. erhalten.[28] Betrachten wir zum einen die Giebelskulpturen am Außenbau, zum anderen die Metopenreliefs am Innenbau, je sechs auf der Zugangs- und auf der Rückseite. Auf dem Ostgiebel ist die Vorbereitung zum Opfer vor dem Wagenrennen zwischen   30 Oinomaos, dem König von Pisa, und Pelops, seinem Herausforderer, dargestellt. Die Giebelmitte wird beherrscht von der Gestalt des Zeus, dem das Opfer gilt. Links   43 und rechts stehen die Rivalen mit den ihnen zugeordneten weiblichen Figuren: zu seiner Linken (also rechts vom Betrachter aus gesehen) Oinomaos und Sterope, die   44 Gemahlin – zu seiner Rechten Pelops und die Königstochter Hippodameia, die dem Sieger gehören soll; anschließend beiderseits je eine kniende Dienergestalt, die beiden Gespanne. Links folgen Wagenlenker, Seher und Flußgott Alpheios; rechts der viel bewunderte, Unheil ahnende Seher, ein Knabe und Flußgott Kladeos. Die Flußgötter kreisen das Geschehen gleichsam geographisch ein: Die Kampfstätte liegt am Zusammenfluß beider Gewässer.

Auf dem Westgiebel ist das Ringen der Lapithen und Kentauren auf der Hochzeit   31 des Lapithenfürsten Peirithoos abgebildet. Die Kentauren, Mischwesen aus Mensch und Pferd, waren zu diesem Fest geladen und hatten, voll des Weins, begonnen, sich an Frauen und Knaben zu vergehen. Die Gastgeber greifen zur Waffe, und es entbrennt ein Kampf auf Leben und Tod, an dem sich der als Gast geladene Held Theseus beteiligt. Wiederum steht in der Giebelmitte ein Gott: Es ist Apoll, der den   46 Kampf dirigiert. Zu seiner Rechten greift Peirithoos den Kentauren an, der seine Braut davontragen will. Auf der Gegenseite kämpft ähnlich Theseus gegen einen   45 frauenraubenden Kentauren. Flankiert wird dieses Geschehen von zwei Zweiergruppen. Links erwehrt sich ein Knabe des kentaurischen Zugriffs. Rechts verbeißt sich ein Kentaur in den Arm des ihn niederzwingenden Lapithen. Auf beiden Seiten   47 schließen sich Dreiergruppen an; links die Ringergruppe, in der ein frauenraubender   48 der Kentaur von dem sich anstemmenden Lapithen niedergerungen wird; rechts die Stechergruppe, in der der Frauenräuber von dem angreifenden Lapithen mit dem   49 Schwert in die Brust getroffen wird. In den Giebelecken lagern je zwei weibliche Gestalten, Wärterinnen.

Die Giebelkompositionen lassen eine Themenwahl erkennen, die einerseits der heimischen Sagenwelt Rechnung trägt, andererseits übergreifend hellenischen Charakter wahrt. Der Lokalmythos von der Wettfahrt des Oinomaos beherrscht den Hauptgiebel. Der König von Pisa verteidigt seinen Herrschaftsanspruch, zugleich seine Tochter als Kampfpreis des Rennens. Pelops wird ihn schlagen und die Braut gewinnen. Der Ausgang dieses Vergleichs scheint in der Kopfwendung des Zeus, der sich Pelops zuwendet, angedeutet.

Dem Austausch der beiden weiblichen Gestalten und ihrer Umbenennung in der neuen Aufstellung im Museum von Olympia kann ich mich nicht anschließen.[29] Die herrschaftliche Gestalt und die anspruchsvolle Gestik der bisher als Sterope ange-   67

sprochenen Figur reimen sich nicht überzeugend mit dem Habitus einer Braut zusammen. Das gleiche gilt für Hippodameia, die sich demgegenüber ganz mädchenhaft gibt und sich in einer gewissen Scheu zurückhält. Auch wird bei einer solchen Umbesetzung die feine Rhythmik der Komposition gestört, die überhaupt erst eine zwanglose Zusammenfassung der Figuren im Giebelfeld gewährleistet.

Das Herrscherpaar zur Linken des Gottes stellt sich anspruchsvoll und siegesgewiß dar, eine Verblendung, die von dem besorgniserregenden Seher dieser Giebelhälfte durchschaut wird. Weniger herausfordernd zeigt sich das junge Paar zur Rechten des Gottes. Der bescheidener auftretende Pelops wird den Sieg davontragen und als Lohn die Braut heimführen. Pelops ist als Erneuerer der olympischen Wettkämpfe aufs engste mit Olympia verbunden. Seiner Geschichte, seinem Sieg ist deshalb der Ostgiebel vorbehalten.

Die Rückseite des Tempels ist einem Thema gewidmet, das weit über die olympischen Gefilde hinausführt. Die Lapithen-Kentaurenschlacht ist eine thessalische Geschichte, die im Norden Griechenlands spielt. Durch das Engagement des Helden Theseus bindet sie sich in attische Zusammenhänge ein und kann somit als eine Art Gegengewicht gegenüber dem inhaltlich dorisch akzentuierten Ostgiebel erkannt werden. Mögliche Überbetonung des Attizismus im Westgiebel scheint durch die beherrschende Gestalt Apolls, des Gottes von Delphi, insofern gedämpft, als diese Kult- und Orakelstätte, zumindest in dieser Zeit, politisch geschickt zwischen den sich herausbildenden Machtblöcken zu taktieren wußte.

Der dorische Nationalheld Herakles bleibt auf dem Ostgiebel ausgespart. Er ist nur ·mittelbar präsent: Pelops ist sein Urgroßvater mütterlicherseits; seine Mutter Alkmene ist eine Enkelin des Pelops. Pelops ist andererseits der Begründer des Atridengeschlechts, das in Argos residierte. Also sind auch hier die dorischen Bande ganz eng geknüpft. Das Zurückstellen des Herakles aus dem Kontext des Ostgiebels wird durch die Abhandlung seiner Taten an den Metopen des Innenbaus voll aufgewogen.

Die Konstituierung eines dem Helden Herakles adäquaten Zyklus von Theseustaten wird im späteren 6. Jahrhundert v. u. Z. eingesetzt haben. Vasenbilder bezeugen diesen Prozeß ganz ausführlich, der in der ersten Hälfte des 5. Jahrhunderts v. u. Z. zu einem befriedigenden Abschluß gekommen sein muß. Eines der ausführlichsten Beispiele befindet sich auf der Randzone des Innenbilds der Dioskurenschale aus Spina. Es ist der vollständigste Zyklus dieser Art, der in der rotfigurigen Malerei erhalten ist. Im oberen Bereich, über den Köpfen der Dioskuren des Mittelbildes, wird

30 Rekonstruktion des Ostgiebels vom Zeustempel in
Olympia, 5. Jh. v. u. Z.

auf drei Begebenheiten Bezug genommen, die sich auf attischem Boden abgespielt haben sollen. Links oben schreitet ein alter König – es wird sich um Aigeus handeln, auf Theseus zu, der sich umblickend von ihm entfernt. Es ist der Auszug des Helden, dem der Vater sorgenvoll nachblickt. Rechts folgt die Präsentation des marathonischen Stieres, den Theseus bezwungen hat und nach Athen führt. Hinweis darauf könnte die anschließende Gruppe zweier Könige sein, in denen man Erechtheus und Kekrops hat erkennen wollen.

Nach rechts schließen sich die Abenteuer an, die der Held zwischen Troizen (auf der Peloponnes) und Athen zu bestehen hatte, zunächst die Überwältigung des Skiron, jenes Wegelagerers bei Megara, den Theseus kurzerhand vom Felsen ins Meer stieß, dann der Angriff der krommyonischen Sau, die die alte Phaia auf den Helden hetzt, zuletzt Kerkyon, den Theseus niederringt. Damit sind wir am unteren Kulminationspunkt des Zyklus angelangt. Im Sinne des Uhrzeigers folgen drei weitere wichtige Taten des Helden, zunächst die Überwindung des Prokrustes, der seine Opfer auf dem nach ihm benannten Prokrustesbett zu quälen pflegte, danach der Unhold Sinis, der die in seine Hand gefallenen Wanderer mit Hilfe eines emporschnellenden Baumes zerteilte, schließlich der Kampf gegen den Minotauros auf Kreta, jenes Mischwesen aus Mensch und Stier, Ausgeburt der verirrten Liebe der Königin Pasiphae, die sich von einem Stier hatte begatten lassen.

Überblickt man die Abfolge der Heldentaten des Theseus, so halten sie quantitativ jeden Vergleich mit dem Herakleszyklus aus. Freilich mutet die heroische Parallele konstruiert an. Sie ist auch viel jünger und dürfte auf literarische Erfindungen zurückgehen, die sich am ehesten im späten 6. Jahrhundert v. u. Z. unterbringen lassen.

Der Zwölferzyklus der Heraklesabenteuer auf den Olympiametopen hat wohl konstituierenden Charakter gehabt. Zu den hier versammelten Heldentaten zählen die gängigsten, bekanntesten Unternehmungen, die in der Bildkunst und Literatur noch oft wiederholt, aber nie mehr so kanonisch komplett dargeboten worden sind. 32

Das Bildprogramm der Außenseiten des Zeustempels von Olympia erfuhr in der Zella aufschlußreiche Ergänzung und Vertiefung. Da gibt es einen ganzen Kranz von Bildern, die das goldelfenbeinerne Weihebild des sitzenden Zeus umgeben. Hervorzuheben ist der Amazonenkampf, an dem beide Helden, Herakles und Theseus teilnehmen; er zieht sich an den Fußleisten des Zeusthrones entlang. Aufmerksamkeit verdienen unter unserem Suchaspekt auch die Schrankengemälde, die das Zeusbild umgaben. Sie entstammten der Hand des Panainos, eines Bruders des Phidias, der den Zeus für Olympia gearbeitet hatte. Pausanias, der Reiseschriftstel- 69

ler der römischen Kaiserzeit, der auch Olympia besuchte, zählt in Buch V.11 die Darstellungsinhalte dieser Gemälde auf.

Wir begegnen dabei Atlas und Herakles, dem Thema der 10. Metope; Theseus und Peirithoos, im Anklang an den Westgiebel; Hellas und Salamis, Hinweis auf den gemeinsamen hellenischen Abwehrkampf gegen die Perser; weiter Herakles und dem Löwen, Thema der 1. Metope; Aias' Schändung der Kassandra; Hippodameia und Sterope, Ostgiebelthematik; Prometheus und seinem Befreier Herakles; schließlich Achill und Penthesilea und einem Hesperidenpaar, letzteres Heraklesthematik.

Auf dem Fußschemel des Zeus war die attische Amazonomachie ausgearbeitet, an der Basis des Throns unter anderem Athena und Herakles. Insgesamt sind die beiden Helden, Herakles und Theseus, gleichgewichtig bedacht worden. Das geschah offenbar in der Absicht, der gesamtgriechischen Verdienste beider Hauptpoleis, Athens und Spartas, in gleicher Weise Rechnung zu tragen.

Gestaltungseigenarten

Dieser offenbar ausgewogenen Bildprogrammatik entspricht nicht in gleicher Weise das Engagement der künstlerischen Kräfte. Kompositions- und Gestaltungsanalysen geben zu erkennen, daß die dorischen, auch die dorisch-ionischen sowie ausgeprägter ionischen Gestaltungselemente eindeutig überwiegen. Forscher, die sich anheischig gemacht haben, attische Merkmale an den Giebelskulpturen herauszufinden, sind mit ihren Versuchen gescheitert.[30] Immer wieder werden die dorische Komponente sowie der dorisch-ionische Mischstil als maßgebliche Gestaltungstendenzen erkannt und hervorgehoben.[31]

31   Die starke Dynamik der Westgiebelkomposition weist klar in diese Richtung. Das schließt rhythmische Vermittlungen, vor allem in den Dreiergruppen, nicht aus. Die
30   durchmetrisierte Parataxe des Ostgiebels, das gleichmäßige Nebeneinanderstellen der Figuren, ist sichtbar rhythmisch vermittelt. Dieser ionische Einschlag läßt sich auch an der Ausarbeitung der Einzelgestalten, etwa des Zeus, der Hippodameia oder des Sehers der rechten Giebelhälfte nachweisen.
32   Ludger Alscher hat die Metopenreliefs in zwei konzeptionell verschiedene Gruppen aufgegliedert.[32] Der einen zählt er die Stiermetope, Kerberosbändigung, Au-
50   giasstall zu. Typisch für sie ist die antithetisch-dynamische Komposition dorischer
51   Struktur. Um die Löwen-, Stymphaliden- und Atlasmetope läßt sich die zweite Gruppe bilden. Deren Komposition ist durch die rhythmisierte Parataxe der ins Blickfeld
70   gerückten Gestalten ausgezeichnet, eine Spezifik, die in ionischer Tradition steht.

31   Rekonstruktion des Westgiebels vom Zeus-tempel in Olympia, 5. Jh. v. u. Z.

Insgesamt kann für den gestalterischen Befund der Komposition und die Ausführung der Einzelfiguren festgehalten werden, daß auf attische Intentionen offensichtlich bewußt verzichtet worden ist. Das ließe sich aus einer Tendenz erklären, den aus dem attisch-delischen Seebund, der sich in den 470er Jahren v. u. Z. zu konstituieren begann, resultierenden Hegemonialbestrebungen Athens entgegenzuwirken, sie zumindest im bildkünstlerischen Bereich einzudämmen zu versuchen.

Gestalterisch wäre demnach bereits zu diesem Zeitpunkt dem sich langsam profilierenden Gegensatz zwischen Athen und Sparta in dem Sinne entsprochen worden, daß dieser Repräsentationsbau in Olympia, der alle anderen Werke dieses panhellenischen Heiligtums in den Schatten stellte, eine Klassik präsentierte, der Athen zu diesem Zeitpunkt nicht Gleichrangiges entgegenzustellen vermochte. Erst mit dem Akropolisbauprogramm, das Perikles in Athen in den 440er/430er Jahren initiierte, vor allem mit dem Parthenon, wurde dann ein Exempel statuiert, das gleichfalls mit übergreifendem Anspruch auftrat, diesen aber sowohl thematisch als auch gestalterisch konsequent im attischen Sinne realisierte. Die Heldentaten des Herakles werden dort – abgesehen von der Gigantomachie – offenbar bewußt ausgelassen. Theseus taucht an den Süd- und an den Westmetopen auf. Im übrigen dominiert Athena als Inbegriff der attischen Staatsmacht.

Sichten wir unter diesem Blickpunkt die Bildzeugnisse der attisch-rotfigurigen Vasenmalerei dieser Dezennien nach den Perserkriegen, so ergibt sich folgendes Bild: Die im ersten Jahrhundertviertel triumphale Präsentation der ionisch inspirierten Gestaltungen (Brygosmaler, Panaitiosmaler, Makron), versickern allmählich im zweiten Viertel (Brygosnachfolge) oder münden in manieristische Bahnen ein (Nausikaamaler, Leningrader Maler, Schweinemaler). Mit Meistern wie dem Kleophradesmaler hatte sich im ersten Viertel die dorische Komponente behauptet, die attische Variante mit Meistern wie dem Berliner Maler durchgesetzt. Im zweiten Viertel nun, also gleichzeitig mit den Olympiaskulpturen, gewinnt einerseits die attische Richtung mit Meistern wie dem Pistoxenosmaler und dem Penthesileamaler an Breite. Andererseits floriert ein dorisch-ionischer Mischstil, dessen Figurationen überraschende Affinitäten zu den Olympiaskulpturen aufweisen (Hermonax, Panmaler).

In den Produkten des attischen Kerameikos spiegelt sich in ähnlicher Weise das allmähliche Auseinanderrücken einer zunehmend attisch betonten und einer dorischen beziehungsweise dorisch-ionischen Gestaltungsvariante; erstere tritt an den Bildwerken des Zeustempels von Olympia völlig in den Hintergrund, letztere domi-

Kommentar der Vasenmalerei

1, 74, 75

1 LÖWE 2 HYDRA 3 STYMPHALIDEN
4 STIER 5 HIRSCHKUH 6 AMAZONE
7 EBER 8 ROSS DES DIOMEDES 9 GERYONES
10 ATLAS 11 KERBEROS 12 AUGEIAS

niert dort ganz offensichtlich. Die vermuteten Gründe dafür wurden oben angedeutet. Blicken wir auf das Heldenpaar Herakles und Theseus, so fällt auf, daß ersterer im zweiten Viertel des 5. Jahrhunderts v. u. Z. sein vormaliges Prestige empfindlich einbüßt. Demgegenüber hält Theseus verstärkten Einzug in den Themenkatalog der Vasenbilder. Ein Tatenzyklus wird ähnlich dem des Herakles aufgebaut. Die Anfänge dafür liegen im späten 6. Jahrhundert v. u. Z. (S. 62). In der Olympiazeit kommt dieser Prozeß zu einem gewissen Abschluß. Dazwischen liegt das schon analysierte Metopenprogramm des Athenerschatzhauses in Delphi, wo sich beide Helden in aufschlußreicher Weise aufeinander abgestimmt finden. Aber erst zur Zeit der Frühklassik, also im zweiten Jahrhundertviertel, scheint der Theseuszyklus in aller Breite und Ausführlichkeit zur herakleischen Vielfalt aufgeschlossen zu haben, wie etwa die Dioskurenschale des Penthesileamalers aus Spina veranschaulicht.[33]

1

Mit Theseus war die heroische Alternative für den attischen Einflußbereich gewonnen. Doch trotz der politischen Wandlungen in Athen blieb Held Herakles für die Gegner der Demokratie oder aber für die Befürworter einer gemäßigteren Richtung allem Anschein nach weiterhin eine signifikante Bezugsfigur. Möglicherweise haben wir in solchem Zusammenhang die Besetzung der skulpierten Metopen am Hephaisteion, dem sogenannten Theseion, auf dem Markthügel in Athen zu verstehen. Die östlichen Frontmetopen sind sämtlich dem Herakles eingeräumt, die vier jeweils an den Längsseiten — also in untergeordneter Stellung — anschließenden Metopen dem Theseus. Gehen wir zu weit, hier eine Konkurrenz zu dem Parthenonunternehmen zu entdecken? Die strikte Bevorzugung des dorischen Helden Herakles an der Ostseite des Baues würde zweifellos dafür sprechen.

Legitimation des Helden Theseus

Man darf vermuten, daß bei den Rivalitäten der beiden Helden ihre Abstammung keine geringe Rolle gespielt hat. Herakles' göttliche Abkunft stand außer Zweifel. Alkmene, die Frau des Amphitryon, Königs von Theben, hatte ihn von Zeus empfangen. Mit Theseus hatte es da seine Schwierigkeiten. Er stammte von Aigeus, einem attischen König, den Pittheus, von Troizen betrunken gemacht und seiner Frau Aithra beigesellt hatte. Immerhin war Aigeus ein Sohn des Pandion, dieser ein Enkel des Kekrops, ein Urenkel des Erechtheus. Das waren attische Urkönige, also respektable Vorfahren. Dennoch schien das nicht zu genügen. Aus dem frühen 5. Jahrhundert v. u. Z. stammt das Innenbild einer Schale des Panaitiosmalers, die Theseus auf dem Meeresgrund zeigt, um dort seine göttliche Abstammung bestätigt zu bekommen.

Auf dem 40 cm diametral messenden Innenbild dieser Schale sehen wir rechts Amphitrite, die Gemahlin Poseidons sitzen und dem auf den Meeresgrund getauchten Helden, der mit seinen Füßen auf den Händen Tritons Halt findet, die Rechte entgegenstrecken. In der Linken hält sie den goldenen Kranz bereit, der Theseus schmücken soll. Großflächig ist in der Mitte der Komposition die Göttin Athena plaziert, mit ihrer Linken die Lanze dirigierend, mit ihrer Rechten die Eule balancierend. Das Element Wasser wird durch drei Delphine hinter dem Helden markiert. Zweifel-

54

73

los ist das großartige Bild einem Wurf der Großmalerei verpflichtet. Kaum läßt sich eine einprägsamere Bildlösung denken, die der Legitimierung des Helden als Göttersproß des Poseidon das Wort redet.

Wir wissen von Pausanias, daß es ein Wandgemälde von der Hand des berühmten Mikon im Theseusheiligtum in Athen gab, das dem gleichen Thema gewidmet war. Die Versicherung der göttlichen Abkunft des Helden hat also im Laufe des 5. Jahrhunderts v. u. Z. offenbar keine geringe Rolle gespielt. Das macht den Stellenwert dieser mythischen Version deutlich, die vielleicht schon der vermuteten Theseusdichtung aus dem späten 6. Jahrhundert v. u. Z. zugehört hat.

Literarisch ist dieser Gang des attischen Helden »zu den Müttern« auch in einem Chorlied des Bakchylides behandelt worden. Hier ein Ausschnitt aus dem Chorgesang, Dithyrambos 17.97 bis 116:

»Doch Delphine, die Meerbewohner,
brachten den großen Theseus rasch
zum Palast seines Vaters,
des Herren der Pferde, und er trat
in die Halle der Götter. Als er dort die herrlichen
Töchter des gesegneten Nereus erblickte,
da ergriff ihn Furcht; denn von ihren schimmernden
Gliedern leuchtete ein Glanz
wie von Feuer, um ihr Haar
aber wanden sich goldgeflochtene
Bänder, und am Reigentanz erfreuten sie
ihr Herz, mit geschmeidigen Füßen.
Er erblickte auch des Vaters liebe Gemahlin,
die hehre Amphitrite, die großäugige,
im lieblichen Palast.
Sie hing ihm einen purpurnen Mantel um,
und auf sein dichtes Haar
legte sie ein herrliches Gewinde,
das ihr einst bei der Hochzeit
die verschlagene Aphrodite geschenkt, dunkel von Rosen.«

(Übersetzung Herwig Maehler)

Aegineten

Etwa zeitgleich mit der Schale des Panaitiosmalers sind die Giebelskulpturen vom Aphaiatempel in Aegina zu datieren, deren Themenwahl den Helden Herakles berücksichtigt. Beide Giebeldarstellungen nehmen auf Kriege gegen Troja Bezug, der jüngere Ostgiebel, in den 480er Jahren entstanden, auf den älteren Krieg, den Herakles und Telamon, Sohn des Aiakos, Enkel des Zeus (von der Nymphe Aigina empfangen), geführt haben. Der ältere Westgiebel, in den 490er Jahren v. u. Z. skulptiert, behandelt den späteren Kampf, an dem Aias, der Sohn Telamons, teilgenommen hat. In beiden Giebelfeldern bestreitet Athena beherrschend die Mitte.

52

74

Für beide Darstellungen ist als politische Stoßrichtung die Sicherung der aeginetischen Oligarchie gegenüber dem demokratischen Athen vermutet worden. Für eine solche Deutung spricht der genealogische Bezug auf die mythischen Urväter der aeginetischen Aristokratie. Auch die Rolle des dorischen Helden Herakles fügt sich zwanglos in ein solches Bedeutungsnetz. Überraschend ist nur die Inanspruchnahme der Athena als überragender Gestalt beider Giebelmitten. Möglicherweise wird hier die Stadtgöttin Athens für eine alternative Entwicklung dieser Polis in Anspruch genommen; denn es lag ja noch gar nicht so weit zurück, daß die Helfer beim Sturz des Tyrannis – sie kamen aus Sparta, einem erzdorischen Gebiet – ein Regime in Athen zu stützen versuchten, das weniger demokratisch als vielmehr oligarchisch sein sollte.

Zweifellos müssen Deutungshorizonte dieser Art, wie sie hier für die Giebelskulpturen von Aegina versuchsweise aufgezeigt worden sind, problematisch bleiben, da selbst bei einer punktuelleren Inanspruchnahme der Mythen im Lokalbereich, aus dem sich subjektive Intentionen wie die oben genannten ableiten lassen, diese Mythen im weiteren Umfeld zugleich einer breiteren und womöglich etwas anders akzentuierten Sinnebene angehören. Das gilt besonders für solche Mythenkreise und -figuren, die vielerorts bekannt waren, also auch für Gestalten wie Herakles. Man hat immer wieder nach der Ursache seiner Beliebtheit und häufigen Abbildung in der Vasenmalerei des 6. Jahrhunderts v. u. Z., besonders in Athen, gefragt. Es ist in der Forschung auf die Adelsethik als Bezugspunkt dieses aristokratischen Handlungsmusters im Sinne der Archaik hingewiesen worden. Bei einer derartigen Verallgemeinerung der Interessen dürfte die dorische Herkunft des Helden weitgehend verschliffen worden sein. Wie hätte er sonst zur Zeit der Tyrannis, vor allem in der Endphase verschärfter Auseinandersetzungen, die Bildfelder weiterhin behaupten können?

Gegenüber der attischen Entwicklung hatten sich die oligarchisch orientierten Poleis zurückgehalten und waren – das gilt in erster Reihe für Sparta – im Rahmen der oppositionellen Bestrebungen über die Einschaltung des delphischen Orakels als Gegner der Tyrannis gewonnen worden. Von den Aktivitäten der Alkmäoniden in diesem Sinne war oben schon die Rede (S. 37 f.) Wenn nun dem Herakles auch in diesen Dezennien der politischen Zuspitzung in Athen ein so breites Wirkungsfeld eingeräumt blieb, läßt sich das nur aus der Absicht erklären, diesen Helden gegen seine ursprünglichen Beansprucher zu mobilisieren oder aber seine inzwischen panhellenisch gewordene Bedeutung voll auszuschöpfen.

Herakles' Zurücktreten im Laufe des 5. Jahrhunderts v. u. Z. ist übereinstimmend beobachtet, jedoch verschieden erklärt worden. Der Abbau des Helden wurde einerseits aus dem Zusammenbruch der aristokratischen Herrschaftsideale, andererseits aus dem ionisch-dorischen Antagonismus abgeleitet, der aus den demokratischen Umwälzungen in Athen erwachsen und dem Helden abträglich sein mußte. Immerhin bestritt Herakles auch in diesen Jahrzehnten noch eine sehr beachtliche Position im Repertoire der attischen Vasenmalerei. Bildwerke wie die Metopen des   75

Athenerschatzhauses in Delphi zeigen ihn gegenüber Theseus, dem neuprofilierten Nationalhelden Attikas, ins Verhältnis gesetzt, wenn auch auf die abgelegenen Seiten abgedrängt.

Argonauten-
krater

In exponierter Stellung findet sich Herakles auf einem rotfigurigen Krater aus Orvieto dargestellt, der in Athen getöpfert und bemalt worden ist. Er dürfte im zweiten Viertel des 5. Jahrhunderts v. u. Z. entstanden sein. Nach dem Vorderseitenbild, das in unserem Zusammenhang zunächst einmal von Belang ist, wird das Gefäß als Argonautenkrater bezeichnet. Man hat in dem Ensemble versammelter Krieger, unter ihnen Athena und Herakles, eine Szene vom Argonautenmythos erkennen wollen, und zwar den Aufbruch von der Insel Lemnos, nach anstrengenden Nächten bei den Frauen dieser Insel. Held Herakles hatte, nach Auskunft des diesbezüglichen Epos aus hellenistischer Zeit, seine Not gehabt, die Männer zur Weiterfahrt zu gewinnen. Die gedehnten, erschlafft wirkenden Bewegungen der Gefährten wurden für diese Lesart in Anspruch genommen. Doch das ist das gedehnt wirkende klassische Bewegungsmaß und hat mit dieser speziellen Situation nichts zu tun.

Man hat weitere Deutungsvorschläge gemacht. Unter ihnen sei die Rüstung zur Schlacht bei Marathon erwähnt. Die Krieger hatten in der Nacht vor dem Entscheidungskampf im Heiligtum des Herakles genächtigt. Der Held mit Löwenfell und Keule könnte darauf hinweisen. In der Auseinandersetzung mit den Persern sollen sodann die Phylenheroen höchstselbst mit eingegriffen und den Sieg herbeigeführt haben. Man versuchte, in den stehenden, sitzenden, gelagerten Männern diese Heroen wiederzuerkennen. Auch diese Deutung bleibt unbefriedigend.

Schließlich verfiel Kristian Jeppesen auf die glänzende Idee, die Darstellung mit dem Krieg der Sieben gegen Theben in Verbindung zu bringen.[34] Selbstverständlich blieb auch das nur eine Hypothese neben den anderen. Aber sie hat den Vorteil, ein Moment schärfer zu fassen, das die Figurenkomposition zu beherrschen scheint, nämlich das bedeutungsgeladene Gegenüber von Athena und Herakles, die in die Männerversammlung einbezogen sind. Mit dieser Gegenüberstellung könnte ein Zeichen gegeben sein für ein sich anbahnendes Auseinanderrücken der noch friedlich versammelten Männer. Jeppesen hatte auf diesen Punkt sein Augenmerk gelenkt. Es sei der Augenblick gemeint, kurz bevor jener Differenzierungsprozeß einsetzte, bei dem die Helden sich gegeneinander zu formieren beginnen.

Die Entdeckung dieses Kairos, dieses Zeitpunkts, bietet eine frappante Verknüpfungsmöglichkeit mit der allgemeinen griechischen Situation in diesen Dezennien. Nach der gemeinsamen Aktion zur Abwendung des Perserangriffes gerieten die griechischen Poleis in eine Phase, in der sich das Auseinandertreten der beiden Machtblöcke Athen und Sparta langsam, aber unaufhaltsam anbahnte. Es kam zwar zum Abschluß eines Friedensvertrages zwischen beiden Partnern auf 30 Jahre (446 v. u. Z.). Aber bereits ein Jahr davor hatten die Spartaner an dem Friedenskongreß 447 v. u. Z. in Athen ostentativ nicht teilgenommen und damit die attische Initiative zu Fall gebracht.

Mit einer solchen Interpretation des Vorderseitenbildes, die nicht unbedingt jeder teilen wird, läßt sich das Rückseitenbild in bedeutsamer Korrespondenz zusammenbringen. Dort ist das Niobidenmassaker dargestellt: Artemis und Apoll, die beiden Kinder der Leto, metzeln die Kinder der Niobe nieder. Beide Mütter waren in Streit geraten. Niobe hatte sich gegenüber Leto ihres Kindersegens gebrüstet. Die göttliche Rache blieb nicht aus. Sie vollzieht sich auf der Rückwand des Kraters mit aller Grausamkeit. Söhne und Töchter der Niobe werden Opfer der gezielt gegen sie abgeschossenen Pfeile. Die Sinnlosigkeit eines solchen Mordens ist offenbar schon in der Antike empfunden worden. Der Schmerz der betroffenen Mutter führt zu deren Versteinerung. Ein solcher Mythos, der zu den schwer enträtselbaren der Antike gehört im Hinblick auf die Unberechenbarkeit göttlichen Eingreifens, würde die furchtbare Perspektive des Bruderkrieges vorausahnen lassen, der dann mit dem Peloponnesischen Krieg (431 bis 404) wirklich eintrat. Zugegeben, eine solche Lesart, die das Vorderseiten- und das Rückseitenbild in zeitgeschichtlicher Parallelisierung zusammenschließt, überschreitet vielleicht schon die Grenzen zulässiger Deutung.

Doch wenn wir uns vergegenwärtigen, in welchem Maße die mythischen Muster als Verständigungsmodelle für Gegenwartsprobleme bei den Griechen, viel präziser noch dann bei den Römern, verwendet worden sind, wäre eine solche Deutung möglicherweise doch nicht überzogen. Mythos war in dieser Zeit viel handhabbarer geworden. Seine Transparenz für Aktuelles wird durch das häufige Fortlassen der Beischriften eher noch verstärkt. Hinzu kommt als nicht zu unterschätzender Faktor, daß die Kult- und Ideologiebezüge, die in archaischer Zeit viel unmittelbarer präsent gewesen sein müssen, jetzt abgeschwächt und umfunktioniert werden. Wenn die demokratisierten Poleis, voran Athen, das mythische Erbe der Archaik übernahmen, so geschah es zweifellos unter Einbuße des vormaligen Legitimations- und Gültigkeitsanspruches.

Ein Problem bleibt dabei allerdings offen, nämlich zu rekonstruieren, in welchem Maße die Griechen den Mythos zu dieser Zeit in seiner Historizität schon begriffen haben. Das klassische Zeitalter dürfte durch die sophistische Aufklärung wesentliche Voraussetzungen für die Emanzipation des mythischen Weltbildes und Gesellschaftsverständnisses geschaffen haben. Die Vorleistung der Archaik ist vor allem mit dem Wirken der Philosophen, etwa der ionischen Naturphilosophen Thales, Anaximander und Anaximenes oder des in Unteritalien wirkenden Pythagoras verbunden. Auch Historiographen wie Hekataios von Milet wären hier zu nennen. Im 5. Jahrhundert v. u. Z. erlangten diese Denkansätze schon eine gewisse Breitenwirkung, die freilich nicht überschätzt werden darf.

Der Widerstand in der Bürgerschaft, in der die Mythen als volksverbundene Vehikel zur Verständigung über Welt und Menschen lebendiges Erbe waren, gegenüber diesen Rationalisierungsversuchen und Aufklärungstendenzen zeichnen sich für uns mit aller Deutlichkeit in den Komödien des Aristophanes (um 445 bis um 386) ab. In seinem Stück »Die Wolken« wird Sokrates' Erkenntnisdrang ad absurdum geführt. Das ist eine Diffamierung, bei der dieser beliebte Bühnenautor die Menge der 77

Lacher zweifellos auf seiner Seite gehabt haben dürfte. Freilich war diese Anprangerung der sophistischen Denkansätze mit einer politischen Orientierung verbunden, die der Radikalisierung der Polisdemokratie skeptisch gegenüberstand und diese einzudämmen versuchte. So wurde auch ein Tragiker wie Euripides (485/484 bis 406), der als der große Aufklärer auf der attischen Bühne gilt, als Kleinigkeitskrämer und Sophist von Aristophanes der Lächerlichkeit preisgegeben.

Das waren Entwicklungstendenzen, die typisch für die Spätklassik im letzten Viertel des 5. Jahrhunderts v. u. Z. sind. Davor liegt das entscheidende halbe Jahrhundert, in dem Athen und seine Bündner den Weg zur Klassik beschritten haben. Das war eine Entwicklung, bei der man zwar einen gewissen Abstand vom Mythos gewann, diesen aber im Sinne komplexer, publikumswirksamer Verständigung über Probleme der Gesellschaft, der Geschichte und Gegenwart, voll ausschöpfte.

33
Gorgo, flankiert von Panther-
löwen, Mittelgruppe des
Gorgogiebels vom Artemis-
tempel auf Korfu, 6. Jh. v. u. Z.,
Kalkstein. Korfu, Museum.

34
Angriff eines Gottes auf
Rhea(?) vom Gorgogiebel
des Artemistempels in Korfu,
6. Jh. v. u. Z., Kalkstein.
Korfu, Museum.

35
Zeus im Titanenkampf vom
Gorgogiebel des Artemis-
tempels in Korfu, 6. Jh. v. u. Z.,
Kalkstein. Korfu, Museum.

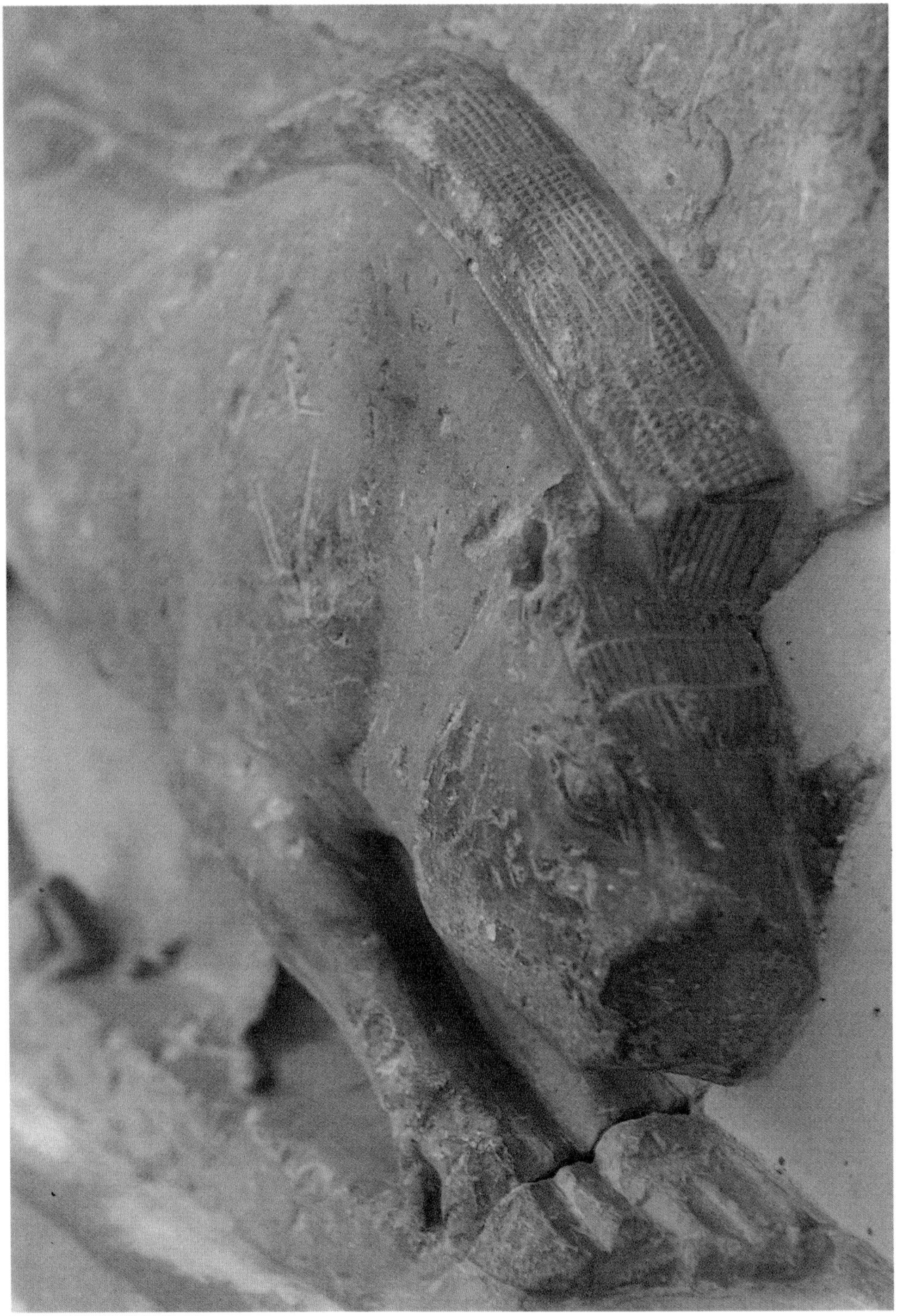

36, 37
Kalydonischer Eber und
Rinderraub der Dioskuren,
Kalksteinmetopen vom
Sikyonierschatzhaus in Delphi.
6. Jh. v. u. Z. Delphi, Museum.

38
Argonautenfahrt, Kalkstein-
metope vom Sikyonier-
schatzhaus in Delphi,
6. Jh. v. u. Z. Delphi, Museum.

39
Europa auf dem Stier, Kalk-
steinmetope vom Sikyonierschatzhaus in Delphi,
6. Jh. v. u. Z. Delphi, Museum.

42
Alpheios, südlich von
Olympia.

40
Amazonenkampf, Marmor-
metope vom Athenerschatz-
haus in Delphi, frühes
5. Jh. v. u. Z. Delphi, Museum.

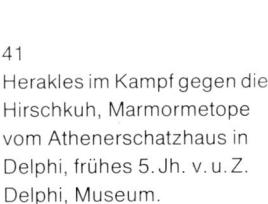

41
Herakles im Kampf gegen die
Hirschkuh, Marmormetope
vom Athenerschatzhaus in
Delphi, frühes 5. Jh. v. u. Z.
Delphi, Museum.

Pelops, Zeus (Mitte),
Oinomaos vom Ostgiebel des
Zeustempels in Olympia,
5. Jh. v. u. Z. Olympia,
Museum.

44
Sterope, Dienerin und Vier-
gespann vom Ostgiebel des
Zeustempels in Olympia,
5. Jh. v. u. Z. Olympia,
Museum.

45
Brauträubergruppe vom
Westgiebel des Zeustempels
in Olympia, 5. Jh. v. u. Z.
Olympia, Museum.

46
Apoll vom Westgiebel des
Zeustempels in Olympia,
5. Jh. v. u. Z. Olympia,
Museum.

Folgende Seiten:

47
Beißergruppe vom West-
giebel des Zeustempels in
Olympia, 5. Jh. v. u. Z.
Olympia, Museum.

48
Ringergruppe vom West-
giebel des Zeustempels in
Olympia, 5. Jh. v. u. Z.
Olympia, Museum.

49
Stechergruppe vom West-
giebel des Zeustempels in
Olympia, 5. Jh. v. u. Z.
Olympia, Museum.

50
Augiasmetope vom Zeus-
tempel in Olympia, 5. Jh. v. u. Z.
Olympia, Museum.

51
Atlasmetope vom Zeustempel
in Olympia, 5. Jh. v. u. Z.
Olympia, Museum.

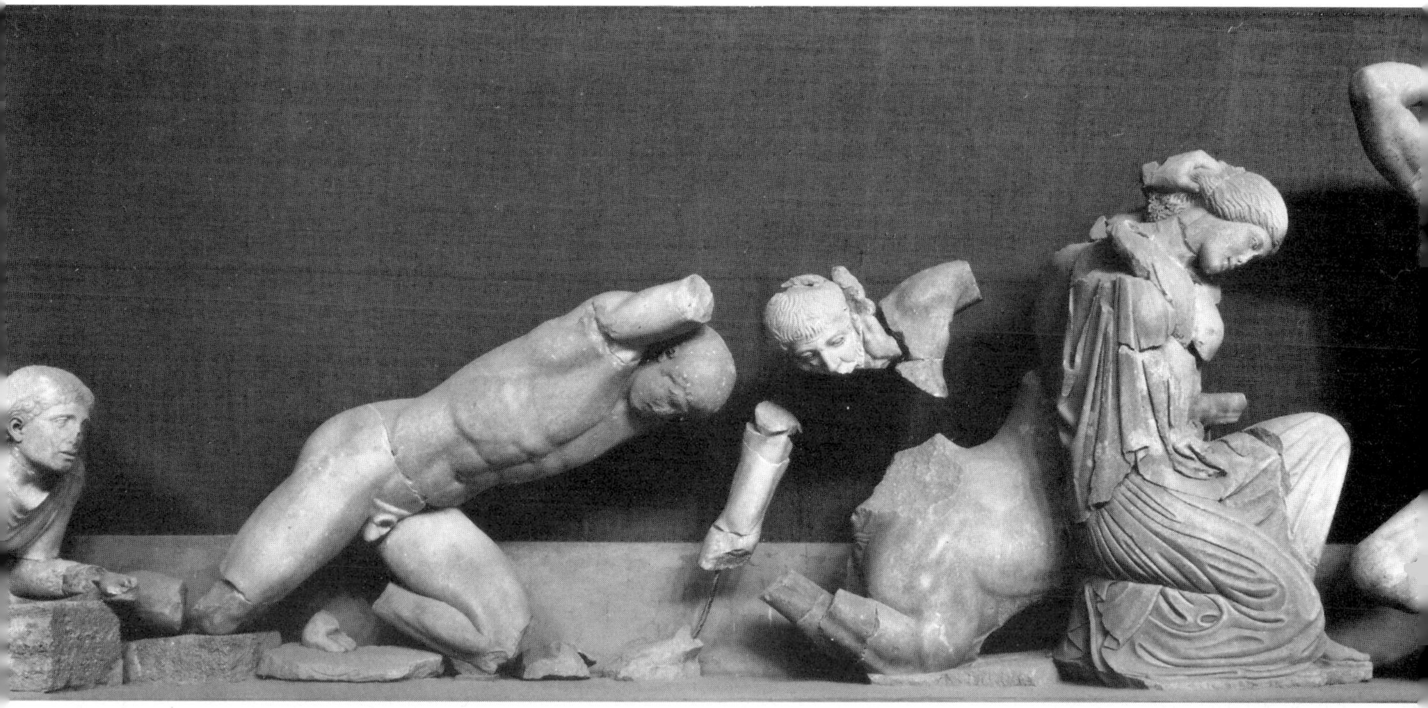

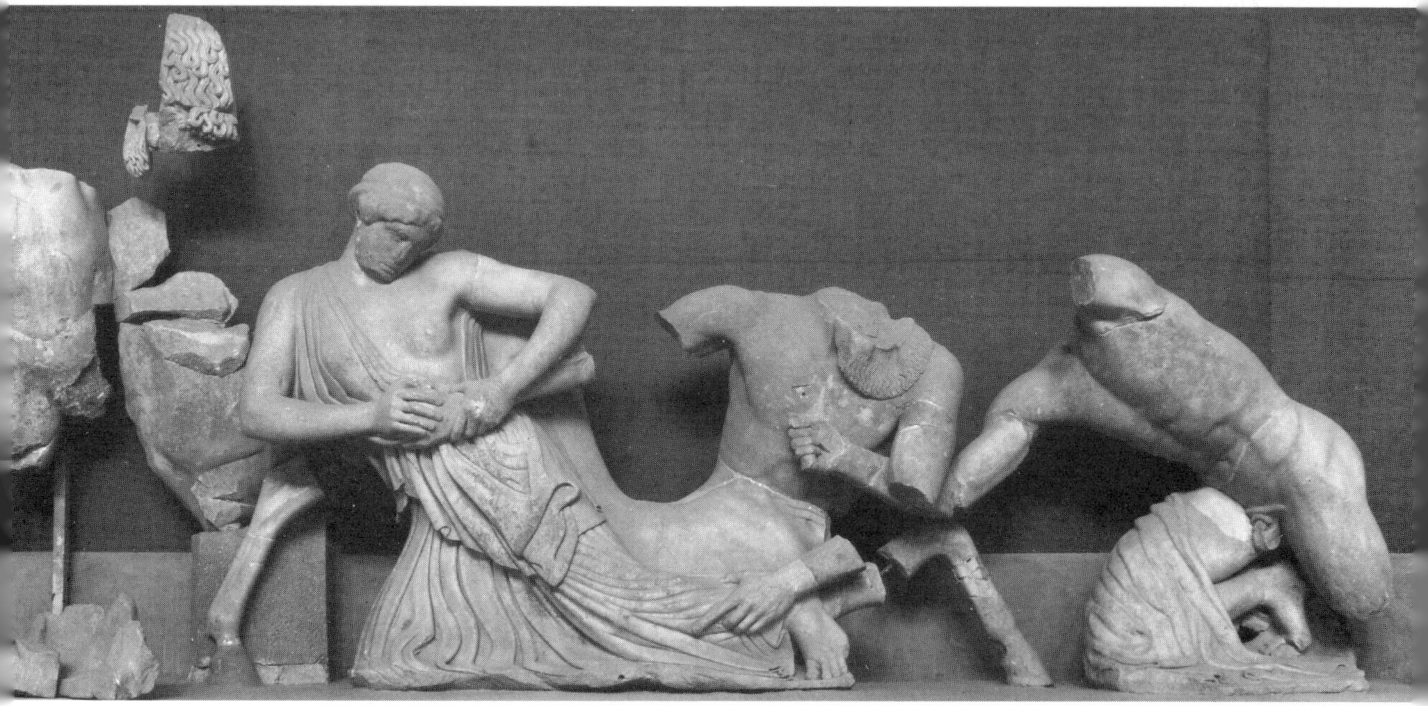

52
Herakles vom Ostgiebel des
Aphaiatempels auf Aegina,
5. Jh. v. u. Z. München,
Glyptothek.

53
Heldenensemble um Herakles
und Athena, Vorderseiten-
bild des Argonautenkraters,
5. Jh. v. u. Z. Paris, Louvre.

54
Theseus auf dem Meeres-
grunde, attisch-rotfigurige
Darstellung auf einer Schale
des Panaitiosmalers, frühes
5. Jh. v. u. Z. Paris, Louvre.

HUMANISIERUNG DES MYTHOS IN DER KLASSIK

Von zentraler Bedeutung für die großen Leistungen der Kultur des 5. Jahrhunderts v. u. Z. war ein sichtliches Abrücken von den mythischen Gehalten und ihren kultischen Bezügen. Der Wahrheitsanspruch verschob sich graduell auf eine andere Sinnebene, die nunmehr an den Demokratisierungsbestrebungen der Vollbürger orientiert war. Das schloß nicht aus, daß die Mythen weiterhin als thematische Vorgaben und Verständigungsmodelle benutzt wurden. Das wird vor allem bei der Stoff-

 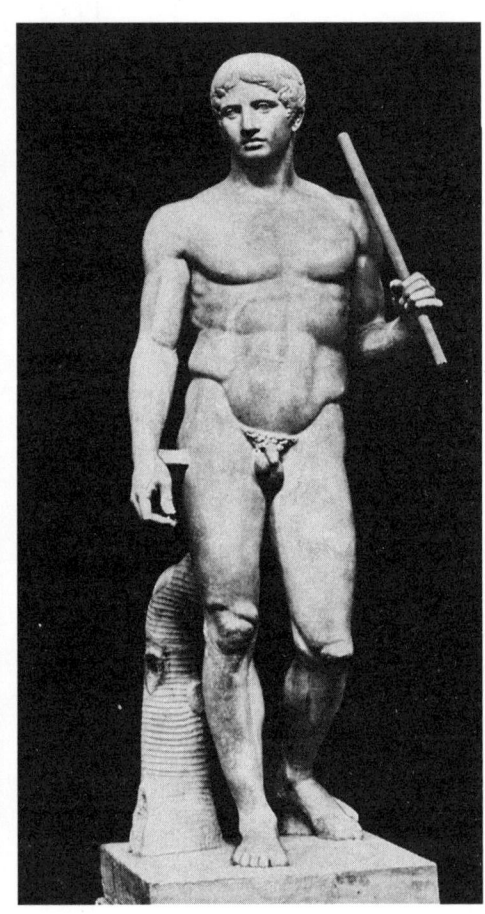

55 Statuette vom Varvakion. Römische Nachbildung des Weihebilds der Athena Parthenos des Phidias vom Parthenon auf der Akropolis in Athen, 5. Jh. v. u. Z. Athen, Nationalmuseum.

56 Doryphoros des Polyklet, römische Marmorkopie nach griechischem Vorbild des 5. Jh. v. u. Z. Neapel, Nationalmuseum.

auswahl der Tragödien deutlich, also jener Literaturgattung, die in höchstem Maße als eine phasenspezifische Errungenschaft angesehen werden muß. Ihre Fabeln sind fast durchweg dem Mythos verpflichtet. Historische Handlungen wie bei dem Aischylosdrama »Die Perser«, das im Jahre 472 v. u. Z. zur Aufführung gelangte, bildeten die Ausnahme.

64 In der Baukunst gibt es Anzeichen für eine ähnliche Entwicklung. So ist der Parthenon auf der Akropolis in Athen[35] im Typus ein Sakralbau, in seiner Funktion aber schon kein eigentlicher Tempel mehr. Auch das goldelfenbeinerne Standbild der

Athena Parthenos, das er behauste, schließt in der Gestaltung noch an die Kultbild- 55
weise an, ist jedoch funktionell kein Kultbild mehr, sondern ein Repräsentations-, ein
Weihebild. Das Kultbild der Stadtgöttin Athens dagegen stand nebenan im Kernbau
des Alten Athenatempels, seit dem späten 5. Jahrhundert v. u. Z. dann im nördlich
angrenzenden Erechtheion, einem Komplexbau, der mehrere Kultmale architekto- 71
nisch einfaßte.[36]

Von dem Bildhauer Polyklet wird aus dieser Zeit berichtet, daß er als erster die
Kunst selber dargestellt habe, das heißt aber nichts anderes, als daß er sich von den
unmittelbaren, vormals unabdingbaren Funktionsbezügen, auch den mythischen also, gelöst hat, um ein Kunstwerk an sich zu schaffen. Sein Speerträger, der Dory- 56
phoros, jedoch ließ sich in Überlebensgröße nur als heroisches Standbild, höchstwahrscheinlich als ein Achill, inszenieren. Bemerkenswert ist außerdem die Tatsache, daß am Innenbau des Parthenon auf dem rings umlaufenden Fries gleichfalls 65
der mythische Bann gebrochen und der Schritt zur Darstellung eines Festereignis-
ses gegangen worden ist. Auch wenn der Panathenäenzug, der auf diesem Fries abgebildet ist — wie in der neueren Forschung gelegentlich angenommen wird[37] —, in
die heroische Sphäre einbezogen sein sollte, ist das Darstellungsmuster dennoch
so realitätsbezogen, daß die mythische Sphäre aufgegeben zu sein scheint.

Am weitesten ist die Emanzipation von der mythischen Vorgabe in der Kleinkunst,
und zwar in der Vasenmalerei, vorangetrieben worden. Das betrifft vor allem die De-
koration der Trinkschalen. Hier begegnen uns, neben mythischen Abbildungen, in
breiter thematischer Auffächerung Szenen aus dem alltäglichen Leben der Athener.
Athletisches Treiben findet sich ebenso dargestellt wie die militärische Ausbildung
der attischen Jugend. Schulszenen, Trinkgelage und anschließende Umzüge werden geschildert, selbst Prügelszenen ausgeführt. Festliches Beisammensein tut
sich auf, kultisches Treiben rollt vor uns ab. Wir gewinnen Einblick in das Frauenle-
ben, sei es bei der Wollarbeit, beim Bade, beim Schwatz im Frauengemach. Produk-
tionsstätten öffnen ihre Tore, sei es beim Töpfer oder in der Formgießerei.

Dieses einzigartige Zeugnis des Alltags- und Festgeschehens hält genau Schritt
mit dem Demokratisierungsprozeß in der athenischen Polis. Erst als diese in die Krise gerät, versickert diese Gesprächigkeit, werden Darbietungen dieser Art wieder in
die mythische Sphäre zurückgeholt. Ein sprechendes Beispiel für diesen Remythi-
sierungsprozeß ist die Folge von Hochzeitsbildern auf dem Epinetron des Eretria- 66
malers, einem Knieschutz für Wollarbeiten. Die Schmückung der Braut wird — wie
die Beischriften nun versichern müssen — auf Harmonia, die Frau des Kadmos, Königs von Theben, bezogen, die Morgenszene nach der Brautnacht auf Alkestis.[38] Zu
diesem Zeitpunkt — wohl die Friedenspause inmitten des Peloponnesischen Krieges, also um 420 v. u. Z. oder bald danach — ist die Polisdemokratie in Athen schon in
ihre Krise geraten. Wie aber steht es mit den Jahrzehnten davor, in der Goldenen
Zeit der Pentekontaetie, in den goldenen 50 Jahren nach der unmittelbaren Abwendung der Persergefahr, zu Beginn der 470er Jahre, bis zum Ausbruch des genannten Peloponnesischen Krieges in den späten 430er Jahren v. u. Z.?

Parthenon-bildprogramm

Im Mittelpunkt dieser einzigartigen Zeit, deren kulturelle Hervorbringung auf engste mit den politischen und ökonomischen Aktivitäten des attischen Demos, der demokratisierten Bürgerschaft Athens unter der Führung des Perikles und seiner Parteifreunde, verbunden ist, steht zweifellos jener schon erwähnte Bau auf dem Burgfelsen von Athen, der Parthenon (447 bis 432). Für sein Bildprogramm war Meister Phidias zuständig, der neben Polyklet als einer der führenden Bildhauer seiner Zeit galt. Die Außenbildwerke bieten in ihren Darstellungen sämtlich mythische Thematik.

Im Ostgiebel ist die Geburt der Athena aus dem Schädel des Zeus dargestellt, im Westgiebel ihr Streit mit Poseidon um die Vorherrschaft über Athen. Der Kranz der Metopen weist vier Themen auf, im Osten den Kampf der Götter gegen die Giganten, im Norden das Ende Trojas (Iliupersis), im Westen den Kampf zwischen Griechen und Amazonen, im Süden das Ringen der Lapithen mit den Kentauren. Wie haben wir diese Mythen im Hinblick auf ihre Bildbotschaft zu deuten? Wie reimen sie sich am Außenbau zusammen? Gibt es einen Generalnenner?

Zunächst die Giebel.[39] Ihr Thema ist Athena, die mythische Schlüsselgestalt der athenischen Staatsmacht. Das Bild der Göttin stand ja im Inneren des Baus, ein aufwendig gearbeitetes Weihebild. Ihre Geschichte wird nun in den Giebelfeldern abgehandelt. Die Geburt vollzieht sich am Ostgiebel auf dem Olymp, dem Götterberg. Zeus, der Göttervater, thront annähernd in der Giebelmitte. Die Göttin ist seinem Haupt entsprungen, sie steht rechts in leibhaftiger Größe vor ihm, mit Peplos bekleidet, behelmt, mit Schild und Lanze ausgerüstet. Diese beiden Figuren, Vater und Tochter, haben mit Sicherheit das Zentrum der Giebelkomposition beherrscht.[40]

57 Rekonstruktion des Ostgiebels vom Parthenon auf
der Akropolis in Athen (nach
Ernst Berger), 5. Jh. v. u. Z.

Für die beiden Giebelhälften sind nur die von der Mitte entfernteren Figuren erhalten: Links außen lagerte Dionysos oder Herakles auf einem Felsen und wandte sich
dem in der Giebelecke auftauchenden Heliosgespann zu. Er begrüßte also den neu-
en Tag, den Geburtstag der Athena. An ihn schlossen sich gegen die Mitte hin die
eleusinischen Gottheiten an und eine auf sie zulaufende Botengöttin oder Geburtshelferin. Auf der anderen Seite lagerten Aphrodite, die Liebesgöttin, und ihre Verbündete Peitho, die Göttin der Überredung. Vor ihnen taucht die Mondgöttin Selene
in die Giebelecke hinab, Inbegriff der weichenden Nacht. Die Zwischenstrecken
sind ganz verschieden ergänzt worden. Die sitzende Gestalt des Zeus in der Giebelmitte gehört zu dem gesicherten Bestand. Auf dem Westgiebel stoßen in der Mitte
Athena und Poseidon aufeinander. Möglicherweise geht diesem Zusammenprall –
wie neulich erst vermutet worden ist – eine Wettfahrt von Eleusis nach Athen voraus.[41] Beide treffen fast gleichzeitig auf der Akropolis ein. Die beiden Gespanne,
von denen sie gestiegen sind, fassen das Geschehen ein. Poseidon schwingt seine
Waffe, den Dreizack, der den Salzquell aufbrechen soll oder bereits zum Springen
gebracht hat. Athena prallt zurück. Der Ölbaum zwischen den beiden Rivalen ist Hinweis auf Athenas Gabe.

Wie aus dem rotfigurigen Vasenbild einer Kalpis in Pella aus dem 5. Jahrhundert
v. u. Z. einleuchtend hervorgeht, ist der Zweikampf der beiden durch das Eingreifen
des Zeus getrennt worden. Dort findet sich der Blitzstrahl dargestellt, den der Göttervater zwischen die beiden getrieben hat. Wenn nicht alles trügt, muß er in der Mitte des Westgiebels ergänzt werden.[42] Bei solcher Motivation des Geschehens hat

72

73

58

103

71 nun auch der im Erechtheion in der Nordhalle befindliche Erdspalt seine Funktion; denn das Dreizackmal des Poseidon ist ja bereits im Mittelbau nachgewiesen. Das Kultmal der Nordhalle dagegen markiert die Einschlagstelle des Blitzes, den Zeus geschleudert hat. Das diesen Zweikampf zwischen Athena und Poseidon einfassende Figurenensemble ist schwer zu deuten. Vermutet werden Lokalgottheiten, in den Ecken die Personifikationen wohl von Flußläufen, die die attische Ebene durchschneiden, links die des Kephissos.

Konzentriert sich der Ostgiebel ganz auf die Geburt der Stadtgöttin, die sich in der Götterrunde auf dem Olymp vollzieht, eingegrenzt durch den Tagesanbruch und das Weichen der Nacht – also eine vollkommen klassische Komposition im Sinne der Einheit des Ortes, der Zeit und der Handlung –, so findet sich der Götterkampf im Westgiebel eingebettet in den Reigen der Lokalgötter, die mit diesem Geschehen zugleich auf ihren Platz verwiesen werden. Mehr noch als am Ostgiebel wird hier in mythischer Form Lokalgeschichte dargeboten. Die Vorherrschaft Athens ist das Ergebnis eines Ringens, bei dem vor allem der Rivalität des nahe gelegenen Eleusis gedacht wird. Aber auch die anderen Götter und Heroen des attischen Landes sind ins Verhältnis zur Burgherrin gesetzt, deren Koexistenz mit ihren Nachbarn erst im späteren 5. Jahrhundert v. u. Z. stärker betont wird. Der Bau des Erechtheion als architektonische Einfassung etlicher Kultmale und Heroengräber ist Hinweis genug auf die sich anbahnenden Umorientierungen, die den Machtanspruch Athenas und derer, die politisch auf sie setzten, zu relativieren beginnen und die alten Rivalen

104 stärker berücksichtigt wissen wollen.

Metopen

67, 69, 70

Komplizierter ist die Deutung des Metopenprogramms.[43] Am besten erhalten sind die Südmetopen, die den Kampf der Lapithen gegen die Kentauren schildern. Dieser Kampf entbrannte auf der Hochzeit des Lapithenfürsten Peirithoos, der seine Verwandten aus Bergregionen, die wilden Kentauren, mit eingeladen hatte. Voll des Weins fallen dann diese zu fortgeschrittener Stunde über Frauen und Knaben her. Es entbrennt ein Kampf, bei dem die Gastgeber sich des Übergriffs zu erwehren versuchen. Dabei steht dem Bräutigam Peirithoos dessen Freund Theseus aus Athen bei. Der Gastfreund wäre also ein Bindeglied dieser thessalischen Geschichte mit der attischen Szene. Freilich will auch bedacht sein, daß zu diesem Zeitpunkt des Parthenonbaus der Mythos von der Kentauromachie schon zum allgemein griechischen Sagengut zählte. Seine Darstellung auf dem Westgiebel des Zeustempels von Olympia (S. 67) zeigt ganz deutlich, mit welchem panhellenischen Anspruch die Darstellung dieses Mythos verbunden war.

Ausgefallen sind aus dem Metopenzyklus an der Südseite etliche Platten der mittleren Abschnitte. Anhaltspunkte für die dort plazierten Darstellungen bieten die Nachzeichnungen aus dem 17. Jahrhundert, bevor der Bau durch einen Kanonenschuß bei der Belagerung der Akropolis in der Mitte auseinanderbrach, dabei gerade diese Platten erheblichen Schaden erlitten und verlorengingen. Die Deutungsversuche, diese Mittelpassage inhaltlich zur Kentauromachie in Beziehung zu setzen, sind bisher nicht genügend schlüssig.[44] Ob nun im Mittelpunkt die Ixionsage stand oder ob Daidalos, der mythische Erfinder der Plastik, Zentralfigur war, läßt sich trotz des großen Argumentationsaufwandes nicht entscheiden. So muß man sich bei den 105 thematischen Ermittlungen, die das Gesamtprogramm der Metopen im Auge haben, zunächst einmal auf den Kampf zwischen Lapithen und Kentauren und die damit verbundene Theseuspräsenz beschränken.

Für die Ostmetopen konnte trotz des schlechten Erhaltungszustandes die Darstellung einer Gigantomachie gesichert werden. In ihr wird Athena einen gebührenden Platz eingenommen haben. Die Identifizierung der Nordmetopen mit den Kämpfen um Troja leitet sich gleichfalls von untrüglichen Indizien der Ikonographie ab. Nicht zuletzt ist die den Plattenablauf im Westen beschließende Nordmetope Nr. 32 auf das Gegenüber der Göttinnen Athena und Hera bezogen worden, deren Zusammenwirken im olympischen Götterrat zugunsten der angreifenden Achäer in Homers »Ilias« bezeugt sind. Konstruierter mutet die – wie vorgeschlagen wurde[45] – attische Motivation der Nordmetopen über die Gestalt des Nestor an, des Stammvaters der Alkmäoniden, eines Adelsgeschlechtes, dem Perikles, der Initiator des Akropolisbauprogramms, entstammte.

Schließlich die Westmetopen, für deren Darstellungsinhalt sowohl der Kampf der 68 Griechen gegen die Amazonen als auch der Griechen gegen die Perser in Erwägung gezogen worden ist. Die Amazonomachie scheint sich nach neuesten Untersuchungen als die wahrscheinlichere durchzusetzen.[46] In beiden Fällen jedoch wäre die Einbindung des Themas in attische Zusammenhänge evident. Bei dem Amazonenkampf ist in erster Linie an den Mythos vom Angriff dieses Völkchens auf Attika und dessen Verteidigung durch Theseus zu denken, an jene Variante, die offenbar 29 schon an der Ostseite des Athenerschatzhauses in Delphi dargestellt war (S. 64).

Man hat längst versucht, die Metopenthematik der vier Seiten des Parthenons auf einen Nenner zu bringen. Athena böte die Möglichkeit, Nord- und Ostseite zusammenzuschließen, Theseus, die West- und die Südseite zu kombinieren, obwohl wir nicht genau wissen, wo der Held dort dargestellt war, vielleicht auf Metope Nr. 27. Unlängst ist der Vorschlag gemacht worden, das Verbindende in einer Art panhellenischer Leitidee zu suchen, die das Zusammenstehen der Griechen im Abwehrkampf nach außen in mythischer Verschlüsselung propagiere.[47] Der Gigantenkampf vereine die Götter gegen ihre Feinde. Troja sei durch die vereinigte Aktion der Achäer zu Fall gekommen. Die Amazonen seien durch den gemeinsamen Gegenschlag der Griechen zurückgetrieben worden. Einzig die Südmetopen sperren sich gegen eine solche Zusammenfassung. Abgesehen davon muß damit gerechnet werden, daß solche möglichen subjektiven Intenionen in ein weiläufigeres Geflecht von Deutungsaspekten eingebettet waren.

Weiter führt hier eine Beobachtung, die Gerhart Rodenwaldt in den 1940er Jahren gemacht hat. Er bezieht sich dabei auf die Südmetopen des Parthenon.[48] Dort ist festzustellen, daß die Kopfgestaltung der Kentauren, speziell die Formulierung der Gesichter, ausgehend von der Wiedergabe elementar-tierischer Züge, stufenweise gemildert und ins Menschliche überführt wird.

67 So zeigt Metope Nr. 31 den Kentauren noch in seiner Urtümlichkeit und Elementargewalt. Ein mächtiger Bart faßt das Gesicht ein, das durch tiefgreifende Furchen,

weit aufgerissene Augen, vor allem durch die mächtig ausschwingende Brauenlinie das Kraftvoll-Verwegene des Kentauren zur Anschauung bringt. Auf Metope Nr. 30 ist eine Annäherung des Kentaurenantlitzes an menschliche Züge nicht zu übersehen. Zwar entfaltet sich die Bartkrause noch breit um das Untergesicht, aber Stirn-, Augen- und Wangenpartie, auch die Mundgestaltung geben ein menschlicheres Gebaren, Fühlen und Wollen, ja ein nicht geringes Maß an Bewußtheit zu erkennen. Auf Metope Nr. 4 endlich ist die Vermenschlichung so weit vorangetrieben, daß Freund und Feind gleichgesichtig ausfallen. Die Gegner könnten Väter, Söhne, Brüder sein, die im Kampf aufeinander treffen, abgesehen natürlich von der Kentaurengestalt, die als Indiz für die Roßnatur der Feinde bestehen bleibt.

Diesen Prozeß der Humanisierung des Feindbildes kunsthistorisch aus dem verschiedenen Anteil der Meisterhände zu erklären, ist in unserem Zusammenhang weniger interessant als die Tatsache, daß das Feindbild dem Freundesantlitz so stark angenähert, ja mit ihm gleichgesetzt wird, daß wir hier eine ganz bewußte Gestaltungstendenz annehmen müssen.[49] Wenn wir nach Spuren von Ideen und Konzepten des Meisters Phidias suchen, so dürfen wir sie am ehesten hier vermuten, wo die aufklärerischen Tendenzen des Perikleskreises, dem Phidias zugehörte, in dieser Form ihren Niederschlag gefunden haben könnten. Ja man darf wohl so weit gehen, eine ähnliche Tendenz der Humanisierung auch auf den anderen Metopenzyklen des Parthenon vorauszusetzen. Im Verfolg einer solchen Deutung des Metopenprogramms ergibt sich ein durchgreifender Aspekt, der darin besteht, daß Freund und Feind in einer universalen Zusammenschau überraschend einander angenähert worden sind als ganz ähnliche, im Grunde gleichbeschaffene Wesen.

Bei einer Durchsicht der literarischen Äußerungen dieser Zeit stoßen wir auf ähnliche Denkansätze, etwa bei dem Sophisten Antiphon (um 480 bis 411). Nicht nur seien Sklaven und Barbaren auch Menschen wie die Griechen selbst, sondern die Griechen selber seien die größten Barbaren, weil sie die Nichtgriechen zu Barbaren erklärten und ihre eigenen Landsleute ausbeuteten. Das ist eine unglaubliche, geradezu selbstmörderische Erkenntnis, die – was ihren ersten Teil betrifft – später in ähnlicher Form bei dem Philosophen Demokrit (460 bis 371) nachweisbar ist. Sie hat aber auch in den großen dramatischen Schöpfungen ihren Niederschlag gefunden, wie etwa eine Analyse des sophokleischen »Oedipus« zeigen kann.

»Oedipus« des Sophokles

Gemeint ist die Tragödie »König Oedipus«, nicht »Oedipus auf Kolonos«, der ja – trotz vielfältiger Bezüge zum erstgenannten Drama – ein Stück für sich darstellt. Zum besseren Verständnis sei kurz die Fabel des ersten Stückes referiert.

Oedipus, der Sohn des Laios, des Königs von Theben (Mittelgriechenland), wird im Gebirge ausgesetzt. Ein Orakel hatte Unheil verkündet, das von den Nachkommen des Königs erwachsen sollte. Man wollte dem durch die Aussetzung des Neugeborenen vorbeugen. Doch Oedipus überlebt, von Hirten gerettet, und wächst in Korinth auf. Er hört von dem Drohspruch des Orakels und ergreift in der Annahme, er stamme aus Korinth, die Flucht. Gerade dadurch begegnet er seinem Vater, und zwar auf einer Paßstraße. Keiner will weichen. Es kommt zum Handgemenge: Oedipus erschlägt Laios, ohne zu ahnen, daß dieser sein Vater ist. Damit hat sich das Orakel zum Teil erfüllt. Oedipus weiß nichts von alledem. Er befreit Theben aus der Gewalt der Sphinx, deren Rätsel er löst, hält dort seinen Einzug und heiratet die Königin, ohne zu wissen, daß sie seine Mutter ist. Damit hat sich das Orakel schon bewahrheitet. Doch Oedipus ist sich dessen nicht bewußt. Soweit der Vorlauf. Hier setzt die Handlung des Stückes ein: Über Theben ist die Pest hereingebrochen. Das delphische Orakel gibt, von Kreon, dem Schwager des Oedipus, befragt, die Auskunft, Pest herrsche, weil die Stadt durch ein Verbrechen, den Mord an Laios, befleckt sei. Der Mörder müsse gefunden werden, sonst gebe es keine Linderung. In dieser Situation nimmt sich Oedipus als Sachwalter des Gemeinwesens des Problems an. Er ermittelt gegen »unbekannt«, mißtraut Kreons Auskunft und zitiert den Seher Teiresias. Der schleudert ihm, gezwungenermaßen, die Wahrheit ins Gesicht. Er, Oedipus, sei die Ursache allen Übels. Der aber kann nicht verstehen – wie könnte er auch? – und wittert Verschwörung. Seine Frau Iokaste rät ihm – nichts Gutes ahnend – davon ab, der Sache weiter nachzugehen. Da kommt ein Bote aus Korinth und berichtet, daß die, die Oedipus für seine Eltern gehalten hat, gestorben seien, daß er nunmehr ohne Besorgnis, ihnen etwa ein Leid zuzufügen, heimkehren könne. Aber er sagt auch, daß Oedipus einst im Gebirge gefunden worden sei, also gar nicht aus Korinth stamme. Jetzt wird der Hirte zitiert, der Oedipus ausgesetzt hat. Der bestätigt den gesamten Sachverhalt. Nun kommt die ganze Wahrheit heraus. Oedipus hat den Schuldigen gesucht, um am Ende die Schuld bei sich selber zu finden. Er eilt in den Palast. Dort hat sich Iokaste durch Erhängen schon zu Tode gebracht. Er selbst sticht sich die Augen aus, da er sehend nichts sah, nun aber, nichts mehr sehend, durchsieht und erkennt, daß er schuldig ist.

Tragik des Oedipus

Längst liegen die Zeiten zurück, da man beim Oedipusdrama von einer Schicksalstragödie in dem Sinne sprach, daß Oedipus seinem Geschick, das er selbst unwissentlich vollstrecke, unentrinnbar ausgeliefert sei. Heute richten wir den Blick auf die Entscheidungsfreiheit des Helden, der kraft eigener Einsicht, im Bewußtsein, das Richtige zu tun, auch aus eigenem Antrieb handelt. Dabei interessiert der Chor als kollektiver Gesprächspartner des Königs, als ein Mahner, Rufer, Warner vor übereilten Schritten. Wir erleben im Verlaufe der Tragödie, wie sich Oedipus dieser kollektiven Verantwortung und Rücksichtnahme in seinem Alleingang, den Schuldigen zu finden, den kranken Staat zu heilen, also Besserung für alle zu schaffen, unaufhaltsam entzieht. Es ist auch dieser Alleingang, der ihn am Ende ins Verderben stürzt. Das ist gewiß ein Moment klassisch-griechischen Verständnisses gewesen, im Athen dieser Zeit, das die Polisdemokratie durchgesetzt und erprobt hatte. Die Gesamtheit der Vollbürger zählte mehr als der einzelne, so gut er es immer meinen, sosehr er sich für diesen Staat einsetzen mochte. Darin lag ja eben auch ein Gutteil der Tragik des Oedipus. So ist das Ermittlungsverfahren des ersten Mannes in Theben geradezu unentrinnbar mit der Verletzung kollektiver Normen belastet.

Was heute noch und mehr denn je an der Tragödie auffällt, ist die selbstmörderische Erkenntnis des Oedipus, daß er, der nach der Schuld fragt und den Schuldigen zu ermitteln versucht, selber schuldig wird. Schulderkenntnis, wie wir sie später im Tragödienwerk des Seneca und in den Briefen des Apostels Paulus im 1. Jahrhundert u. Z. – freilich auf ganz verschiedenen philosophischen Ebenen angesiedelt – als geradezu endzeitliche Auskunft mitgeteilt bekommen (S. 253 f.), scheint hier in der sophokleischen Tragödie vorweggenommen. Es ist ein erschütterndes Zeugnis des Schuldigwerdenmüssens menschlicher, gesellschaftlicher Existenz in der antagonistischen Klassengesellschaft der Antike. Diese selbstmörderische Erkenntnis wird in der Selbstblendung des Oedipus sinnfällig gemacht. Fast eine Erlösung liegt darin von allem Leid. Doch es bleibt der nagende Schmerz über die Schuldhaftigkeit menschlicher Verwirklichung, wie sie von Sophokles und seinen Zeitgenossen lebhaft empfunden worden sein muß.

Damit kommen wir zur historischen Lesart des Stücks, das mit seiner Problematik **Zeitgehalt** gewiß einen festen Bezugspunkt im Athen seiner Zeit hatte. Freilich macht die Datierung des Stücks einige Schwierigkeiten. Doch spricht vieles dafür, daß es in den 420er Jahren entstanden sein wird. Am besten ließe es sich mit dem Jahr 429 v. u. Z. verknüpfen, einem Zeitpunkt, an dem unter der in Athen zusammengepferchten attischen Bevölkerung die Pest ausbrach und eine Woge des Unmuts sich gegen den zusammenballte, der für die kriegerischen Auseinandersetzungen letzten Endes verantwortlich gemacht werden konnte. Das waren Perikles und seine Parteifreunde, die mit der radikalen Demokratisierung Athens diesen Konflikt geradezu heraufbeschworen haben mußten. Ja es wurde sogar die Beschuldigung erhoben, daß er, Perikles, den Krieg vom Zaune gebrochen habe. Alle Blicke mochten sich also auf jenen Mann gerichtet haben, der an dem ganzen Elend schuld zu sein schien.

In eine solche gespannte Situation würde das Stück ausgezeichnet hineinpassen. Dem Dichter Sophokles wäre es auf diese mythisch verschlüsselte Weise glänzend gelungen, seinen Freund Perikles, dessen Betroffenheit sich mit der des Oedipus vergleichen läßt, zu entlasten; denn für den Politiker würde ganz ähnlich die Tragik des Oedipus in Anspruch zu nehmen sein, in der besten Absicht und mit Blick auf das Allgemeinwohl die schlimmste Situation heraufbeschworen zu haben: Perikles und sein Anhang waren es gewesen, die den Demokratisierungsprozeß so kraftvoll vorangetrieben und damit den Erzfeind Sparta auf den Plan gerufen hatten.

So gesehen, wäre die Verteidigung des Perikles ein Glanzstück gezielter mythischer Inszenierung des Sophokles gewesen. Es ist sogar die Vermutung geäußert worden, daß Sophokles mit seinem »Oedipus« die Rehabilitierung des Staatsmannes, der zeitweise in Ungnade gefallen und seines Amtes enthoben worden war, wesentlich mit bewirkt haben könnte. Das ist zweifellos eine etwas gewagte Hypothese, die aber vieles für sich hat.

Die von Sophokles in seinem Oedipusdrama geförderten Erkenntnisse über die Bedingtheit menschlicher und gesellschaftlicher Existenz bewegen sich auf einer 109 ähnlichen Ebene, auf der auch die von dem Sophisten Antiphon entwickelten Einsichten (S. 107) anzusiedeln sind. Ein solcher Erkenntnisgewinn hatte sich bei der Interpretation des Bildprogramms der Parthenonmetopen – besonders mit Blick auf die an der Südseite dargestellte Kentauromachie – mit aller Deutlichkeit abgezeichnet. Die dort bildkünstlerisch realisierte Humanisierung des Feindbildes, die ja zugleich tief ins eigene Fleisch schneiden mußte, steht nicht vereinzelt. Sie ist auch an einer anderen mythischen Schlüsselfigur für die Kennzeichnung des Gegners, nämlich am Amazonenbild dieser Zeit, nachgewiesen worden.

Amazonenbild

Die Darstellung von Amazonen als eines feindlichen Frauenvolkes mutterrechtlicher Organisation geht – wie bereits angedeutet wurde – weit in die griechische Frühzeit zurück. Die Abwandlung dieses Themas im Sinne der allgemeinen Entwicklungstendenzen des Menschenbildes läßt sich durch das 6. Jahrhundert v. u. Z. hindurch verfolgen und erlangt im Zusammenhang mit der persischen Bedrohung in den ersten Dezennien des 5. Jahrhunderts v. u. Z. besondere Brisanz. Von dem Metopenzyklus am Athenerschatzhaus in Delphi aus den 490er Jahren v. u. Z. und der Herausarbeitung dieses Themas im Kontext der Theseus- und Heraklestaten war schon die Rede (S. 64). Die durchgängige Belegung der Ostseite dieses Baues mit Darstellungen der Amazonenschlacht spricht eine eindeutige Sprache. Dabei bot sich die Verknüpfung dieser Kampfszenen mit dem Helden Theseus, dem attischen Nationalheros, als das wahrscheinlichste an.

Nach der Bewältigung der Persergefahr ist dieses Thema auch weiterhin im Bildrepertoire geblieben. Doch es mehren sich die Anzeichen dafür, daß man jetzt die Amazonendarstellung mit jenen Qualitäten ausstattet, die die Griechen für sich selbst in Anspruch zu nehmen gewohnt waren. Diese kriegerischen Frauen erscheinen nun, ohne dadurch an Kampfkraft einzubüßen, als ähnlich fühlende, denkende, handelnde Wesen, deren Barbarismus abgebaut und ins Hellenisch-Menschliche gewendet wird. Ja es läßt sich sogar der Schritt zur Entdeckung der weiblichen Psyche beobachten.

Penthesileaschale

74

Ein herausragendes Beispiel dieser Art ist das Innenbild der Penthesileaschale, die in den 460er Jahren v. u. Z. entstanden sein dürfte. In das annähernd einen halben Meter diametral messende Schalenrund sind vier Figuren einkomponiert, die den Kampf zwischen Griechen und Amazonen vortragen. In der Mitte stoßen ein Krieger und eine Amazone zusammen, in denen man den Zusammenprall von Achill und Penthesilea, der Königin der Amazonen, hat erkennen wollen. Achill, mit Helm, Schild und Beinschienen bewehrt, stößt sein Schwert fast senkrecht in die Brust der vor ihm in die Knie sinkenden Penthesilea, die ihre Linke abwehrend unter den schwertführenden Arm des Angreifers geschoben hat und mit der Rechten bittflehend Achills Brust ergreift. Flankiert wird dieses Kampfgeschehen links von einem weglaufenden Griechen, der Lanze und gezücktes Schwert hält und sich nach der am rechten Bildrand zusammensinkenden Amazone mit Beinkleidern umblickt.

Die Großartigkeit dieser Komposition ist immer wieder bewundert worden. Man hat – wohl ganz zu Recht – vermutet, daß hier ein originell abgewandeltes Zitat aus der Großmalerei vorliegt. Darauf scheinen auch die in Resten erhaltenen Farben zu deuten, die das blaßorange Inkarnat der Figuren, ihrer Gewandung und Rüstung in breiter Skala begleiten: Neben Rot- und Blautönen gibt es goldfarbene Passagen, zum Beispiel zur Markierung der Lanzenspitze des links hinwegeilenden Kriegers.

Das Aufeinandertreffen der beiden Gegner in der Bildmitte scheint neue Dimensionen zu eröffnen, die die physische Auseinandersetzung ins Psychische vertieft erscheinen lassen. Die mitunter angebotene Lesart freilich, daß sich beide ineinander verlieben, und zwar gerade in dem Moment, da der eine den anderen tötet, basiert auf späteren hellenistischen Varianten des Themas. Immerhin ermöglicht die Gerichtetheit der Blickführung, daß Korrespondenzen dieser Art ins Spiel kommen: Penthesilea blickt dem Helden, der sie tötet, ins Gesicht. Dessen Auge aber sieht über das Opfer seines Schwertstoßes offensichtlich hinweg. Ob er der Sterbenden damit ausweichen will, ist nicht sicher zu entscheiden. Zweifellos aber sind beide Rivalen durch die emotionellen Nuancierungen einander näher gerückt, ist ihre Begegnung über den Schlagaustausch hinaus in Bereiche vertieft, die auch dem Gegner eine breitere Skala menschlichen Fühlens und Reagierens einräumen. Hier kann also von einer menschlichen Annäherung von Freund und Feind gesprochen werden, die dem Gegner gewissermaßen menschliche Gleichberechtigung einräumt.

Eine solche Auswägung und Gleichsetzung gegnerischer Kräfte, die ins balancierende Gleichgewicht zueinander gesetzt sind, läßt das andere Glanzstück des gleichen Meisters, die Tityosschale, fast noch deutlicher erkennen. Es handelt sich auch hier um das Innenbild, auf dem Gott Apoll von links her an eine ins Knie gebrochene bärtige Gestalt herantritt und sie mit dem erhobenen Schwert bedroht. Es ist die Exekution göttlicher Rache, die den Riesen Tityos trifft, der sich an Apolls Mutter Leto vergriffen hatte. Nach der Meinung einiger Forscher ist diese in der weiblichen Gestalt hinter dem Übeltäter selbst zu erkennen. Nach Meinung der meisten anderen ist es Ge, die Erdmutter, die sich schützend hinter ihrem Sohn Tityos erhebt, und zwar zu gleicher Höhe wie der angreifende Gott, dem sie damit Aug in Auge gegenübertritt. Das setzt freilich eine entsprechende Drehung der Schale voraus, bei der der rechte Henkel nur ganz wenig höher als der linke steht.[50]

Der Schlag des Gottes, der eigentlich den Übeltäter treffen soll, zielt hier auf eine größere, gleichrangige Gestalt, die den Schwertstreich abzufangen bestrebt ist und den Gott gleichsam zum Innehalten bringt. Den Vergleich der beiden Götter hat man mit ähnlichen Konfrontationen in der Tragödiendichtung dieser Zeit, etwa den »Eumeniden« des Aischylos (525 bis 456) in Verbindung gebracht,[51] wo die Rachegeister der Erde, die Orest als den Muttermörder verfolgt haben, durch das Eingreifen Apolls und die Stimmabgabe Athenas zugunsten des Verfolgten besänftigt und zu fruchtbarer Koexistenz gebracht werden. Auch hier mündet das Geschehen in einen

75

Akkord der Gleichgestimmtheit zwischen den vormals ungebändigten und feindselig einander belauernden Gewalten, die nunmehr durch Vertrag gebunden werden.

Die genannten mythischen Exempel signalisieren jene einmalige Situation, in der sich Athen und seine Bündner nach den Abwehrkämpfen gegen die Perser und vor dem Peloponnesischen Bruderkrieg befanden. Außenpolitisch war die Bedrohung durch die persische Großmacht abgewendet und dann im Kalliasfrieden nach der Jahrhundertmitte entschärft worden. Die Gegensätze zwischen Athen und Sparta hielten sich noch in Grenzen. Die gemeinsame militärische Bewältigung der Persergefahr lag noch nicht so weit zurück. Andererseits hatte die athenische Demokratie noch nicht jene Stufe der für Sparta nicht mehr akzeptablen Radikalisierung erreicht, so daß die getroffenen Absprachen zunächst einmal Auskömmlichkeit zu garantieren schienen.

Auch in Athen selbst traten die politischen Gruppierungen, vor allem die der radikalen und der gemäßigten Demokraten, in einen — freilich äußerst gespannten — Ausgleich ein, der sich für eine gewisse Zeit als stabil erwies, bis dann Perikles 443 v. u. Z. die Opposition zum Erliegen brachte. Erst da verschoben sich die politischen Fronten entschiedener, zunächst eindeutig zugunsten der perikleischen Interessenvertreter, später dann, vor allem nach dem Peloponnesischen Krieg (431 bis 404), mehr zugunsten der oligarchischen Fraktion.

Ephesische Amazonen

Ein weiteres beeindruckendes Beispiel einer humaneren Konzeption des Amazonenbildes ist das Amazonenweihgeschenk, das im dritten Viertel des 5. Jahrhunderts v. u. Z. ins Artemisheiligtum nach Ephesos in Kleinasien, offenbar von Athen aus, gestiftet worden ist. Es bestand höchstwahrscheinlich aus vier Amazonenstandbildern, die von Polyklet, Phidias, Kresilas und Phradmon im künstlerischen Wettstreit angefertigt worden waren. So erfahren wir es von Plinius (34, 53) aus seiner »Naturgeschichte«, in der auch die Kunst abgehandelt wurde. Allerdings nennt Plinius als fünften Bildhauer einen gewissen Kydon, der vermutlich aus einer Verschreibung resultiert. Insgesamt ging es darum, daß jeder dieser Künstler eine verwundete Amazone darzustellen hatte, die zu einer Gruppe zusammengestellt im Artemision von Ephesos Aufstellung finden sollte.[52]

Die Plazierung der Meister — das erfahren wir gleichfalls von Plinius — ist so ermittelt worden, daß jeder nächst seinem Werk die übrigen in der von ihm eingeschätzten Rangfolge benennen mußte. Das Mittel der Meinungen ergab sodann die absolute Reihenfolge. Polyklet soll den Wettstreit gewonnen haben. Unter den Kopien verwundeter Amazonen, die zur Rekonstruktion des Weihgeschenks in Frage kamen, zeichneten sich für die Forscher mit einiger Sicherheit alsbald drei Typen ab, einmal die Kapitolinische Amazone (Sosiklesamazone), die dem Polyklet zugesprochen wurde, sodann die Amazone Mattei, die auf Phidias zurückzugehen schien, schließlich die Berliner Amazone (Amazone Sciarra), die dem Kresilas blieb. Der Typ in der Villa Doria Pamfili, die versuchsweise mit Phradmon verknüpft wurde, ist umstritten.

Trotz neuester Vorschläge, die die Amazone Sciarra dem Polyklet zusprechen wollen,[53] haben die oben aufgezählten Typen und ihre Zuweisung an die Meister ein höheres Maß von Wahrscheinlichkeit zu beanspruchen. Die in der Entwicklung reifste ist zweifellos die Amazone Sciarra. Darauf deuten sowohl der zunehmend in die Kontur verlegte Körperrhythmus der Figur wie auch die optischer orientierte Gewandbehandlung. Solche Merkmale legen am ehesten eine Zuschreibung an den etwas jüngeren Kresilas nahe, ganz abgesehen von der Verwandtschaft der Gesichtsgestaltung mit dem von Kresilas überlieferten Periklesbildnis, das in der Berliner Replik große Affinität zu der Kopfgestaltung der Amazone Sciarra aufweist.

Gerade bei dem Vergleich des Sosiklestypus mit der Amazone Sciarra wird die Diskrepanz zwischen beiden ausführenden Meistern ganz deutlich. Polyklet hat das Schmerzmotiv überzeugend im Leiblichen verankert und von dort her mit motivischer Eindeutigkeit zum Vortrag gebracht. Die Amazone stützt sich mit ihrer Rechten auf die Lanze, um der Wunde an der rechten Brust Erleichterung zu schaffen. Kresilas dagegen nutzt das Schmerzmotiv zur Präsentation des übersichtlich ponderierten Körpers. Die auf den Kopf gelegte Rechte realisiert zwar den obligatorischen Schmerzgestus als solchen, doch vermag er hier weniger zu überzeugen als vielmehr die rhythmische Zusammenfassung der Gestalt vom Kontur her gefällig zu unterstreichen.

So wird verständlich, warum dem Polyklet der erste Platz zuerkannt wurde. Das ist allerdings ein Urteil, das weniger in die Zeit der beginnenden Spätklassik, also an die Wende vom dritten zum vierten Jahrhundertviertel paßt – denn dort hätte man sich wohl für die Amazone Sciarra als die gelungenste entschieden –, als vielmehr in das unlängst in der Forschung vorgeschlagene, freilich nicht unbestrittene Jahrzehnt nach der Mitte des 5. Jahrhunderts v. u. Z.[54]

Die dritte im Bunde, die Amazone Mattei, die am ehesten zum Œuvre des Phidias die nächsten Beziehungen aufweist, trägt das Schmerzmotiv in einer äußerst komplizierten Armhaltung vor: Beide Arme suchen Halt an der Lanze zu gewinnen, um den balancierenden Körper abzustützen. Hier ist das Feld, auf dem der Schmerz ausgetragen wird, weniger leibbezogen, vielmehr in geistige Bereiche verlagert, eine Akzentverschiebung, die Phidias' von den Parthenonskulpturen her bekanntes Grundanliegen bestätigt, ihn aber in dem Wettstreit nur auf den zweiten Platz gelangen ließ.

Das beschriebene Amazonenweihgeschenk, das von den führenden Meistern ihrer Zeit geschaffen worden war, wurde in das kleinasiatische Ephesos gestiftet, also dem vormaligen Feind, den Persern, sozusagen vor Augen geführt. Um so höheren Stellenwert müssen wir ihm hinsichtlich seines Bedeutungsgehaltes zubilligen. Vorausgesetzt, wir akzeptieren die genannte Frühdatierung in die 440er Jahre v. u. Z., so ließen sich die Amazonen im Blickfeld des Kalliasfriedens verstehen, also jenes von dem reichen Kallias zwischen Athen und Persien ausgehandelten Friedens, der den Kriegshandlungen zunächst einmal eine Ende setzte und die Einflußsphären absteckte.

Das war ein Akt der Verständigung, mit dem sich die humane Sicht der Amazonengruppe in aufschlußreicher Weise zusammenfinden würde. Der Gegner wird betont menschlich dargestellt, in einer Situation, die an das Mitgefühl appelliert und Bewunderung heischt. Das sind Zugeständnisse, die sich am besten aus der Haltung zur Friedensbereitschaft begreifen lassen, in der sich sowohl Athen als auch Persien zu diesem Zeitpunkt befanden. Das Weltreich hatte in der Auseinandersetzung mit den Griechen empfindliche Einbußen erlitten. Andererseits war die Angriffslust der Athener nach dem Zusammenbruch der ägyptischen Unternehmung in den 450er Jahren v. u. Z. gleichfalls geschwächt und in Bahnen gelenkt worden, die einer Versöhnung entgegenkamen. Unter solchen Voraussetzungen ließe sich das Amazonenweihgeschenk als ein weiteres Beispiel der Humanisierung des Feindbildes unter den Auspizien der Friedfertigkeit beider Seiten verstehen.

APOLL UND MARSYAS – RIVALEN AUF DEM WEG ZUM HELLENISMUS

Athena-Marsyas-Gruppe

59

Von dem berühmten Bronzegießer Myron, der neben Phidias und Polyklet zu den führenden Meistern des 5. Jahrhunderts v. u. Z. zählt, ist eine Zweifigurengruppe überliefert, die den Zusammenprall von Athena und Marsyas darstellt. Letzterer, der zum Inbegriff eines Waldschrats (Silens) geworden ist, ausgestattet mit tierischen Zügen, Pferdeschwanz und Satyrohren, ist drauf und dran, die Doppelflöten (Dop-

59 Rekonstruktion der Athena-Marsyas-Gruppe des Myron (nach Johannes Sieveking), 5. Jh. v. u. Z.

peloboen) aufzuheben, von denen sich Athena entrüstet getrennt hat; denn flöten-blasend fand sie ihr Antlitz im Spiegel entstellt. Der musikkundige Silen wird sich des Instruments bemächtigen und ihm eine Musik entlocken, die noch nicht gehört wur-de und die ganz anders ist als die bekannten Weisen des Gottes Apoll.

78, 79
116

Von der myronischen Gruppe, deren Rekonstruktion ein Werk archäologischer Forschung ist, wissen wir aus Schriftquellen, von Reliefs, Vasenbildern, Münzen und nicht zuletzt von römischen Kopien der Athena und des Marsyas. Wie die empört sich entfernende Athena ihre Lanze gehalten hat, läßt sich bis jetzt nicht mit Sicherheit feststellen. Armhaltung und Beinstellung des Marsyas sind einigermaßen gewiß. Das Werk ist etwa in der Mitte des 5. Jahrhunderts v. u. Z. oder bald danach entstanden.

Für die Deutung hat man einmal auf die Feindseligkeiten zwischen Athen und Böotien hingewiesen, die in den 450er/440er Jahren v. u. Z. eine gewisse Zuspitzung erfuhren. Böotien war bekannt durch das geschätzte, für den Flötenbau unentbehrliche Schilfrohr des Kopaissees, auch durch seine Virtuosen im Flötenspiel. Hinter der Ablehnung dieser Leistung, die – wie man meint – in Marsyas' Zugriff zu diesem Instrument ihren mythisch begründeten Ausdruck fänden, wären politische Anspielungen zu vermuten.[55] Die dahinter stehenden Spannungen könnten durch das Paktieren des böotischen Theben mit Sparta bei der Freisetzung Delphis von der phokischen Bevormundung noch besonders aufgeladen worden sein. Athen hatte nämlich immer wieder versucht, zuletzt nach der siegreichen Schlacht von Oinophyta im Jahre 457 v. u. Z., die Verbindung Delphis mit Phokis zu stabilisieren. Darin drückte sich auch der athenische Zugriff zu dieser für die damalige Zeit einflußreichen Orakelstätte aus. Demgegenüber hatte Sparta, der Rivale Athens, es sich angelegen sein lassen, genau umgekehrt zu taktieren, das heißt Delphi von Phokis zu trennen und die Autonomie des Heiligtums wiederherzustellen. Bei diesen Streitigkeiten stand Theben auf der Seite Spartas, verhielt sich also antiattisch. Ein solches Moment könnte den Zündstoff, der ohnehin zwischen beiden Poleis angehäuft war, noch angereichert haben.

In letzter Zeit ist aber noch auf ein anderes Motiv für das Verständnis der Athena-Marsyas-Gruppe aufmerksam gemacht worden. In den frühen 430er Jahren v. u. Z. hatte es Perikles vermocht, die politische Angriffslust der Komödienaufführungen in Athen – seit 486 v. u. Z. waren sie ja staatlich sanktioniert – durch Volksbeschluß wenigstens zeitweise abzudämpfen und auf ein vertretbares Maß einzudämmen. Gerade in der Komödie kam dem Flötenspiel eine erstrangige Bedeutung zu. So könnte mit der Disqualifizierung dieses Instruments in der myronischen Gruppe eine ähnliche Absicht verfolgt worden sein.[56] Allerdings müßte die bildhauerische Äußerung beziehungsweise der Bronzeguß dem Volksbeschluß zeitlich weit vorausgegangen sein; denn in die 430er Jahren v. u. Z. läßt sich die Gruppe beim besten Willen nicht datieren. Immerhin muß zugestanden werden, daß eine solche Bedeutungsebene bei den kultur- und musikpolitischen Auseinandersetzungen im Athen dieser Jahre gewiß eine Rolle gespielt haben dürfte.

Eine ganz andere Frage ist, ob wir bei einer solchen Betrachtungsweise so weit gehen können, wie es Ludger Alscher in Erwägung gezogen hat, nämlich die Kontroverse zwischen Athena und Marsyas im Spannungsfeld des Apollinischen und des Dionysischen als zweier polarer Lebensprinzipien anzusiedeln.[57] Eine solche kulturgeschichtliche Zuordnung bedarf der kritischen Überprüfung, zumindest einer konkreten historischen Begründung. Das dürfte im Hinblick auf die unter den Schutz des Apoll gestellte Musikordnung, die hier zur Diskussion stehen müßte, leichter fallen als etwa bei der Verifizierung des Dionysischen im »ordnungswidrigen« Flöten-spiel des Silens. Produktiv ist in solchem Kontext zunächst einmal die Verknüpfung der bildkünstlerisch inszenierten Konfrontation, wie sie Myron mit seiner Gruppe vergegenständlicht hat, mit dem Gott Apoll.

Apoll und Marsyas

Der eigentliche Rivale des Marsyas ist, wie aus einer Vielzahl von Schrift- und Bild-quellen hervorgeht, nämlich Apoll. Der musikalische Wettstreit zwischen beiden ist bildkünstlerisch durch die Jahrhunderte hindurch immer wieder aufgegriffen und ab-gehandelt worden. Viele solcher Mythen, die von den Griechen erprobt wurden, sind bis tief in die Kaiserzeit hinein wirksam geblieben. Dem musikalischen Vergleich zwischen Apoll und Marsyas kommt insofern besondere Bedeutung zu, als an die-sem Modell das Kulturverständnis der einzelnen Jahrhunderte in der Abgrenzung zum vermeintlich Barbarischen immer wieder aussagereich exemplifiziert worden ist.

Es sei deshalb versucht, ausgehend von der Klassik des 5. Jahrhunderts v. u. Z., diese thematische Schneise bis in die Kaiserzeit hinein zu schlagen. Die Anknüp-fung eines solchen Exkurses an die Humanisierungstendenzen der klassischen Zeit bietet einen günstigen Ausgangspunkt, da an diesem Rencontre von Apoll und Mar-syas die Rebarbarisierungstendenzen des Feindbildes, aber auch seine spätere Aufwertung als Alternative zu den verschlissenen Kulturwerten deutlich werden können.

Spätklassische Variationen

Blicken wir auf die zahlreich überlieferten Zeugnisse dieses musikalischen Ver-gleichs, so bestätigt sich, daß der ältere, längst eingespurte Gegenspieler des Mar-syas Gott Apoll ist. Athena wird hier ähnlich wie in der taurischen Iphigenie des Eu-ripides, wo sie als »dea ex machina«, eingreifende Gottheit, den Streit am Schiff schlichtet (S. 198), in der myronischen Gruppe anstelle des Apoll nur zeitweise pla-ziert gewesen sein. Mag das Aufgreifen der Flöten auch im Vorfeld des Kräftemes-sens liegen: Athena verkörpert hier zugleich den attischen Anspruch bei der Ermitt-lung der Maßstäbe für die richtige Musik.

Von den Auseinandersetzungen dieser Art in der perikleischen Zeit erfahren wir aus Schriftquellen, etwa bei Plutarch (um 46 bis nach 119) (Perikles 13), daß Perikles zum Panathenäenfest musikalische Wettkämpfe einführte, daß er sich selbst zum Preisrichter ermächtigte und anordnete, wie die Wettspieler auf der Flöte und Kithara zu spielen und wie sie dazu zu singen hätten. Seinem Freunde Damon ist von ein-zelnen Forschern regelrecht die Rolle eines Musiktheoretikers und Musikpolitikers zugedacht worden.[58] Auch wissen wir von den heftigsten Auseinandersetzungen um die »Neue Musik«, die gerade in diesen Jahren die alten Musikordnungen zu er-schüttern und wohl auch allmählich abzulösen begann.[59]

Wie fest jedoch die alten Normen eingefleischt waren und wie lange sie sich be-währten, geht aus einer Notiz des Plutarch in der Biographie des Alkibiades (um 450 bis 404) hervor. Dort lesen wir (Kapitel 2):

»Als er (Alkibiades) an die Erlernung der Wissenschaften
kam, bewies er sich gegen alle seine Lehrer sehr folg-
sam, nur weigerte er sich, die Flöte zu spielen, weil er
dies für etwas Niedriges und Unedles hielt. ›Der Gebrauch
des Plektrons und der Leier‹, sagte er, ›verdirbt nichts
an der Gebärde oder Bildung, die einem freien Manne an-
steht; die Flöte jedoch entstellt den, der sie bläst, so
sehr, daß das Gesicht kaum seinen besten Freunden kenntlich ist. Dazu gestattet die Leier dem, der sie spielt,
dabei zu sprechen und zu singen, während die Flöte jedem
den Mund verstopft und die Stimme sowohl als die Möglichkeit zu reden nimmt. So mögen denn die Kinder der Thebaner auf der Flöte blasen, denn sie wissen nicht miteinander zu sprechen. Wir Athener haben, wie unsere Väter
sagen, die Athene und den väterlichen Apollon zu Schutz-
göttern; sie hat die Flöte weggeworfen und er sogar
einen Flötenspieler geschunden.‹ Durch solche teils im
Scherz, teils im Ernst angegebenen Gründe hielt Alkibiades sich selbst und auch andere vom Spielen jenes Instru-
mentes ab.«

(Übersetzung Friedrich Kaltwasser)

Die Auskunft des Plutarch über die Aversion des Alkibiades gegen das Flötenspiel
nimmt sich wie eine Paraphrase der myronischen Bildverwirklichung dieses Antiflö-
tenprogramms aus. Das geht hin bis zur Verspottung der Thebaner als Enthusiasten
dieses Instruments. Daß es sich bei einer solchen programmatischen Erklärung
nicht etwa um den Niederschlag der breiten öffentlichen Meinung handelt, sondern
um die Beteuerung des Leitbildes einer ganz bestimmten gesellschaftlichen
Schicht, dürfte einleuchten. Begegnen wir doch an der Wende des 5. zum 4. Jahrhundert v. u. Z. auf einem repräsentativen Vasenbild des danach benannten Prono-
moskraters[60] dem berühmten thebanischen Flötenbläser Pronomos, dessen Auftritt
in Athen zu dieser Zeit offenbar Furore machte. Er wird auch in der 394 v. u. Z. zur
Aufführung gebrachten Komödie des Aristophanes »Die Weiber in der Volksver-
sammlung« erwähnt. Deshalb denkt man sich den Krater in diesem Jahrzehnt entstanden. Pronomos soll – entgegen der oben zitierten Abneigung des Alkibiades gegen das Flötenspiel – diesen auf eben diesem Instrument zu spielen gelehrt haben.
  Athena gebietet in der myronischen Gruppe, auch auf den anderen gleichlautenden Bildzeugnissen, dem Marsyas Einhalt. Sie verkörpert dabei zweifellos den attischen Anspruch, die anstehenden Probleme im Zusammenhang mit dem Auftauchen neuer musikalischer Tendenzen zu lösen und der Ungebundenheit der »Neu-
en Musik« entgegenzutreten. Der berufene Sachwalter in diesen Dingen war Apoll,
da er ja selbst – im Gegensatz zu Athena – Musik produzierte und beherrschte. Es

überrascht keineswegs, wenn wir auf Vasenbildern des späten 5. Jahrhunderts v. u. Z. den flötenblasenden Waldschrat mit diesem Gott konfrontiert sehen, oder aber – das scheint eine andere Station des Geschehens zu sein – den Satyr die Kithara, das Instrument Apolls, handhaben sehen, wie auf einem Volutenkrater in Ruvo. Interessant ist bei dieser Darstellung, daß zwischen die beiden Konkurrenten, die sitzend gezeigt werden, Athena eingeschoben ist. Die Dreifüße als choregische Weihgeschenke signalisieren die Theaterszene, bei der offenbar Vertauschungen der Rollen ausprobiert worden sind, bis hin zur provokatorischen Herausforderung des Marsyas, das Instrument Apolls besser bedienen zu können als dieser selbst.

Eine der umfangreichsten Beschreibungen des Wettstreits hat uns der Historiker Diodor (um 80 bis um 29) überliefert, hier zunächst einmal der Volltext (3,59):

»Als sie (Kybele und Marsyas) nach Nysa zu Dionysos
kamen, trafen sie den Apollo an, der sich daselbst auf der
Kithara unter großem Beifall hören ließ. Hermes hatte
die Kithara erfunden, aber Apoll war der erste, der sie
auf die rechte Art zu spielen wußte. Marsyas ließ sich

60 Marsyas spielt die Doppelflöte (Doppeloboe), Vasenbild auf einem rotfigurigen Krater des 5. Jh. v. u. Z. Bologna, Museo Civico.

120

61 Marsyas spielt die Kithara, Vasenbild auf einem rotfigurigen Krater des 5. Jh. v. u. Z. Ruvo, Jatta.

mit Apollo in einen Wettstreit ein, und die Einwohner
von Nysa wurden zu Kunstrichtern erwählt. Zuerst spielte
Apollo die Kithara ohne Gesang. Als darauf Marsyas die
Flöte anstimmte, erstaunte man über die neuen Töne, und
sein Spiel wurde viel schöner gefunden als das seines
Vorgängers. Es war aber ausgemacht, daß sie abwechselnd
die Proben ihrer Kunst vor den Richtern ablegen sollten.
Apollo griff daher zum zweiten Mal in die Saiten, die
Kithara mit Gesang begleitend; und nun fand sie noch
größeren Beifall als zuvor die Flöte. Unwillig erinnerte
Marsyas die Zuhörer, es sei gegen alle Billigkeit,
wenn er nachstehen müsse; die Kunst, nicht die Stimme,
müsse man vergleichen; das sei der Maßstab zur Beurteilung der Harmonie und der Melodie auf der Kithara und
der Flöte; überdies könne man nicht mit Recht zwei Künste zugleich gegen eine einzige halten. Apollo dagegen
behauptete, er habe gar nichts voraus; denn er tue
nichts anderes, als was Marsyas auch tue, indem er in
die Flöte blase; entweder müsse es beiden freistehen,
sich hiernach beurteilen zu lassen, oder dürfe jeder
mit den Händen allein, aber nicht mit dem Mund seine

121

Kunst in dem Wettstreite zeigen. Die Zuhörer erklärten
Apollos's Begehren für billiger, und die Künstler mußten
weitere Proben ablegen. Die Entscheidung fiel gegen Marsyas aus; Apollo aber war durch den Zwist so gereizt,
daß er dem überwundenen Gegner lebendig die Haut abzog.«

(Übersetzung Julius Friedrich Wurm)

Dieses Zeugnis hellenistischer Zeit leitet sich offenbar aus klassischen Quellen her. Darauf deuten die Wettkampfbedingungen, der faire Vergleich beider Konkurrenten. Vor allem mutet der in Steigerungsstufen ausgetragene Kampf wie eine literarische Paraphrase der angedeuteten Auseinandersetzungen um die richtige Musik im 5. Jahrhundert v. u. Z. an. Zunächst gilt der Vergleich der Instrumentalmusik. Dann begleitet Apoll seinen Musikvortrag mit Gesang. Marsyas hat dem nichts entgegenzustellen; denn er muß seine Flöte mit dem Mund bedienen, kann also nicht auch noch singen. Das ist der springende Punkt, an dem die Wege der »Neuen Musik« von der herkömmlichen Musizier- und Gesangesweise insofern abzweigten, als letztere in jedem Falle mit dem Wort-, also dem Gesangsvortrag gekoppelt war.

Das eben war ja das bestürzend und berauschend Neue der reinen Instrumentalmusik, daß sie von der semantischen Bindung an den Worttext freikam und sich die Vielfalt der musikalischen Ausdrucksmöglichkeiten sprunghaft erhöhte. Dagegen erhoben sich die Bedenken der konservativen Musiktheoretiker, die im klassischen Sinne die Ausgewogenheit zwischen Ton- und Wortvortrag gewahrt wissen wollten und sich strikt gegen die Emanzipierung des ersteren vom letzteren wandten. Die von Apoll vorgeschlagene Weiterung des Wettstreits, nämlich Instrumentaldarbietung durch Gesang zu ergänzen, liegt effektiv genau auf dieser Linie, spricht also dem klassischen Kanon das Wort. Seine Argumentierweise mutet in ihrer rhetorischen Zuspitzung fast euripideisch an.

Andererseits ist nicht zu verkennen, daß diese Geschichte hellenistisch eingefärbt ist. Einmal spricht die Verlagerung in verstärkt dionysische Zusammenhänge dafür. Der Wettkampf findet in Nysa statt, wo der Weingott herangewachsen ist. Zum anderen befindet sich Marsyas in Gesellschaft der Kybele, der kleinasiatischen Göttermutter. Das ist eine Gefährtenschaft, die im Laufe des Hellenismus an Gewicht gewann. Insgesamt aber will bedacht sein, daß die Schindung des Marsyas durch Apoll noch jener grausamen Züge entbehrt, mit denen die Rache des Gottes allmählich ausgestattet worden ist. Nicht zufällig fährt Diodor in der oben mitgeteilten Geschichte (3,59) wie folgt fort:

»Doch reute es ihn (den Apoll) bald, und im Unwillen
über seine Tat zerriß er die Saiten der Kithara und
machte seine Erfindung, die Harmonie und Töne, zu-
nichte. Diese wurden nachher einzeln wieder erfunden,
nämlich die Mese (der Mittelton) von den Musen, der
Lichanos (Zeigefingerton) von Linus, die Hypate und Par-

hypate (der letzte und vorletzte Ton) von Orpheus und Thamyris. Apollo ließ die Kithara und die Flöte als Weihgeschenk in der Höhle des Dionysos zurück und begleitete die herumirrende Kybele, die er liebgewonnen, bis zu den Hyperboreern.«

(Übersetzung Julius Friedrich Wurm)

Fast mutet die Zertrümmerung des apollinischen Saitenspiels wie ein Bruch mit der alten Musizierweise an, eine Wende, die sich mit dem beginnenden Hellenismus durchgesetzt haben dürfte. Daneben läßt sich der Fortbestand einer klassizistischen Strömung – wie zum Beispiel die delphische Apollonhymne aus dem 2. Jahrhundert v. u. Z. zu erkennen gibt – nachweisen.

Neben der Vertiefung des Gegensatzes zwischen Apoll und Marsyas als Ausdruck klassizistischer Musiktendenzen werden alsbald auch Töne laut, die dem Zauber der Flötenmusik ihre Bewunderung nicht versagen können. Für eine in diesem Sinne differenzierte Sicht der musikalischen Produktionen spricht ein nicht zu unterschätzendes Zeugnis, das in unserem Zusammenhang freilich nur mittelbar ausgewertet werden kann, nämlich die Umschreibung der Ausstrahlungskraft, die von dem Philosophen Sokrates (470 bis 399) ausging, und zwar mit Hilfe der zugestandenen Magie des Flötenspiels.

Lobpreis der Flöte

Dieses Gleichnis ist von Platon (427 bis 347) in seinem Dialog »Symposion« dem Alkibiades in den Mund gelegt worden, also ausgerechnet jenem Manne, von dessen Aversion gegen das Flötenspiel oben die Rede war (S. 119). Es wird sich also bei der zitierten biographischen Auskunft um eine tendenzielle musikpolitische Festschreibung der Attacke gegen das Flötenspiel handeln.

Ganz anders in dem platonischen »Symposion«, wo Alkibiades, nachdem er in die nächtliche Trink- und Diskussionsrunde eingebrochen ist, den Zauber zu beschreiben versucht, der von der Rede des Sokrates ausginge. Dieses Phänomen sei dem Flötenspiel des Marsyas zu vergleichen (215c):

»Seine (des Marsyas) Werke also, es mag sie nun ein trefflicher Flötenspieler vortragen oder eine schlechte Flötenspielerin, sind allein hinreißend und offenbaren, wer der Götter und ihrer Weihungen bedürftig ist, weil sie göttlich sind.«

(Übersetzung Friedrich Schleiermacher)

Sokrates sei um so bewundernswerter, als er ohne Instrument, nur mit seinem Mund, also durch die Rede, diese Verzauberung bewirke. Alkibiades behauptet deshalb (215a/b),

»er (Sokrates) sei äußerst ähnlich jenen Silenen in den Werkstätten der Bildhauer, welche die Künstler mit

Pfeifen oder Flöten darstellen, in denen man aber, wenn
man die eine Hälfte wegnimmt, Bildsäulen von Göttern
erblickt, und so behaupte ich, daß er vorzüglich dem
Marsyas gleiche.«

(Übersetzung Friedrich Schleiermacher)

Sokrates' Äußeres passe in jeder Hinsicht zu dem Waldschrat. Man schreckte also
nicht zurück, den berühmten Weisheitslehrer dem Silen vergleichsweise an die Seite zu stellen. Die Flötenmusik jedenfalls muß zu diesem Zeitpunkt zumindest als
gleichwertige musikalische Äußerung anerkannt worden sein. Oder hätten wir etwa
das Exzessive, jenes unberechenbar Berauschende mit Sokrates' gefürchtetem
Wirken auf eine Stufe zu stellen, aufgrund dessen er vom athenischen Gerichtshof
im Jahr 399 v. u. Z. zum Tode verurteilt worden ist? Denn Alkibiades versichert in
dem oben zitierten Gesprächszusammenhang (216a):

»Mit Gewalt also, wie vor den Sirenen die Ohren verstop-
fend, fliehe ich aufs eiligste, um nur nicht immer
sitzen zu bleiben und neben diesem (also Sokrates)
alt zu werden.«

(Übersetzung Friedrich Schleiermacher)

Zweifellos wird der durch Platon bemühte, dem Alkibiades in den Mund gelegte Vergleich des Sokrates mit dem Silen Marsyas bezweckt haben, das Außerordentliche
dieses seines Meister hervorzuheben. Aber daß er dabei auf Marsyas zurückgreifen
konnte, beweist doch hinreichend, daß man das Wirkungspotential der Flötenmusik
anzuerkennen zu diesem Zeitpunkt, also in der ersten Hälfte des 4. Jahrhunderts
v. u. Z., längst bereit war.

Dennoch zieht sich die Abgrenzungstendenz gegenüber dem Musikanspruch
des Marsyas durch das 4. Jahrhundert v. u. Z. hindurch. Man wird die Neuauflagen
des Themas im Zusammenhang mit der Aufrechterhaltung der klassischen Maßstäbe, auch in der Musik, als eine Art Klassizismus zu verstehen haben, für den es in
der Bild- und Baukunst unbestreitbare Belege gibt. Allerdings sind gerade die bildkünstlerischen Äußerungen dieser Tendenz noch nicht befriedigend aufgearbeitet
worden. Auf dem Felde der Musik sieht die Quellenlage noch ungünstiger aus. Einzig der anhaltenden literarisch bezeugten Polemik gegen die »Neue Musik« läßt sich
entnehmen, daß diese am Polisideal und an seiner musikalischen Interpretation
orientierten konservativen Bestrebungen nicht zu gering veranschlagt werden dürfen. Ordnet sich doch auch die Staatslehre Platons trotz gewisser progressiver Züge, die den Entwicklungstendenzen des 4. Jahrhunderts v. u. Z. Rechnung tragen, in
ein solches Konzept der Erhaltung des klassischen Poliserbes ein. Indem Platon die
alten Polisideale zu ersetzen und in seine Zeit herüberzuretten versuchte, wußte er
zugleich den Tendenzen dieser Zeit Rechnung zu tragen.

Der Wettstreit des Apoll mit dem Marsyas wird also weiterhin abgehandelt und zunehmend mit bedrohlichen Zügen einer Rache Apolls ausgestattet. Die Musenbasis aus Mantinea aus der Zeit um 325 v. u. Z. präsentiert den musikalischen Wettstreit in Aktion. Links hat Apoll auf einem Felsensitz Platz genommen. Er hält, abgestützt durch sein linkes Bein, die Kithara vor sich. Gegenüber bläst Marsyas, in heftiger Ausfallstellung, die Doppelflöte. Zwischen beiden steht gelassen ein Skythe, kenntlich an der Ärmel- und Hosentracht sowie an der phrygischen Mütze. Er hält in der Rechten das Messer bereit, mit dem er dem unterliegenden Silen die Haut abziehen, das heißt ihn schinden wird.

62 An den Baum gefesselter Marsyas und messerschleifender Skythe, Wandgemälde aus Pompeji, 1. Jh. u. Z.

Dieses neue Element der schon in Szene gesetzten potentiellen Exekution an dem Verlierer gibt dem Gegenüber der beiden Rivalen einen neuen Akzent. Die Flötenmusik gelangt unter der Strafandrohung durch den Skythen zum Vortrag. Die Auseinandersetzung hat sich zugespitzt. Der Sieger sitzt, seines Erfolges gewiß, gelassen da. Marsyas ringt um einen Preis, der für ihn unerreichbar bleiben wird. Die Darbietung seiner Musik vollzieht sich unter dem Messer, das ihn schinden wird; die leichte Wendung des Skythen bringt das unmißverständlich zum Ausdruck.

In dieser Akzentuierung darf der Vorhellenismus der Darstellung erkannt werden. In den hellenistischen Jahrhunderten ist dann der eingeschlagene Weg der Bedrohung des Marsyas, seine Fesselung und Aufhängung an einem Baum, die Schärfung des Instruments, das ihm die Haut vom Leibe schälen wird, konsequent weitergegangen worden. Einzig Apoll, der sich um den Sieg nicht mehr mühen muß, leistet dem Opfer noch Gesellschaft oder wird kurzerhand fortgelassen.

In der archäologischen Forschung sind die Indizien zusammengetragen worden, die für eine bildkünstlerische Darstellung der Schindung des Marsyas, speziell der unmittelbaren Vorbereitung dieses Akts, sprechen. Es gibt eine Vielzahl von römischen Wiederholungen, die den gefesselten, zugleich am Baume aufgehängten Gegner Apolls zeigen. In Florenz befindet sich das Bildwerk eines messerschleifen-
81 den Skythen, der bei dieser Beschäftigung den dumpfen Blick anhebt und auf das Opfer der bevorstehenden Häutung stiert. Weiter gibt es eine Anzahl von Bildreflexen auf Reliefs, Wandgemälden und Münzen, die auf eine Zweiergruppe mit dem sitzenden Apoll und dem am Baum aufgehängten Marsyas, oder eine Dreiergruppe mit Apoll, Schleifer und Marsyas in ganz verschiedener Anordnung Bezug nehmen.

Die ursprüngliche Gruppe läßt sich nicht mit Sicherheit rekonstruieren. Der mes-
62 serschleifende Skythe und Marsyas werden auf alle Fälle zusammengehört haben; der Schleifer wird meist zur Rechten des Marsyas (also links vom Betrachter aus gesehen) angenommen. Die Ergänzung Apolls wäre dann zur Linken des Marsyas zu erwarten; sie ist aber auch zur Rechten des Skythen vorgeschlagen worden, und zwar sitzend, die Kithara haltend. Vermutlich ist die Gruppierung variiert worden, leiten sich von der ursprünglichen Komposition die genannten Versionen und andere ab. Als Datierung für die frühe Zweifigurengruppe mit dem Skythen und Marsyas ist der beginnende Hochhellenismus, die zweite Hälfte des 3. Jahrhunderts v. u. Z. mit triftigen Gründen vorgeschlagen worden.[61]

Schleifer und Silen, in der vorbereitenden Phase des Strafvollzugs zusammengerückt, lassen die Spezifik hellenistischer Interpretation dieses Themas erschreckend deutlich werden. Der Wettkampf ist längst ausgetragen. Der Unterlegene ist gefesselt und an einen Baum geknüpft, um geschunden zu werden. Der Skythe als Vollstrecker des Urteils schärft sein Messer, um das Opfer besser häuten zu können. Apoll als Sieger des Wettstreits war ursprünglich in diese Zurüstung mit einbezogen. Die Abwesenheit des Gottes gibt nunmehr der Szene ihre Abgerücktheit von dem vorweggenommenen musikalischen Kräftemessen der beiden Rivalen und be-
126 siegelt die grausame Abgeschiedenheit des Verlierers.

Der Schleifer wird sein Werk mit Präzision verrichten, ohne den tieferen Sinn der Exekution zu erfassen. Darin liegt die zusätzliche Erniedrigung des Opfers. Auch ist die Art und Weise der Bestrafung, die Schindung, entwürdigend genug. Diese Momente werden jetzt im Hellenismus bewußt aufgegriffen und bis ins Detail psychologisch durchmotiviert. Hier gelangen Exekutor und Exekutierter zugleich als Vertreter der barbarisch empfundenen Lebenswelt zur Darstellung und werden einem Prozeß der Selbstpeinigung, der Selbstzerfleischung überlassen.

Die klassische Ebene des Mitempfindes, ja des Mitleidens mit dem unentrinnbaren Gegner, wie sie etwa an den Südmetopen des Parthenon aufgesucht werden konnte (S. 106 f.), ist hier aufgegeben. Die Ausführung des Strafvollzugs gestaltet sich zu einer Demonstration der Stärke des Siegers. Aus diesem Grunde ist man auch nicht davor zurückgeschreckt, diesem Figurenpaar Marsyas-Skythe den Sieger Apoll noch hinzuzufügen. Die Bildreferate zeigen ihn in selbstsicherer Haltung, eher das Urteil bekräftigend und sich am Racheakt weidend. Der musikalische Wettstreit und seine Folgen haben einer Manifestation der Überlegenheit Platz gemacht. Hinter einer solchen Triumphhaltung steht der Antagonismus zwischen Hellenen- und Barbarenwelt, die zu diesem Zeitpunkt in breiter Front aneinandergeraten waren und sich zu mischen, zugleich aber auch schärfer gegeneinander abzugrenzen begonnen hatten.

Der Makedonenfeldzug Alexanders (356 bis 323), der zum Untergang des persischen Weltreiches geführt hatte, war in dieser Hinsicht zu einem epochemachenden Faktor geworden. Die Barbarenproblematik gewann mit den Selbstbehauptungskämpfen der hellenistischen Reiche, die sich als Zerfallsprodukte des riesigen Alexanderreiches verselbständigt hatten, an Aktualität. Unter diesen Nachfolgestaaten spielte Pergamon eine zunehmende Rolle. Sein Abwehrkampf gegen die aus dem Inneren Kleinasien angreifenden Galater, die die griechischen Küstenstädte bedrängten und plünderten, fand seinen Niederschlag in einer Reihe bedeutsamer Bildwerke, nicht zuletzt am Großen Fries des Pergamonaltars, freilich verschlüsselt im Modell des Götter-Giganten-Kampfes (S. 148 ff.). In diesen Darstellungen geriet das Verständnis des Feindbildes trotz rühmlicher Ausnahmen – erinnert sei an die Gallieranatheme Pergamons – unabwendbar in den Sog der Barbarisierung. Diesem Prozeß wird weiter unten noch nachzugehen sein (S. 156 ff.).

Neben dem außenpolitischen Ringen dieser Staaten und Polisverbände, die sich als hellenistische Föderation etabliert hatten, um politische und ökonomische Stabilität gewannen die innenpolitischen Konflikte und Auseinandersetzungen an Gewicht. Nicht zufällig brachen in diesen Jahrhunderten die großen Sklavenaufstände der Antike aus. Hinzu kam die wachsende Bedrohung durch die Expansion des römischen Imperiums, das schrittweise die hellenistische Staatenwelt annektierte. Das war eine Entwicklung, die den Völkerschaften des griechischen Ostens ihre Unabhängigkeit kostete und mit der Einnahme Ägyptens um 30 v. u. Z. ihren vorläufigen Abschluß fand.

Alle diese Momente bilden das Hintergrundsgeschehen für die zugespitzten Anta-
gonismen in der Sicht des Feind- und Barbarenbildes, so auch im Falle der Züchti-
gung des Marsyas durch Apoll. Das ist aber nur die eine Seite des Phänomens. Auf
der anderen Seite ist Marsyas offenbar im Zuge der Vertiefung des Gegensatzes
von Stadtkultur und ländlicher Unberührtheit und Idylle zum Inbegriff der Verzauberung durch Natur- und Elementargewalt geworden.

Auf einem Wandgemälde aus Pompeji in Neapel finden wir nach eingehender
Schilderung der Vorstufen des Geschehens Marsyas bei seinem Flötenspiel einem 63
reserviert lauschenden Stadtpublikum gegenübergestellt. Im Vordergrund übt Athe-
na auf dem Instrument. Ihr hält eine Nymphe den Spiegel entgegen, dessen Zerrbild
Athena veranlassen wird, sich von dem Instrument zu trennen. Übers Gebirge
kommt, angelockt von den Tönen, schon Marsyas herbeigeeilt, der sich sodann der
Doppeloboen annimmt und zum großangelegten Vortrag schreitet. Es sind also drei
Stationen des Geschehens in einem Bild verwoben. Der Kontrast zwischen der
Stadtkulisse im Hintergrund und der bewegungsreich sich in den Vordergrund
schiebenden Felsenlandschaft nebst Gestade am Wasser macht deutlich, daß die
Szene von der Natur, der Welt des Marsyas, her konzipiert ist, die als Alternative ge-
genüber der Stadtlandschaft deutlich gekennzeichnet ist.

Schon im frühen Hellenismus hatte mit den Dichtungen Theokrits (erste Hälfte
des 3. Jahrhunderts v. u. Z.) die poetische Ausgestaltung des Landlebens und seiner
Vorzüge gegenüber dem städtischen Treiben eingesetzt. Das war eine typisch hellenistische Erscheinung, die mit der Verstädterung der Gesellschaft Hand in Hand
ging. Diese Linie des Kulturverständnisses wird gegen die Zeitenwende von Vergil
(70 bis 19 v. u. Z.) in seinen Hirtengedichten aufgegriffen und vertieft. Sie hat in der
römischen Literatur fortan eine gewichtige Rolle gespielt, bis hin zu Longus' Hirten-
roman »Daphnis und Chloe«. Dabei ist auch Marsyas im Blickfeld geblieben. Seine
Konfrontation mit Apoll verschob sich jedoch auf die Ebene eines zunehmend apo-
logetischen Kulturverständnisses. Die Kluft zwischen beiden Lebensbereichen vertieft sich zunächst noch. Gerade bei unserem Thema werden Skythe und Marsyas
zusammen als Gegenspieler begriffen. So begegnen in der Wandmalerei der frühen
Kaiserzeit gelegentlich Szenen, bei denen der Skythe gnadeflehend vor Apoll nie-
derkniet, um Nachsicht zu erwirken für den am Baum gefesselten Marsyas.

In der mittleren Kaiserzeit spätestens gewinnt eine Marsyasrezeption an Einfluß, bei **Perspektiven**
der das Barbarische als das freilich Wilde und Ungezähmte, ja Unzivilisierte, doch
eben als das Kraftstrotzende und Unverbrauchte deutlich gemacht wird. Apuleius
(geb. um 125 u. Z.) teilt in seiner »Blütenlese« die Geschichte des Wettstreits zwischen Apoll und Marsyas wie folgt mit (3,5 bis 11):

»Marsyas artete in der Kunst des Schalmeienspiels dem
Vater nach. In ihr soll er, im übrigen ein Phrygier und
Barbar, mit tierischem Gesicht, wild, struppig, mit 129

unsauberem Barte, mit Stacheln und Zotteln übersät —
welch Frevel —, sich mit Apoll in einen Wettkampf einge-
lassen haben, ein Scheusal mit einem Muster von Schön-
heit, ein Bauer mit einem Gebildeten, ein Untier mit
einem Gott. Die Musen mitsamt Athena standen aus Ironie
als Richter dabei, nur um die Ungeschlachtheit dieses
Unholds zu verspotten und nicht minder um seine Dumm-
dreistigkeit zu bestrafen. Marsyas aber, was das größte
Zeichen seiner Dummheit ist, merkte nicht, daß er zum
Narren gehalten wurde, und bevor er die Schalmei zu blasen begann, stammelte er zunächst in roher Weise einige
Albernheiten über sich und Apollon; er pries sich, weil
er eine herabfallende Mähne, einen schmutzigen Bart und
eine zottige Brust hatte, an Kunst nur ein Schalmeienspie-
ler und an Besitz ein Habenichts war; Apollon dagegen —
lächerlich es zu sagen — tadelte er wegen der entgegen-
gesetzten Vorzüge, weil Apollon lockiges Haar, reizende
Wangen und einen glatten Körper habe, in der Kunst viel
bewandert und an Besitztum reich sei. ›Zuerst schon seine
Haare‹, sagte er, ›sich vordrängend und herabhängend,
das Stirnbüschel vorn weggestrichen und die Schläfenhaare
vorgestrichen, der ganze Körper nur Anmut, die Glieder
glänzend, die Zunge Schicksal kündend, ob man's nun in
Prosa oder in Versen lieber haben will, in beiden Fällen
von gleicher Fertigkeit. Und dann das Gewand: zart von
Gewebe, weich zu berühren, strahlend von Purpur! Und
dann seine Lyra, die von Golde flimmert, von Elfenbein
schimmert, von Edelstein glimmert! Und dann, daß er so
kundig und reizvoll singt! Das alles sind nur Lockmittel,‹
meinte er, ›die keineswegs der Mannhaftigkeit geziemen,
sondern zur Üppigkeit passen.‹ Demgegenüber prunkte er
mit der Beschaffenheit seines Körpers als höchstem Ideal.
Es lachten die Musen, als sie hörten, wie derartige Gaben, die der Verständigste sich wünschen muß, Apollon als
Verbrechen vorgeworfen wurden, und ließen den prächtigen
Schalmeienbläser, nachdem er im Wettkampf unterlegen war,
mit bloßgelegtem und zerrissenem Leib auf dem Platz zurück wie einen zweibeinigen Bären, dem man die Haut ab-
gezogen hatte. So hat Marsyas zu seinem eigenen Unglück
Schalmei gespielt und dabei verspielt. Apollon dagegen
hat sich eines so niedrigen Sieges geschämt.«

(Übersetzung Rudolf Helm)

64
Parthenon auf der Akropolis
von Athen, 5. Jh. v. u. Z.,
Wiederaufbau von 1930,
Westansicht.

65
Ausschnitt des Panathenäen-
zuges vom Westfries des
Parthenon der Akropolis zu
Athen, 5. Jh. v. u. Z.

66
Hochzeitsszenen auf dem
Epinetron des Eretriamalers,
5. Jh. v. u. Z. Athen,
Nationalmuseum.

68
Kampf zwischen Griechen
und Amazonen, Metopen an
der Südwestecke des
Parthenons auf der Akropolis
von Athen, 5. Jh. v. u. Z.

67, 69, 70
Lapithen-Kentauren-Kampf
(Gipsabgüsse) von den
Südmetopen Nr. 31, 30 und 4
vom Parthenon auf der Akro-
polis in Athen, 5. Jh. v. u. Z.
Originale London, Britisches
Museum.

71
Westansicht des Erechtheions
auf der Akropolis von Athen,
5. Jh. v. u. Z.

72
Laufende eleusinische Gottheiten und Gelagerter
(Dionysos?) vom Ostgiebel
des Parthenon in Athen,
5. Jh. v. u. Z. London,
Britisches Museum.

73
Aphrodite und Peitho(?) vom
Ostgiebel des Parthenon in
Athen, 5. Jh. v. u. Z. London,
Britisches Museum.

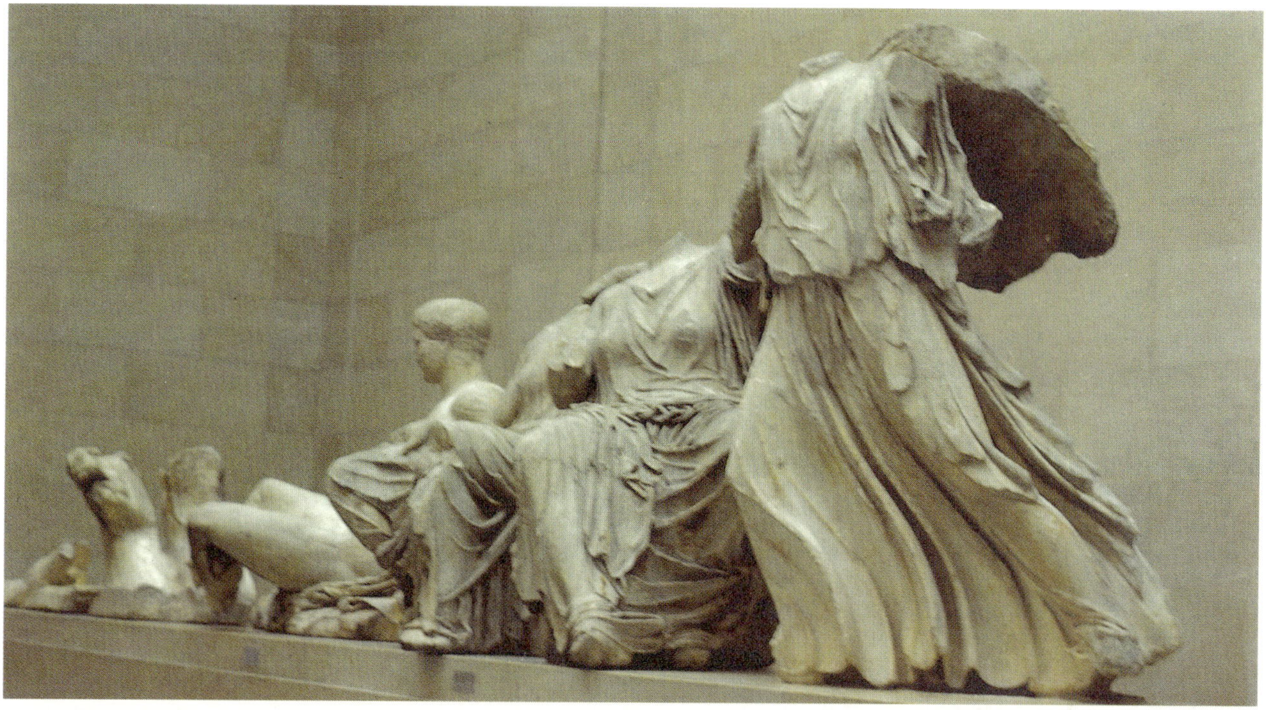

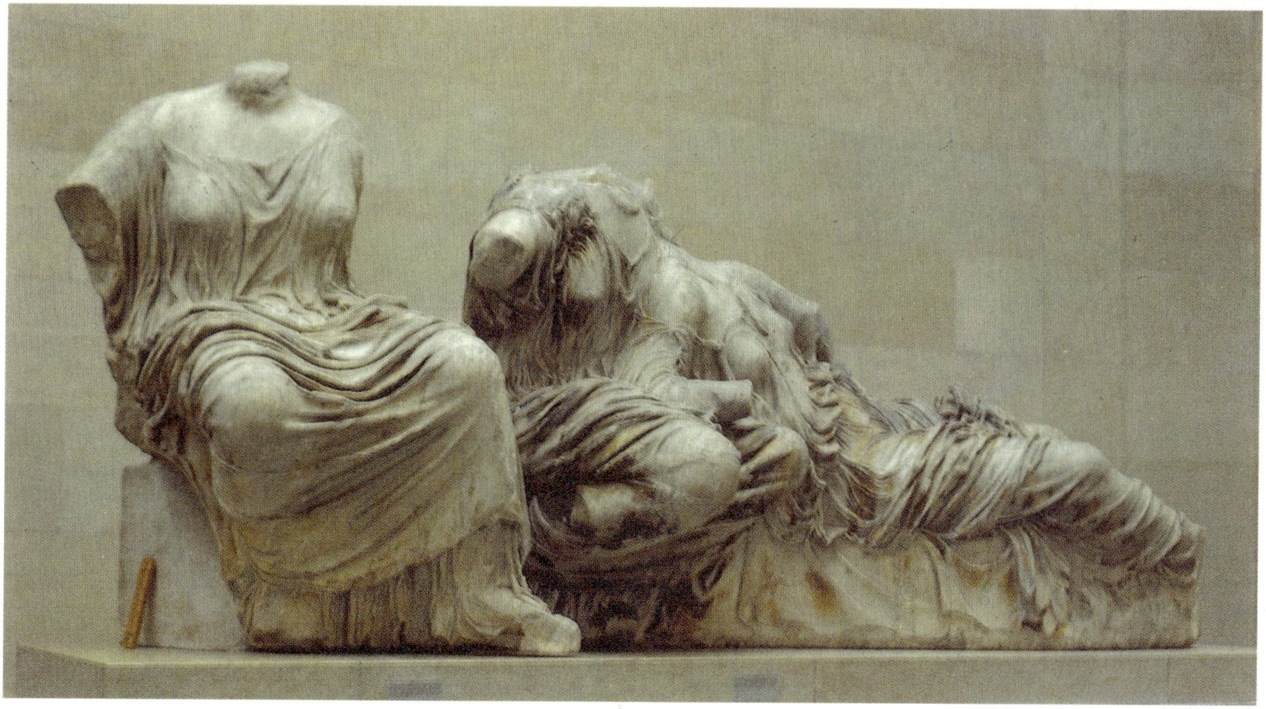

74
Tötung Penthesileas durch
Achill(?), Innenbild
der Penthesileaschale,
5. Jh. v. u. Z. München,
Museum Antiker Kleinkunst.

75
Kampf Apolls gegen Tityos,
Innenbild der Tityosschale
des Penthesileamalers,
5. Jh. v. u. Z. München,
Museum Antiker Kleinkunst.

76
Polykletische(?) Amazone
aus dem ephesischen Weih-
geschenk (Typ Sosikles),
römische Kopie nach
griechischem Vorbild des
5. Jh. v. u. Z. Rom, Kapito-
linisches Museum.

77
Amazone des Kresilas(?)
aus dem ephesischen Weih-
geschenk (Typ Sciarra),
römische Kopie nach
griechischen Vorbild des
5. Jh. v. u. Z. Berlin, Staatliche
Museen, Antikensammlung.

81
Kopf des messerwetzenden
Skythen aus der Gruppe
»Bestrafung des Marsyas«,
römische Kopie nach
griechischem Vorbild des
3. Jh. v. u. Z. Florenz, Uffizien.

82
Wettstreit zwischen Apoll
und Marsyas, Musenbasis
von Mantinea, 4. Jh. v. u. Z.
Athen, Nationalmuseum.

Folgende Seite:

83
Marmorkopf Alexanders von
Makedonien, 3. Jh. v. u. Z.
Olympia, Museum.

HELLENISTISCHE REZEPTION DES GÖTTER-GIGANTEN-KAMPFES

Thematik Das Ringen der Götter gegen die Giganten ist für die Griechen ein seit den Anfängen ihrer Kultur bewährtes Thema gewesen. Homers Epen geben erste Auskunft darüber. Hesiod, ein Dichter des 7. Jahrhunderts v. u. Z., widmete den Giganten in seiner Theogonie, einer Götterentstehungslehre, nur wenige Zeilen. Er hat aber die Götterabfolgen in ihren Zusammenhängen aufgezeigt und ihr Ringen miteinander in ein System gebracht. Nach seiner Auffassung waren am Anfang Himmel (Uranos) und Erde (Ge). Diese zeugten miteinander das Titanengeschlecht, mit Kronos und Rhea an der Spitze. Die Folgegeneration sollte den Titanen nicht gefährlich werden können. Also verschlang Kronos die Neugeborenen, die ihm Rhea zur Welt gebracht hatte, alle bis auf Zeus, der dieser bedrohlichen Situation entrissen und in der idäischen Grotte auf Kreta aufgezogen wurde. Herangewachsen, forderte er dem Vater die von ihm verschluckten – deshalb also nicht getöteten – Geschwister wieder ab und eröffnete mit ihnen den Kampf gegen Kronos und dessen Gefährten. Überwältigt, wurden die Titanen in den Tartaros gesperrt. Hesiod hat diesen Götter-Titanen-Kampf ausführlicher geschildert.

Inzwischen war aus dem Blut des durch Kronos entmannten Uranos das Geschlecht der Giganten aus der Erde aufgesprosst und eröffnete gegen Zeus und die Seinen den Kampf. Es entbrannte die Gigantomachie, der Götter-Giganten-Kampf, der seit dem 6. Jahrhundert v. u. Z. bildkünstlerisch nachweisbar ist. Die personelle Besetzung dieses Kampfes wurde im Laufe der Jahrhunderte erweitert. So greifen am pergamenischen Gigantenfries die freigesetzten Titanen, also ehemalige Gegner der Götter, auf seiten der Olympier ein. Der Kampf konnte am Ende nur durch das Einschreiten des von Zeus abstammenden Herakles zugunsten der Götter entschieden werden.

Pergamenische Gigantomachie

25, 26, 27 Die Darstellung der Gigantomachie ist in der griechischen Kunst – wie bereits angedeutet – seit dem 6. Jahrhundert v. u. Z. nachweisbar. Vasenbilder und Reliefwerke bezeugen die Beliebtheit der Götterschlacht. Von den Giebelkompositionen am Apollontempel in Delphi und am Alten Athenatempel auf der Akropolis in Athen, die dieses Thema beinhalten, war schon die Rede (S. 37 f.). Auch die Gigantomachie auf den Ostmetopen des Parthenon fand schon Erwähnung (S. 106 f.).

Die anspruchsvollste Darstellung des Themas aber tritt uns auf dem Großen Fries des Pergamonaltars entgegen, der in den beiden Jahrzehnten zwischen 180 und

88 160 v. u. Z. in der Oberstadt von Pergamon in Kleinasien auf der nach ihm benannten Terrasse geschaffen wurde.[62] Es ist ein Altarbau, auf dem man Zeus und der siegbringenden Athena Brandopfer darbrachte. Zu dieser Annahme berechtigen einmal die überragende Bedeutung der beiden Götter im Pantheon Pergamons der damaligen Zeit. Zum anderen legt das die hervorgehobene Position des Götterpaares in der rechten Hälfte des Ostfrieses nahe, die sich genau dem Propylon, dem Torzugang zu diesem Bereich, gegenüber befindet. Man trat also, wenn man das Tor durchschritt, genau auf die Plattenfolge zu, die dem Gigantenkampf der beiden

148 Hauptgötter eingeräumt ist.

Zeus ist in den Kampf gegen drei Feinde zugleich verwickelt. Im Lauf nach links hin wendet er sich um, hält den mit Aigis, dem Schlangenfell, bewehrten linken Arm vor sich und holt mit der Rechten zum Blitzschlag gegen Porphyrion aus, den schlangenfüßigen Gegner, der die fellumwickelte Linke ihm abwehrend entgegenstreckt und mit der Rechten eine Waffe umklammert haben dürfte. Zwischen ihm und Zeus ist ein zweiter Gigant in die Knie gegangen und faßt mit seiner Linken zur rechten Schulter, wo ihn Zeus getroffen haben muß. Der dritte Gigant ist links von Zeus in die Sitzstellung niedergebrochen. Ein Blitzbündel bohrt sich durch seinen linken Schenkel und setzt ihn in Brand.

Athena ist in diagonaler Symmetrie zur Ausfallstellung des Zeus im Lauf nach rechts gezeigt. Sie hält mit der Linken den Schild, mit der Rechten versucht sie ihren Gegner Alkyoneus vom Boden zu reißen. Der ist, obwohl beflügelt, schon aufs rechte Knie niedergesunken. In seine rechte Brust verbeißt sich die Schlange der Athena, eine Kampfgefährtin, die alte Burgschlange von der Akropolis in Athen. Alkyoneus streckt sein linkes Bein weit von sich weg, um in Berührung zu bleiben mit der leibhaftig von unten her auftauchenden Mutter Erde. Doch vergeblich ist deren Flehen um Gnade für ihren Sohn. Von rechts flattert Nike, die Siegesgöttin, heran, um Athena den Siegeskranz aufs Haupt zu drücken. Die Zeus-Athena-Gruppe wird flankiert von dem Hera-Gespann links und dem Ares-Gespann rechts. Zwischen Hera und Zeus war vermutlich Herakles eingeschoben; die Tatze eines Tierfells, das des Helden Löwenfell sein könnte, scheint darauf hinzudeuten. Auf der linken Hälfte des Ostfrieses finden sich andere Hauptgötter des Olymps angeordnet: an der Ecke die dreileibige Hekate im Kampf gegen Klytios(?). Es folgt rechts der Zusammenstoß zwischen Otos – einem der schönsten, symphatischsten Gegner – und Artemis. Ihm schließen sich Leto im Gefecht gegen Tityos, Apoll im Kampf gegen Ephialtes(?) an. Schon der Ostfries macht hinreichend deutlich, daß die Anordnung und Abfolge der Figuren dem genealogischen Prinzip, also der Versippung der Götter, verpflichtet sind. Das Gleiche gilt auch für die anderen Friese.

Den Südfries leitet links der Löwenritt der Rhea-Kybele ein. Im gegebenen Abstand folgen Eos, die Göttin der Morgenröte, Helios, der Sonnengott, und Selene, die Mondgöttin, sämtlich Kinder des Hyperion und der Theia, also Titanenkinder. Die Titanin Phoibe und ihre Tochter Asteria beschließen den Fries an der rechten Ecke. Die genealogische Klammer zum Ostfries ist gewährleistet; denn der beginnt mit der Asteriatochter Hekate, die eine Enkelin der Phoibe ist.

Der Nordfries hebt links mit der Geliebten des Kriegsgottes Ares, mit Aphrodite, an, der ihre Mutter Dione nach rechts hin folgt. Gestirns(oder Kriegs-)gottheiten reihen sich an, führen hinüber zu Nyx, der Göttin der Nacht, die in beherrschender Stellung den Schlangentopf als Geschoß ihrem Feind entgegenschleudert. Die Moiren, Schicksalsgöttinnen, sind in der rechten Frieshälfte plaziert. Den Abschluß der Figurenfolge am Nordfries bildet das Gespann des Poseidon. Die linke Treppenwange ist den Meeresgottheiten, Triton, Amphitrite, Nereus, Doris, gewidmet, die rechte dem Dionysos und seinem Gefolge.

Wie ist nun der Götter-Giganten-Kampf am Pergamonaltar interpretiert? Wo liegt die Spezifik der hellenistischen Rezeption? Ein Rückblick auf die Gestaltungsstufen der früheren Jahrhunderte kann das veranschaulichen. Hesiod hatte in seiner »Theogonia« (V. 185 f.) die Giganten als »waffenleuchtende Riesen« mit »ragenden Lanzen in Händen« bezeichnet. Ähnlich begegnen sie auf dem Nordfries des Siphnierschatzhauses in Delphi, das um 525 v. u. Z. fest datiert ist. Die Giganten tragen eine den Göttern gleichgewichtige Bewaffnung. Athena zwingt zwar ihren Gegner in die Hocke, doch sogleich schiebt sich von hinten ein Verteidiger heran. Apoll und Arte-

85
84

84 Apoll und Artemis im Gigantenkampf vom Fries des Siphnierschatzhauses in Delphi, 6. Jh. v. u. Z. Delphi, Museum.

mis agieren geschwisterlich nebeneinander gegen eine stattliche Gigantentrias über einem niedergestürzten Feind, während im Hintergrund ein Gigant nach rechts flieht. Der Untergang der Götterfeinde ist zwar durch den Mythos vorgeschrieben, doch vollzieht er sich hier als das Unterliegen eines ebenbürtigen Gegners.

Von der Humanisierung des Gigantenbildes am Parthenon, wie sie aus dem Analogieschluß von den Südmetopen abgeleitet werden kann, war bereits die Rede (S. 107). Es würde verwundern, wenn nicht auch die Götterfeinde – ähnlich den Kentauren auf den Südmetopen – von dem Prozeß der Gleichberechtigung und damit einer Aufwertung erfaßt worden wären. In diesem Zusammenhang darf nochmals an den Kampf des Apoll gegen Tityos auf der gleichnamigen Schale des Penthesileamalers erinnert werden (S. 111 f.). Die Deutung der dort hinter dem Riesen auftauchenden weiblichen Gestalt, der Erdmutter Ge – wie vermutet wird – lädt die-

75
150

sen Götter-Giganten-Kampf mit ähnlichen Spannungen auf, wie sie in der gleichzeitigen Tragödie zur Beschreibung des tragischen Konflikts in Anspruch genommen worden sind.

Diesen – im Sinne vermittelter Gegensätze – ausgleichenden Tendenzen liegt eine Sicht zugrunde, die auch den gestalterischen Besonderheiten in der Bildkunst abzugewinnen sind. Wir fassen diese Prinzipien als klassische Ausgewogenheit (Ponderation) und sehen im Zusammenhang mit dem historischen Bedingungsgefüge der Polisdemokratie, in der die Bürgerschaft zu gleichberechtigter Produktivität

85 Athena im Gigantenkampf vom Fries des Siphnierschatzhauses in Delphi, 6. Jh. v. u. Z. Delphi, Museum.

freigesetzt wurde. Die ökonomischen Bedingungen der einzelnen sozialen Schichten haben diese potentielle Möglichkeit, die jeden betraf – sofern er nur das Bürgerrecht besaß – in ihrer Realisierbarkeit freilich eingeschränkt beziehungsweise modifiziert. Doch bleibt diese große gesellschaftliche Errungenschaft die Haupttriebkraft der klassischen Kultur und ihrer strukturell gleichlautenden Bildäußerungen.

Von den archaischen und klassischen Ausformungen der Gigantomachie hebt sich die pergamenische des 2. Jahrhunderts v. u. Z. in aufschlußreicher Weise ab. Abgesehen von den hellenistischen Ausdrucksmöglichkeiten, die das Geschehen in einer realistischeren raum-zeitlichen Eingrenzung zu einer augenblickshaften Entladung bringen, ist das Freund-Feind-Verhältnis nunmehr in unausweichlicher Konfrontation antagonistisch zugespitzt.

Hellenistische Rezeption

151

Der Sieg der Götter und ihrer Verbündeten wird betont vorweggenommen, gleichsam als Unterpfand triumphaler Selbstbehauptung antizipiert. Demgegenüber wird der Gegner als der unentrinnbar Unterlegene gekennzeichnet. Das geht so weit, daß er durch tierhafte Züge in seiner Gefährlichkeit, zugleich in seiner Bestialität beschworen und damit von vornherein disqualifiziert wird. Schlangenfüßigkeit wie beim Zeusgegner Porphyrion, Stiernackigkeit wie bei dem Stiergiganten des Südfrieses, Löwenköpfigkeit wie in der Ringergruppe des gleichen Frieses, oder die Ausstattung mit Löwentatzen wie bei dem Gegner der Leto im Ostfries zählen zu den Merkmalen einer solchen »Verteufelung« des Gegners. Andererseits wird auch auf die Brutalität der Götter aufmerksam gemacht, wie zum Beispiel der Tritt der Liebesgöttin mit schönbeschuhtem Fuß ins Antlitz ihres Gegners zeigt, um auf diese Weise Widerhalt zu gewinnen bei dem Versuch, ihre im Leib des Gegners verbohrte Lanze zurückzureißen. Freilich ist dieser »Fußtritt« gleichsam salonfähig gemacht durch eine entsprechende Dämpfung der Aktion und die bewundernswerte, in gewisser Weise beschönigende Ornamentik des Stiefels, den die Göttin trägt.

Im Gegensatz zu Zuspitzungen dieser Art darf nicht übersehen werden, daß es auch sympathische Gegner der Götter und Titanen gibt wie den Athenagegner Alkyoneus oder Otos, den Feind der Artemis. Insgesamt jedoch gilt das Gesetz der unerbittlichen Auseinandersetzung, der kompromißlosen Zerspaltung in Freund und Feind. Die Handhabung solcher Gestaltungsmittel läßt auf eine Situation als Hintergrundsgeschehen schließen, die in allgemeinen Umrissen schon bei der hellenistischen Erfassung der Apoll-Marsyas-Thematik skizziert worden ist (S. 126 f.). Sie muß nun im Hinblick auf die speziell pergamenische Auftragssituation noch präzisiert werden.

Historische Situation Pergamons

Die schon genannten Kämpfe Pergamons mit den Keltenstämmen, die im Inneren Kleinasiens seit dem 3. Jahrhundert v. u. Z. ansässig waren, hatten zu Beginn des 2. Jahrhunderts v. u. Z. einen weiteren Höhepunkt und mit dem Frieden von Apameia 188 v. u. Z. einen einstweiligen Abschluß erlangt. Pergamon hatte sich während dieser Auseinandersetzungen der Hilfe des Achäischen Bundes, eines Zusammenschlusses festländischer Poleis, und der Zustimmung Roms bei seiner Politik versichern können. Es stand auf der Höhe seiner Macht und seines Machtanspruches im kleinasiatischen Griechenland. Es war ein Verbündeter Roms, das – solange es noch ein unabhängiges Makedonien dazwischen gab – einer derartigen Koalition großen Wert beimaß. Die Gebietserweiterungen Pergamons erreichten zu diesem Zeitpunkt mit Roms ausdrücklicher Billigung eine maximale Ausdehnung.

Pergamon war inzwischen auch zu einem Wissenschafts- und Kulturzentrum ersten Ranges geworden. Nachdem die ptolemäischen Herrscher den alexandrinischen Wissenschaftsbetrieb nicht mehr in der vormaligen Weise zu fördern gewillt waren, hatten die pergamenischen Dynasten Initiative ergriffen und ihre Stadt zu einem Zentrum der wissenschaftlichen Forschung werden lassen. Eindeutiges Indiz dafür war die berühmte pergamenische Bibliothek, die zweitgrößte der Antike nach

Alexandria. Das in Pergamon hergestellte Schreibmaterial, das nach dieser Stadt benannte Pergament, bot die ökonomische Grundlage dazu.

Auch um die Pflege der Kunst schufen sich die Pergamener große Verdienste. Sie ließen berühmte Werke, vor allem der klassischen Jahrhunderte, kopieren und sammeln. In diesem Sinne zählen sie zu den ersten nachweisbaren Kunstsammlern großen Stils. Die Sorge um die Kunst der Gegenwart durfte dabei nicht zurückstehen. So zogen sie zum Bau des Pergamonaltars und zur Bewältigung der bildhauerischen Arbeiten an den Friesen Meister und Werkstätten aus den führenden griechischen Kunstzentren heran.

Bei einem solchen kunstpolitischen Anspruch durfte ihr eigenes Anliegen, sich angemessen repräsentiert zu sehen, nicht zurückstehen. So gesehen will das Bildprogramm des Pergamonaltars auch als komplexe Auskunft über die herrschaftliche Selbstdarstellung betrachtet werden. Das Thema Gigantenkampf war mit seiner Benutzung durch die Jahrhunderte hindurch bedeutungsmäßig geformt, ja bis zu einem gewissen Grade vorbelastet worden. Ganz verschiedene, zum Teil völlig gegensätzliche Inanspruchnahme war an diesem Modell erprobt worden. Erinnert sei nochmals an die Giebel mit Gigantenkampfdarstellung in Delphi und Athen im späten 6. Jahrhundert v. u. Z. (S. 37 f.). Tyrannenfeinde und Tyrannenfreunde hatten sich dort ganz offensichtlich ein und desselben Themas zur Propagierung ihrer konträren politischen Anliegen bedient.

Wenn die Pergamener als Auftraggeber dieses Thema aufgriffen und ins Bild bringen ließen, so geschah es höchstwahrscheinlich zunächst einmal mit Blick auf ihre militärpolitischen Erfolge. Pergamon hatte sich als Heeresmacht gegenüber den keltischen und anderen nachbarlichen Bedrohungen durchzusetzen und seine Position in Abstimmung auf Roms Interessen auszubauen vermocht. Mit dem Zugriff zu diesem Thema wurden gewiß auch innenpolitische Fronten aufgerissen. Der nach der pergamenischen Schenkung im Jahre 133 v. u. Z. ausbrechende Aristonikosaufstand, der für viele Ausgebeutete und Unzufriedene, nicht zuletzt für die Sklaven, zum Kristallisationspunkt ihrer sozialpolitischen Forderungen und Utopien wurde, macht das in aufschlußreicher Weise deutlich.[63]

Im Verfolg der subjektiven Intentionen konnte und mußte so die Götter-Giganten-Schlacht zu einer Selbstdarstellung ersten Ranges für die Herrschenden und Besitzenden, aber auch zu einem abschreckenden Exempel für alle diejenigen werden, die diese Gesellschaftsordnung in Frage stellten und sich gegen sie auflehnten. Bitterster Untergang wurden ihnen angedroht, sie selbst zu Ungeheuern der Vorzeit degradiert.

Ein weiterer Aspekt könnte bei der Auslotung des tierhaft formulierten Feindbildes eine Rolle gespielt haben. In der neueren Forschung ist dem Verhältnis der Pergamener zur Großmacht Rom in den entscheidenden Dezennien ihres Machtzuwachses im kleinasiatischen Gebiet nachgegangen worden.[64] Es konnte dabei festgestellt werden, daß die Beziehungen zwischen beiden Partnern sich vor allem nach der Ausschaltung des makedonischen Faktors, also nach der Schlacht bei Pydna im   153

Jahre 168 v. u. Z., einschneidend verschlechterten. Die Eintrübung des Verhältnisses hatte schon im Laufe der 180er Jahre eingesetzt. Offenbar war Pergamon in der römischen Sicht schon zu mächtig geworden. Seit den 160er Jahren muß den Pergamenern voll bewußt geworden sein, daß sie eines Tages, wie auch die anderen hellenistischen Staaten, eine Beute Roms werden würden.

Die aus einer derartigen Einsicht zwangsläufig resultierende Verbitterung und Frustration könnte sich unter Umständen auch noch im Gigantenfries niedergeschlagen haben. Gerade die punktuell so überraschend verschärfte Vertierung des Feindes ließe sich mit einer solchen Annahme durchaus vereinbaren. Solche Einzelzüge könnten spät noch in den gewiß nicht immer ganz gleichzeitig ausgearbeiteten Kontext der Figurenfolge eingetragen worden sein. Damit soll allerdings nicht behauptet werden, daß bei entsprechenden Akzentuierungen die römische Adresse stets unmittelbar reflektiert worden sei. Die Vermittlungsprozesse waren vielfältig. Die römische Bedrohung könnte auch nur allgemein auf die Vertiefung des antagonistischen Existenzverständnisses eingewirkt haben.

Bildprogramm

Mit welchen Sensibilitäten ein Bildprogramm behaftet sein konnte, ist in der neueren Zeit am Kleinen Fries des Pergamonaltars voll in die Diskussion gekommen.[65] Darstellungsinhalt dieses Reliefstreifens, der sich an der Innenmauer des Altarhofes hinzog, ist der Mythos von dem sagenhaften Gründer Pergamons, Telephos. Die Schicksale des Helden werden von der Vorgeschichte seiner Geburt an bis zu seinem Tode bilderbuchhaft in einzelnen Stationen festgehalten.

Dabei fällt ins Gewicht, daß seinem Vater Herakles und dessen Begegnung mit Auge, der arkadischen Königstocher, ein breites Feld eingeräumt wird: König Aleos, der Vater Auges, empfängt in Delphi das unheilvolle Orakel, daß ihm und seinem Haus von den Nachfahren Übel erwachsen würde. Aus diesem Grunde macht er Auge zu einer Priesterin der Athena Alea in Tegea (mittlere Peloponnes). Doch Herakles findet sie und zeugt mit ihr den Telephos. Mutter und Sohn werden daraufhin ausgesetzt. Der Bau der Arche, des Fahrzeugs, in dem Auge dem Meer übergeben werden soll, gehört zu den übersichtlichsten und beeindruckendsten Reliefpassagen des Kleinen Frieses.

Man hat die Betonung der arkadischen Abstammung des Helden Telephos im Zusammenhang mit den politischen Beziehungen Pergamons zum Achäischen Bund, einer hellenistischen Konföderation von Poleis des griechischen Mutterlandes, speziell der Peloponnes, gesehen. Der pergamenische König Eumenes II. (197 bis 159) hatte den Bewohnern Tegeas, des Kultortes, an dem die Athena Alea verehrt wurde, das pergamenische Bürgerrecht verliehen. Das war zu einer Zeit geschehen, als Tegea Mitglied des Achäischen Bundes war. Der Verwandtschaftsnachweis der Vorfahren Pergamons, der auf die Peloponnes nach Tegea führt, war auf dem Friesrelief somit nachdrücklich hervorgehoben worden. Er deckte sich gewiß auch mit entsprechenden literarischen Manifestationen. Ein solcher politischer Gestus war geeignet, die guten Beziehungen zum Achäischen Bund zu unterstreichen.

Dieses zu Beginn des 2. Jahrhunderts v. u. Z. so gute Verhältnis zwischen Pergamon und dem Achäischen Bund geriet alsbald in eine Krise. Das hatte seine Ursache in der Verschlechterung der Beziehungen dieses Bundes zu Rom, das seit Beginn dieses Jahrhunderts unaufhaltsam auf dem griechischen Festland Fuß zu fassen begann. Auch hat man den Achäern »Eifersucht gegenüber den Großmachtbestrebungen Pergamons« nachgesagt.[66] Erstaunlich ist zumindest, daß auf dem Kleinen Fries den vormaligen Ambitionen Pergamons gegenüber den Achäern weiter Rechnung getragen wird. Der Fries scheint einer literarischen Vorlage verpflichtet, deren Intentionen mit der neuesten politischen Entwicklung offenbar nicht mehr ganz übereinstimmte; denn bereits im Jahre 172 v. u. Z. hatte man sämtliche Ehrungen für den pergamenischen Herrscher Eumenes II. in den Städten des Bundes kategorisch entkräftet. Das war ein eindeutiges Zeichen für die neuentstandene Lage kurz vor dem Sieg der Römer über die Makedonier bei Pydna im Jahre 168 v. u. Z. Bald danach sollte auch Pergamon zu jenen Mächten zählen, die Rom ostentativ fallen ließ.

Um so erstaunlicher ist die Tatsache, daß etwa gleichzeitig mit diesen politischen Entwicklungen das Bildprogramm des Kleinen Frieses dem Telephos ein Denkmal setzt, jenem Helden, dessen Affinitäten zu dem Romvorfahren Aeneas vormals mit so viel Betulichkeit und ideologischem Nachdruck unterstrichen worden war. Freilich fällt auf, daß die Gemahlin des Telephos nicht mehr eine Priamostochter, sondern die Amazone Hiera ist. Das könnte bereits als ein Anzeichen dafür gewertet werden, daß Pergamon auf die zunehmende Entfremdung Roms unmißverständlich zu reagieren begann. Auch schien der Abwehrkampf der mit Telephos verbündeten Amazonen gegen die aus Europa andringenden Achäer geeignet, unter dem neuesten Aspekt einer zunehmenden Konfrontation Pergamons gegenüber Rom mit ganz aktueller Bedeutung betrachtet zu werden, und zwar in dem Sinne, daß die Römer als eine vergleichsweise weniger kultivierte Macht sich auch vom Westen her näherten.

Wenigstens unter diesem Gesichtspunkt ließe sich der Telephosfries, dessen Ausführung in die 160er Jahre fallen dürfte, mit der neuenstandenen politischen Lage einigermaßen zur Deckung bringen. Zugegeben, die meisten Friespassagen sind unvollständig überliefert. Auch haben wir nicht unmittelbar Vergleichbares in Händen, um der punktuell zeitgenössischen Nuancierung des Telephosfrieses nachzugehen. So bleibt der Eindruck bruchstückhaft, und wir ahnen mehr, als daß wir es genau wissen können, wie man im einzelnen auf die Eintrübung des Verhältnisses zu Rom durch entsprechende mythische Abwandlungen und Pointierungen der Telephossage reagierte.

Das Bindeglied zwischen beiden Friesen am Pergamonaltar ist zweifellos die Gestalt des Herakles. Im Gigantenkampf gibt er den entscheidenden Ausschlag und verhilft den Göttern zum Sieg. Andererseits nimmt er in der Gründungsgeschichte Pergamons als Vater des Telephos den ersten Platz ein. Auf ihn führten die Attaliden, das pergamenische Herrschergeschlecht, ihren Stammbaum zurück. Durch diese Verknüpfung beider Bildprogramme rückte auch der auf dem Kleinen Fries dargestellte Abwehrkampf der Kleinasiaten gegen die Achäer in ein interpretatives Beziehungsgefüge zur Gigantomachie. So gesehen könnte man den Pergamenern einen übertriebenen Selbstbehauptungsanspruch vorwerfen. Das wäre zu diesem Zeitpunkt aber auch durchaus gerechtfertigt. Die sich abzeichnende Doppelfront richtet sich einmal gegen die Galater, deren Aktivitäten freilich auch zunehmend von den Römern in ihre Abgrenzungsbestrebungen gegen Pergamon einbezogen worden sind, zum anderen aber im engen Zusammenhang damit unmittelbar gegen Rom selbst.

Möglicherweise schieden sich hier die außenpolitischen Konzeptionen innerhalb der pergamenischen Führungsschicht. Die nur drei Jahrzehnte später erfolgende pergamenische Schenkung, also die Auslieferung Pergamons an Rom im Jahre 133 v. u. Z., wurde offensichtlich von einer Gruppe befürwortet, gegen deren Konzeption die Anhänger des Aristonikos Front machten, in dem Sinne, daß der römischen Annektion unbedingt Widerstand entgegengesetzt werden müsse. Wie hätte sonst Aristonikos bei seinem Aufstand, der unmittelbar nach der oben genannten »Schenkung« ausbrach, einen derartigen Zulauf von Sympathisanten, eben auch aus den Oberschichten, haben können?

Barbarenproblematik

Der prototypische Charakter der pergamenischen Gigantomachie für die damalige Gegenwartsproblematik erfährt auch noch von einer anderen Seite her ihre Bestätigung. Von unserem Reiseschriftsteller der mittleren Kaiserzeit, von Pausanias (I.25,2) erfahren wir, daß Attalos an der Südmauer der Akropolis in Athen ein Weihgeschenk aufstellen ließ, das den Kampf gegen die Giganten, gegen die Amazonen, gegen die Perser bei Marathon und gegen die Gallier in Mysien beinhaltete; mit den Galliern sind die Galater, die im Inneren Kleinasiens ansässig gewordenen Kelten, gemeint.

Unter dem erhaltenen Denkmälerbestand hat man einen liegenden Giganten, eine tote Amazone, drei Perser und vier, eventuell fünf Gallier nachweisen können, die sich diesem Kleinen Attalischen Weihgeschenk – im Gegensatz zum Großen des voraufgehenden Jahrhunderts – zuweisen lassen. Sie sind sämtlich unterlebensgroß. Es handelt sich um römische Kopien aus pergamenischem Marmor. Unter den Attaliden kommt – nach den Stiluntersuchungen zu urteilen – nur Attalos II. in Frage, der von 159 bis 138 v. u. Z. regiert hat.[67]

Man vermutet, daß eine – möglicherweise verkleinerte – Kopie des nach Athen gestifteten Figurenensembles in Pergamon selbst, und zwar für den Altarbau, angefertigt worden ist. Als Unterbringungsmöglichkeit bietet sich das Bathron an, der an der Umfassungsmauer des Altarhofes rings umlaufende Wandsockel, der nach außen durch die am Außenbau nachgewiesene Kolonnade baulich eingefaßt und zugleich gegliedert war. Ein solches Weihgeschenk könnte schon unter Eumenes II., dem Vorgänger Attalos II., geplant worden, aber erst unter der Regie des letzteren zur Aufstellung gelangt sein.

Dieses Figurenensemble bietet einen willkommenen Anhaltspunkt für die Interpretation der Gigantomachie, gerade auch im Zusammenhang mit dem Gegenwartsgeschehen Pergamons in diesen Dezennien. In die Augen springt zunächst der Vergleich der Gigantomachie mit dem Abwehrkampf gegen die kleinasiatischen Gallier. Das ist ein Moment, das zum Verständnis des Großen Frieses längst in Anspruch genommen worden ist. Diese Konstellation hatte bis in die jüngste Vergangenheit Pergamons nichts an Aktualität eingebüßt. 168 v. u. Z. hatten sich die Gallier – angestachelt durch Rom – erneut gegen Pergamon erhoben. Der alte Feind war also nicht zur Ruhe gekommen. Ihm hatte sich ein neuer, viel gefährlicherer hinzugesellt.

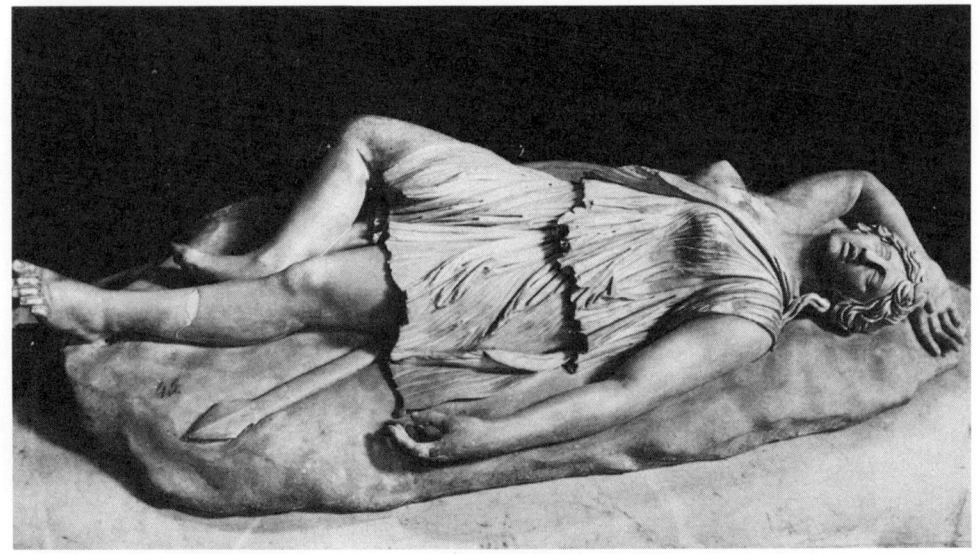

86   Amazone vom Kleinen Attalischen Weihgeschenk, römische Marmorkopie nach griechischem Vorbild des 2. Jh. v. u. Z. Neapel, Nationalmuseum.

Die Galliergefahr wurde in der attalischen Weihung zugleich zu den Perserkriegen in Beziehung gesetzt, das heißt zu jenem historischen Ereignis, das an den Grundfesten der griechischen Kultur gerüttelt hatte und dessen siegreiche Bewältigung als eine Abwendung der barbarischen Bedrohung und Infragestellung griechischer Existenz verstanden worden war. Diese militärisch errungene Entscheidung war als ein Prozeß der Behauptung und Selbstverwirklichung reflektiert worden. Bildende Kunst und Literatur hatten in spezifischer Weise auf diese Vorgänge reagiert. Am Beispiel des Amazonenmythos konnte bereits dem Sinnverständnis dieser großen Auseinandersetzung nachgegangen werden (S. 112 ff.). Nicht zufällig taucht auch in der pergamenischen Weihung wiederum das Amazonenbild als eine Art Schlüsselfigur für die immerwährende Barbarenproblematik auf. Es findet sich in diesem Falle in bemerkenswerter Nähe zu dem Ensemble unterliegender Perser gerückt, also dem unmittelbaren Abbild des einstigen Gegners aus dem großen vaterländischen Krieg in der ersten Hälfte des 5. Jahrhunderts v. u. Z. hinzugesellt.

In einer solchen interpretativ verzahnten Zusammenstellung des von den Attaliden gestifteten Weihgeschenks manifestiert sich der pergamenische Anspruch, das griechische Kulturerbe gegen barbarische Bedrohung verteidigt zu haben und noch zu verteidigen. Diese Kontinuität griechischer Kulturbehauptung nahmen die Pergamener für sich voll in Anspruch und ließen sich unter diesem Gesichtspunkt als Retter des klassischen griechischen Erbes feiern. Das war gewiß ein Hauptpunkt der pergamenischen Kunst- und Kulturpolitik, der eben auch im Sammeln berühmter klassischer Werke und im Kopieren derselben zum Ausdruck kommt. Diese Leitlinie läßt sich bis hin zum Aufgreifen klassischer Kompositionsmuster und Gestalttypen verfolgen. Ja man darf den am Großen Fries beobachteten Stilbestrebungen, die als Nachklassik oder Klassizismus bezeichnet worden sind, eine ähnliche Motivation abfordern.[68]

Dem Kenner der mythischen Metaphern – und diese waren dem breiten Publikum der Griechen hinreichend geläufig – mußten sich zum Zeitpunkt der attalischen Weihung auch die neuesten historischen Konstellationen als möglicher Bezugspunkt aufdrängen. Das gilt nicht zuletzt auch für das Vordringen der Römer von Westen her, das den Makedonen und den Festlandsgriechen bereits die Freiheit gekostet hatte. Unter diesem Gesichtspunkt zählt der Aufstand des Aristonikos zu den politisch gewichtigsten Argumenten. Obwohl wir das Zustandekommen und die Massierung dieses Aufstands im Hinblick auf das Engagement etablierter Schichten und ganzer Städte nicht genauer einschätzen können, spricht vieles dafür, daß das Verhältnis der Pergamener und ihrer Bundesgenossen gegenüber dem Aggressor Rom zu seiner Zeit ganz verschieden beurteilt wurde. Zu der prorömischen Gruppierung zählte zweifellos Attalos III., der sein Reich den Römern freiwillig auszuliefern bereit war. Sein Halbbruder Aristonikos und dessen Anhang waren völlig entgegengesetzter Meinung und realisierten ihren Einspruch bis zur militärischen Konsequenz, eine Initiative, die sich zu einem der großen Sklavenaufstände der Antike auswuchs, dem Aristonikosaufstand, der nach anfänglichen Erfolgen von der römischen Armee niedergeschlagen wurde.

GRENZBEREICHE MYTHISCHER DARSTELLUNGEN

Problemstellung

Die zum Darstellungsobjekt gewählten Themen aus mythischem Bereich weisen gegenüber den nichtmythischen Figurationen fließende Grenzen auf. Es überrascht durchaus nicht, wenn in der neueren ästhetischen Forschung gelegentlich Mythos mit Dichtung schlechthin gleichgesetzt wurde.[69] Das ist eine Definition, die – um sie in praktikablen Grenzen zu halten – zunächst einmal auf das vergegenständlichte Darstellungsmodell als Kriterium der Unterscheidbarkeit bezogen werden müßte. Dadurch, daß sich an den Mythen, indem sie die Jahrhunderte hindurch literarisch und bildkünstlerisch immer neu gestaltet wurden, ein nicht endender Bearbeitungs- und Weiterungsprozeß vollzog, kamen sie als Objekte der dichterischen Phantasie nicht zur Ruhe.

Es ist deshalb schwierig, eine scharfe Abgrenzung zwischen Mythischem und Nichtmythischem vorzunehmen. Diese Schwierigkeit läßt sich bis zu einem gewissen Grade mit den ikonographischen Unschärfen der Bildnisse berühmter Dichter, Philosophen oder Staatsmänner der Antike vergleichen. Die personellen Merkmale, soweit sie bildmäßig überhaupt erfaßt wurden, sind dem Verschleiß der Jahrhunderte in einem Maße ausgesetzt gewesen, daß die Grenze zum Zeitstil hin zu verschwimmen scheint. Als Beispiel sei das Porträt des Komödiendichters Menander (342/341 bis 293/290) angeführt.[70] Seine Bildnisse aus dem 4. und späteren Jahrhunderten u. Z. haben fast alle Besonderheiten eingebüßt, die für die Physiognomie als spezifisch auf früheren Gestaltungsstufen festgehalten worden sind. Der Personalgehalt des Bildnisses ist in solchen Fällen im »Zeitgesicht« aufgegangen. Ähnliche Unschärfen lassen sich auch an den mythischen Realisationen beobachten, und zwar in zweierlei Hinsicht. Einmal im Grenzbereich zu den rituellen Darstellungen hin, etwa geometrischer Stilisierung (S. 21 f.). Dort ist bis heute nicht genau zu entscheiden, ob eine Bestattungsszene, Wagenfahrt oder kultische Handlung noch allgemein gesellschaftlichen Charakter trägt oder schon mythisch eingegrenzt, also thematisch enger gefaßt wird. Zum anderen verfließen die Konturen mythischer Darstellung im Bereich christlicher Umfunktionierung oder aber bei der Vermischung mit wirklichkeitsnahen Abbildungen.

Faßt man also den Mythos von der streng ikonographischen Seite her, so lassen sich alsbald Grenzen an jenen mythosüberschreitenden Figurationen feststellen wie etwa bei den abstrakten Wesenheiten römischer Ideologie, zum Beispiel virtus (Mannhaftigkeit), clementia (Milde) und anderen, die in Körpergestalt dargeboten werden (S. 256 f.). Wählt man nun aber als Kriterium zur Unterscheidung ganz allgemein die Menschengestaltigkeit bei den Verkörperungen von Naturkräften, Gesellschaftsnormen, Göttern, Heroen, Genien und anderen Dämonen, so geraten die Grenzbereiche gleichfalls ins Fließen; denn welche Verkörperungen, sofern sie nicht unmittelbar historische Abbildfunktion haben, würden sich außerhalb des Mythenkreises behaupten können ohne Anspruch, ihm letztendlich doch irgendwie zuzugehören. Mythos und Wirklichkeit sind also in ihren Darstellungen dicht ineinander verwoben. Eine Ausgrenzung des ersteren läßt sich nach wie vor am besten nach den ikonographischen Mustern und Attributen bewerkstelligen.

Am Beispiel des Alexandermosaiks soll die Nahtstelle zur reinen Geschichtsdarstellung veranschaulicht werden. Das in der Fläche etwa 3x6m messende Mosaik stammt aus Pompeji.[71] Dargestellt ist eine Schlacht, in der Makedonen und Perser, geführt von Alexander dem Großen (reg. 356 bis 323) und Darius III. (reg. 336 bis 330), zusammenstoßen. Das Mosaik, das zu den unbestrittenen Meisterwerken dieser Kunstgattung zählt, wird wohl im 3. Jahrhundert v. u. Z. entstanden sein, möglicherweise auf die schriftlich bezeugte Darstellung der Alexanderschlacht des Philoxenos von Eretria aus dem 4. Jahrhundert v. u. Z. zurückgehen. In den Fußboden eines der Speisezimmer der Casa del Fauno in Pompeji ist es im 2. Jahrhundert v. u. Z. eingesetzt worden. Schäden, die durch das Erdbeben in den 60er Jahren des 1. Jahrhunderts u. Z. entstanden sind, wurden bereits in der Antike, also noch vor dem Vesuvausbruch, der im Jahre 79 u. Z. zum Ende Pompejis führte, ausgebessert.

Auf dem Bildfeld tragen die Makedonen ihren Angriff gegen die Perser von links her vor. Erhalten ist der obere Teil der Gestalt Alexanders, der gewappnet mit dem gorgobestückten Panzer auf seinem Lieblingspferd, dem Bukephalos, sich dem Zentrum der persischen Armee überraschend genähert hat. Der Helm ist ihm vom Kopf gefallen. Mit der Lanze durchsticht er einen Perser, der sich ihm zu Pferd quer in den Weg gestellt hat, um zu verhindern, daß der Angreifer gar zu schnell gegen den Königswagen vorstößt.

Auf dem großrädrigen Gefährt steht der Perserkönig höchstselbst und wendet sich mit der erhobenen Rechten ebenso betroffen wie gefaßt dem ungestümen Angreifer zu. Unmittelbar vor dem Wagen, auf dessen Pferdegespann der Lenker verzweifelt mit der Peitsche einschlägt, hält einer der Getreuen des Königs sein Pferd bereit, um ihm für den äußersten Fall den Fluchtweg zu Roß offenzuhalten. Diese Hauptfiguren sind eingebettet in ein Schlachtgetümmel, das sich in veristischer Massierung bis in die Tiefe staffelt. Ein dürrer Baum überragt einsam die Kampfesstätte.

Versucht man nun, das dargestellte Kampfgeschehen mit einer der historisch verbürgten Schlachten in Verbindung zu bringen, so scheitert das an jenen Kriterien des Kampfgeschehens, die in den Quellen getrennt aufgeführt, hier aber auf dem Mosaik miteinander vermischt sind. Da muß zunächst die für die Schlacht am Granikos im Jahre 334 v. u. Z. überlieferte Tatsache ins Auge gefaßt werden, daß Alexander im Sturmangriff gegen den Feind seinen Helm verloren habe. Beziehen wir demzufolge die Mosaikdarstellung, die diesem Moment des Helmverlustes offensichtlich Rechnung trägt, auf diesen ersten gewichtigeren Zusammenstoß der Makedonen, nachdem sie auf dem kleinasiatischen Festland Fuß gefaßt hatten, mit den Persern, so kollidiert das mit der Gegenwart des Perserkönigs, der bei diesem Treffen nachweislich nicht zugegen war.

Die Präsenz des Darius in dieser bedrohlichen Nähe des Angreifers ist andererseits für die Schlacht im folgenden Jahr, 333 v. u. Z., bei Issos belegt. Wir lesen in der Quelle, daß sich der Perserkönig nur durch Umsteigen vom Königswagen auf ein

101

99

100

161

bereitgestelltes Pferd aus der bedrängenden Situation retten konnte. Das entspräche genau dem sich anbahnenden günstigen Augenblick der Mosaikdarstellung, als der König die Flucht zu Pferd als letzte Möglichkeit des Entkommens in Erwägung zieht. Die Frage nach der Entscheidungsschlacht bei Gaugamela (Zweistromland) im Jahre 331 v. u. Z. als dem dritten möglichen Darstellungsfaktor, der hier berücksichtigt sein könnte, stellt sich angesichts der zugespitzten Situation von selbst. Die historische Tragweite dieses letzten Treffens, das über den Fortbestand des Perserreiches entschied, scheint in das Mosaikbild mit eingebracht. Es erfährt durch die Konfrontation der beiden Heerführer dramatische Steigerung und sinnvolle Akzentuierung.

So sind die Besonderheiten dreier Schlachten unbedenklich in einer Darstellung zusammengezogen, die unter Verletzung des historischen Tatbestands – was die äußeren Erkennungszeichen betrifft – die Auseinandersetzung des makedonischen mit dem persischen Imperium in seiner welthistorischen Bedeutung vertieft zum Vortrag bringt. Der Sieg Alexanders hat nicht nur für Makedonien und Griechenland, sondern auch für den ganzen Vorderen Orient eine neue Weltzeit, die des Hellenismus, herbeigeführt. Die beiden Gegner in der Endrunde, Alexander und Darius III., sind auf dem Mosaik in greifbare Nähe aneinandergerückt und in großartiger Gestik aufeinander abgestimmt: Die Tollkühnheit Alexanders, sein ungestümes Vordringen, sind ebenso überzeugend ins Bild gebracht wie die große beeindruckende Haltung des potentiellen Verlierers dieser Auseinandersetzung zweier Imperien.

Gerade die Auswahl symptomatischer Momente in dem Ringen um die Weltherrschaft hebt das Mosaik über die gekennzeichnete beziehungsweise über die bewußt verzeichnete Wiedergabe des Kampfgeschehens hinaus und macht es zu einem Instrument bedeutungsmäßig gesteigerter Aussage. Es stellt sich die Frage, ob eine solche Verwesentlichung historischer Vorgänge schon in den mythischen Bereich hinüberwechselt; denn das ist ja gerade die Eigenart griechischer Darstellungsweise, die zu wesenhafter Vertiefung drängt, daß sie sich vorzugsweise an mythische Darstellungsmodelle gehalten und historische Dokumentation im Sinne römischer Geschichtsauffassung vermieden hat. Die Friese des Pergamonaltars (S. 148 ff.) zählen zu den beeindruckendsten Zeugnissen dieser Art in einer Zeit, die sich durchaus auf erscheinungsbildhafte Vergegenständlichungen in raum-zeitlicher Gegenwartserfassung verstand.

Andererseits ist der Umsetzungsprozeß an dem Mosaik noch nicht bis zu jener Mythisierung vorangetrieben, bei der das Darstellungs- und das Erkenntnisobjekt hinreichend voneinander abgerückt erscheinen. Noch zu sehr ragt bei der Mosaikdarstellung das ganze Arsenal historischer Realien in das Szenarium herein, um etwa schon als mythisierende Wiedergabe aufgefaßt werden zu können. Eine solche operativ abkürzende Darstellungsweise führt in die Nähe römischer Historienbilder, sobald sie mit allegorischen Figuren interpretativ durchsetzt worden sind. Auch da mischen sich Elemente historisch getreuer Nachbildung mit den Schlüsselfiguren der Ideologie und Propaganda in menschenbildlicher Verkörperung.

Zweifellos steht das Alexandermosaik noch außerhalb mythischer Inszenierung. Es zeigt aber mit aller Deutlichkeit die Nähe zum interpretativen Bemühen, durch Abweichen von der historisch getreuen Wirklichkeit zu bedeutungsvollerer Aussage vorzudringen. Der Schritt auf die mythische Ebene ist allerdings noch nicht getan; denn ein solcher Schritt ist aufs engste mit dem Wechsel des Darstellungsmusters verbunden. Das zur Darstellung Gebrachte müßte zugleich der geschichtlichen Unmittelbarkeit enthoben werden, um dadurch entschiedener zur Gesetzlichkeit des Immerwährenden, Immerwiederkehrenden aufschließen zu können.

Freilich werden bei einem solchen Vorgehen auch die Grenzen griechischen Welt- und Geschichtsverständnisses sichtbar, die durch das alteingefleischte Konzept vom Kreislaufdenken bedingt waren. Daraus bezog die Verjüngungsfähigkeit des griechischen Mythos immer neue Kraft und versetzte ihn in die Lage, auch noch dem römischen Herrschaftsdenken und Kulturanspruch dienstbar zu werden. Dort setzt freilich alsbald der Prozeß der historischen Vergewisserung, ja personellen Festschreibung der in mythischer Gestalt präsentierten Gehalte ein. Das war eine Bedingung, ohne die römisches Gesellschaftsdenken in mythischer Verschlüsselung nur unzureichend funktioniert hätte.

Mysterienfries

Ein aufschlußreiches Beispiel dieses Prozesses römischer Adaption des griechischen Mythos und zugleich von dessen unbedenklicher Mischung mit einer Wirklichkeitsdarstellung ist der Mysterienfries in Pompeji.[72] Es handelt sich dabei um eine in Wandmalerei ausgeführte Figurenkomposition, die in einen etwa 7 x 5 m großen Raum der im Jahre 1909 freigelegten Villa Item, etwa 400 m vor der Porta Herculanensis, eingepaßt worden ist. Die Figuren, leicht unterlebensgroß ausgeführt, stellen in geschickt komponierter Szenenfolge die Einführung in einen Mysterienkult dar, bei dem Gott Dionysos im Verein mit Ariadne, seiner Gemahlin, zentrale Bedeutung beansprucht.

Höchstwahrscheinlich liegt dem pompejanischen Figurenfries ein Vorbild aus dem griechischen Osten zugrunde. Als Ursprungsgebiet wurde Kleinasien vermutet. Mit welchen Änderungen und Weiterungen durch die Einfügung des Frieses in das Gemach der Villa Item gerechnet werden muß, ist bisher von der Forschung verschieden beurteilt worden. Das hängt auch damit zusammen, daß es sich bei dem Fries um eine eklektische Komposition handelt, der ohne empfindlichere kompositorische Brüche weitere Figuren ein- und angefügt werden konnten.

So werden wohl die beiden sitzenden Frauen der Fenster- und der Türseite dem hellenistischen Original hinzugesellt worden sein. Ihre sichtbare Abrückung von dem insgesamt enger geschlossenen Figurenkreis der Haupthandlung spricht dafür. Mit Sicherheit läßt sich das jedoch nicht entscheiden. Die gestalterische Qualität der beiden genannten Sitzfiguren hält jeden Vergleich mit den anderen Figuren des Frieses aus.

Im Mittelpunkt des Ganzen steht das göttliche Paar, Dionysos und Ariadne, auf der hinteren Schmalwand, also gegenüber der Türe. Auf dieses zentral angeordnete Fi-

87

106

163

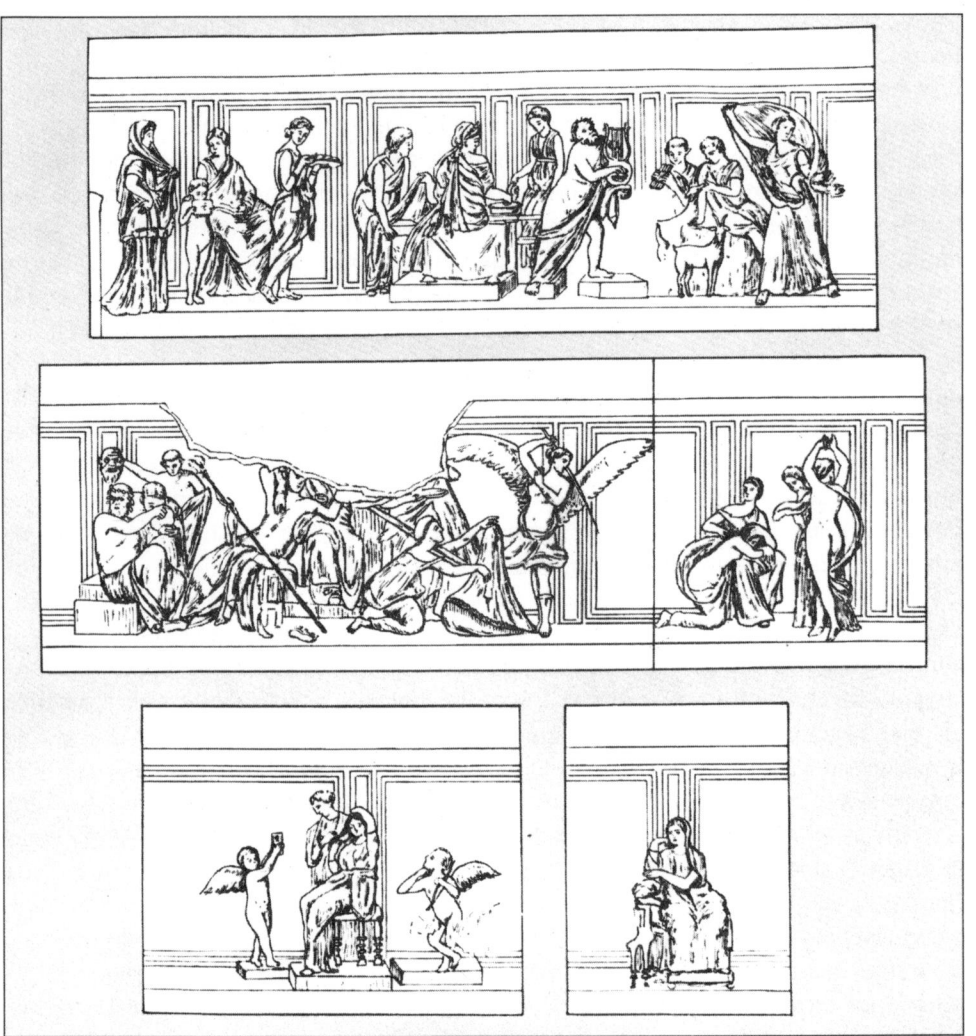

gurenpaar führt die auf der linken Längswand einsetzende, rechtsläufig orientierte Figurenfolge hin. Sie läuft über die genannte Schmalwand hinweg bis auf den Anfang der rechten Längswand, also der Fensterwand, hin fort. In dieser Abfolge sei der Fries kurz beschrieben:

102 Die zur Darstellung gebrachte Initiation hebt links mit der Verlesung eines kultischen Textes durch einen Priesterknaben an. Dann kommt eine Lustration, das heißt

103 Reinigungsszene: Ein Myrtenzweig wird mit Wasser übergossen. Es folgt eine Sa-

104 tyrgruppe, zu der ein leierspielender Silen überleitet. Der junge Satyr hält eine Syrinx, die Panflöte, in Händen, während das neben ihm sitzende Satyrweibchen eine Ziege säugt. Diese Wand schließt mit einer weiblichen Gestalt ab, die in sichtbarer

164 Erregung vor den im Mittelfeld gezeigten Geschehnissen zurückprallt, in linksläufi-

ger Aktion einen geschickten Stau in der Figurenfolge bewirkt und damit in Gegenbewegung zum Hauptgeschehen auf der Schmalwand überleitet. 105

Im Mittelfeld thront dort Ariadne. An sie lehnt sich, lässig hingelagert, Dionysos. 106 Links von ihm eine weitere Satyrgruppe: ein dickbäuchiger Silen hält ein Silbergefäß neben sich, in das der eine der beiden ihm zugesellten Satyrn orakelnd hineinblickt, während der andere eine Theatermaske über dem Kopf des Silens hält. Rechts des dionysischen Herrscherpaares hebt eine kniende weibliche Gestalt das Tuch von einem Korb, in dem ein Phallos, Symbol männlicher Zeugungskraft, sichtbar wird. Den 107 Abschluß dieser Schmalwand nach rechts bildet wiederum eine heftig bewegte Gestalt. Es ist eine weibliche Flügelgottheit, die die Peitsche zur Ausführung des Reinigungsaktes schwingt. Der Schlag, zu dem sie ausholt, soll eine jenseits der Ecke befindliche Figur treffen. 108

Die den Schlag erwartet, ist eine weibliche Gestalt, die kniend im Schoß einer Sitzenden Zuflucht gefunden hat. Ihren Rücken bietet sie entblößt der Rute dar. Es ist 109 die Initiantin, die in den Kult eingeführt und durch diese Geißelung gereinigt und vorbereitet werden soll. Es folgt eine Gruppe zweier Bacchantinnen. Die eine schlägt in tanzend gereckter Haltung die Schallbecken, die hinter ihr stehende bekleidete schwingt den Thyrsos, einen Stab mit Pinienzapfen, als Abzeichen kultischer Zugehörigkeit.

In einigem Abstand – nach dem Fensterdurchbruch – sitzt eine Frau, die mit dem Aufstecken ihres Haares beschäftigt ist. Eine Dienerin steht ihr bei, ein Eros hält den Spiegel, während ein zweiter, schon auf die Türwand verschoben, ihr von der anderen Seite her zusieht. Das ist wiederum eine geschickte Bewältigung des Übergangs an der nunmehr dritten Zimmerecke. An der rechten Ecke dieser zweiten Schmalwand, der Türwand, findet sich eine sitzende Matrone in würdiger Haltung dargestellt. Die kontinuierliche Abfolge der letztgenannten Figuren wird durch den Fenster- und Türdurchbruch empfindlich gestört. Ihr unmittelbarer Zusammenhang mit den anderen Figuren ist deshalb von etlichen Forschern in Frage gestellt worden. Die Interpretation des einzigartigen Figurenfrieses, der zu den unbestrittenen Meisterwerken der antiken Wandmalerei zählt, hat die Forscher seit seiner Entdeckung beschäftigt. Eine völlig befriedigende Lösung ist bis heute nicht gefunden. Doch die Hauptlinien des Geschehens sind unbestritten. Es handelt sich um die Vorbereitung, Reinigung und Aufnahme einer jungen Frau in den von Dionysos beherrschten Mysterienkult. Seine Stellung in der Mitte des Geschehens deutet darauf hin, daß er der Herr der Weihe ist. Die Kultgenossen finden sich zahlreich zur Stelle. Zweimal gruppiert sich ein alter Silen mit zwei jungen Satyrn. Drei Bacchantinnen umschwärmen den Akt der Phalloszeige und der Geißelung. Sie alle gehören zur Kultgemeinschaft des Gottes.

Die Flügelgottheit nimmt eine Sonderstellung ein. Wäre es Artemis – wie gelegentlich vermutet worden ist –, so würde sie im krassen Gegensatz zu dem dionysischen Treiben stehen. Ihr reinigender Peitschenschlag würde eher vor Dionysos bewahren als zu ihm hinzuführen. Es wird sich also vielmehr um eine Göttin aus dem etruskischen Pantheon handeln, deren reinigende Funktion im Kult des Dionysos ihren Platz gefunden hat. Eine ähnliche Assimilation an den dionysischen Bereich wird für ihre Vorgängerin bei dem aus kleinasiatischem Bereich angenommenen Vorbild zu vermuten sein; denn anzunehmen, daß sie erst in Pompeji in die Komposition eingefügt worden ist, verbietet die bewegungsmäßig äußerst raffiniert abgestimmte Figurenfolge, die dann nach dem Bacchantinnentanz jäh abzubrechen scheint.

Das in unserem Zusammenhang Bemerkenswerte des Mysterienfrieses ist seine unbedenkliche Mischung von Gestalten der Profanwelt und der göttlichen Sphäre. Hält man an der Hypothese von dem hellenistischen Vorbild des pompejanischen Wandgemäldes fest, so müßte diese Mischung sich schon im griechischen Osten vollzogen haben. Als Entstehungsdatum des Vorbilds läßt sich die Mitte bis zweite Hälfte des 2. Jahrhunderts v. u. Z. ermitteln. Darauf weisen einmal die in der Figurenfolge versammelten Gestalttypen, deren frühester dem 4., deren spätester dem 2. Jahrhundert v. u. Z. entstammen dürften. Die Fliehende an der linken, zur Schmalwand überleitenden Ecke erinnert an Prototypen des 4. Jahrhunderts v. u. Z., etwa aus dem Niobidenzyklus. Die Bewegungsvielfalt, die in den gedrehten Körpern des Dionysos, der Flügelgöttin und der tanzenden Bacchantin zum Ausdruck kommt, läßt für diese Figuren an eine Entstehung im 2. Jahrhundert v. u. Z. denken.

Alltagswelt und göttliche Erscheinung verbinden sich hier im Rahmen einer kultischen Handlung. Das ist die Sphäre, die als ein Medium der Begegnung zwischen Menschen und Göttern, der Mischung ihres Handelns und Tuns, bildkünstlerisch erst in dieser Zeit voll erschlossen worden ist. Für diese Überschneidung der mensch- und gottbezogenen Bereiche gibt es griechischerseits durchaus Vorläufer. Zu denken ist dabei an eine Menge Weihreliefs, auf denen Opfernde und Adressaten des Opfers, also Gottheiten, im Bild zusammengerückt erscheinen. Auch waren die Göttererscheinungen in der Literatur, den darstellenden und Bildkünsten längst erprobt worden. Doch eine innige Verflechtung von Götter- und Menschenwelt, wie sie am Mysterienfries anzutreffen ist, stellt eine neue Qualität dar.

Bei einer solchen Synthese findet sich die mythisch gefaßte Vergegenwärtigung der Götter und ihrer Trabanten unmittelbar in die kultisch gehobene Präsenz der Sterblichen eingebunden. Daraus ergibt sich eine Grenzwertigkeit, ja Öffnung des Mythos gegenüber der Lebenswelt der Menschen, die einerseits das Götterpersonal in die Nähe theatralischer Inszenierung rückt, andererseits die in den Kult einbezogenen Mitglieder der Gemeinde in erhebende Götternähe bringt. Es ist deshalb kein Zufall, daß bei den modernen Interpretationen alle Möglichkeiten mystischer Schau, Einigung, ja Vergottung für die Sterblichen des Frieses ins Auge gefaßt worden sind. Ein solches Moment, das zweifellos Ansätze antiken Denkens und Fühlens reflektiert, mußte den römischen Erwartungen, vor allem bei den Anhängern der Mysterienreligion dionysischer Prägung, unbedingt entgegenkommen. So ist für den Eigentümer der Villa Item vermutet worden, daß er ein Anhänger dieses Kults gewesen sei, der gerade in Kampanien wie in kaum einer anderen Kulturlandschaft der italienischen Halbinsel beheimatet war.

Es ist in diesem Zusammenhang auch an den Bacchanalienprozeß in Rom im Jahre 186 v.u.Z. erinnert worden, ein Aufsehen erregendes Ereignis, das Livius (59 v.u.Z. bis 17 u.Z.) in seiner römischen Geschichte »Von der Gründung der Stadt« (39,8 bis 19) mitgeteilt hat. Es ging um die Aufdeckung der Auswüchse nächtlicher kultischer Begehungen in Rom, die zu dieser Zeit in Italien festen Fuß gefaßt und eine offenbar zahlreiche Anhängerschaft gewonnen hatten. So gab es nach Livius damals in Rom angeblich 7000 Anhänger, vor allem unter den Frauen, die sich um den Mysterienkult des Bacchus, also des Dionysos, geschart haben sollen. Wir dürfen vermuten, daß diese kultischen Aktivitäten durch Einflüsse aus dem hellenistischen Osten, denen sich Rom durch die sukzessive Eroberung dieser Länder mehr und mehr öffnete, Auftrieb erfahren haben. Auf die Dauer ließen sich diese Interessen und Sympathien nicht verdrängen. Das beweist auch der Mysterienfries mit aller Deutlichkeit.

Was bei der Betrachtung dieses Frieses unter dem Suchaspekt der definitorischen Eingrenzung der mythischen Darstellungssphäre ins Gewicht fällt, ist – wie gesagt – die Überschneidung der Bereiche göttlichen und menschlichen Wirkens. Die Kultgepflogenheiten in dieser Zeit müssen solchen Auffassungen entgegengekommen sein. Der Bacchanalienprozeß, von dem die Rede war, ist nur ein Signal einer Entwicklung, die in der späten Republik an Breitenwirkung wohl eher noch zugenommen hat. Die allgemeinreligiösen Erwartungen zeichneten sich durch Tendenzen aus, die auf Welterneuerung, auf eine neue erlösende Einheit von Gott und Mensch, hinzielten. Das gilt vor allem für die Mysterienreligionen, die immer schon einen Zug in dieser Richtung aufwiesen und jetzt an Aktualität gewonnen haben dürften.

Signifikant für diese Entwicklung sind die im Laufe des 1. Jahrhunderts u.Z. innerhalb der christlichen Religion erprobten und im Schrifttum ausgewiesenen Qualitäten. Am sinnfälligsten ist das im Prolog zum Johannesevangelium ausgedrückt: Der Logos, also Gott selbst, ward Mensch von Fleisch und Blut, eine für griechische Auffassungen unglaubliche Aussage insofern, als es für den Logos keine Inkarnation dieser Art geben konnte. Andererseits mußte eine solche Botschaft den eingefleischten Hellenisten entgegenkommen; denn die Gottvorstellungen der griechisch-römischen Antike waren an durch und durch körperhaften Gestaltungen orientiert. Der Mysterienfries legt dafür ein beeindruckendes Zeugnis ab.

Die Verankerung des Götterbildes im Menschengestaltigen mußte geradezu die Gesellschaft von Göttern und Menschen provozieren. Die Entwicklung des Götter- und des Menschenbildes in der Antike ist aus diesem Grunde auch aufs engste miteinander verquickt. Auf beiden Entwicklungslinien kommt ein und dieselbe gesellschaftliche Potenz zum Austrag. Die Differenzierung der Wirkungsbereiche vollzieht sich mit der Emanzipation von Kult und Mythos. Die Kulturphasen der Klassik und des Hellenismus haben ein Höchstmaß von Freisetzung in dieser Beziehung erreicht. Die kultischen Bindungen behielten ihre gesellschaftliche Repräsentanz. Sie waren lediglich auf neuen Sinnebenen angesiedelt und auf neue, zeitgemäße Leitbilder orientiert. Die mythischen Darstellungen behielten ihre Aussagekraft und Popularität. Sie wurden nunmehr bewußter eingesetzt und in ihrem Bedeutungsinhalt nuancierter reflektiert.

Bei einer solchen Zusammenschau des sich über Jahrhunderte ausdehnenden, fast ein ganzes Jahrtausend umfassenden Entwicklungsgefälles ergibt sich der Stellenwert der Bildaussage des Mysterienfrieses von selbst. Es ist das Zeugnis einer Spätzeit, die die verlorene Einheit von Gott und Mensch, von Gesellschaft und allgemein verbindlichem Leitbild, wiederherzustellen trachtet. Das geschieht unter dem Zugeständnis an die Geschmacksanforderungen einer Gesellschaftsschicht, die die Verfeinerung der Genüsse bis zum äußersten Raffinement, ja bis zur Perversion vorangetrieben und ausgekostet hat.

Das unbedenkliche Aufzeigen unbekleideter Leiblichkeit, zumal im kultischen Zusammenhang, die Kontrastharmonie von Auspeitschung und Orgiastik, die Verquickung von Götter- und Menschenwelt mit der tierischen Sphäre — erinnert sei nochmals an das eine Ziege säugende Satyrweibchen — sprechen eine eindeutige Sprache. Der Schritt zum Exzessiven solcher kultischer Begehungen und nächtlicher Feiern dürfte nur noch klein gewesen sein. Die moralische Entrüstung, mit der Livius von dem oben genannten Bacchanalienprozeß berichtet, wird nicht allein auf die Prinzipien augusteischer Moralerneuerung zurückzuführen sein, sondern eben auch auf den potentiellen Orgiasmus und die Ausschweifungen derartiger Kulte unmißverständlich hinweisen.

Gerade in diesem Punkte sollten sich die christlichen Kultgemeinden im Laufe der Kaiserzeit durch ihre weniger sinnhaft betonte Gottbezogenheit bewähren und den Grund zur religiösen Erneuerung des römischen Imperiums in der Spätantike legen. Gottesnähe und Gottesferne verband sich bei ihnen mit dem Appell selbstlos praktizierter Nächstenliebe, anfangs sogar eine Art Gütergemeinschaft. Diese Momente wurden zum Kriterium des göttlichen Gnadenakts. Die Bußfertigkeit als Voraussetzung des in Anspruch genommenen Heils hatte in der körperbezogenen Geißelung innerhalb der vorchristlichen Kulte und in anderen Initiationsriten ihre Parallele. Dort erfaßten diese Aktivitäten den äußeren und inneren Menschen zugleich.

Der Mysterienfries bietet dafür eines der ansprechendsten Beispiele in der Auspeitschung der jungen Mystin. An ihm wird aber auch zur Anschauung gebracht, wie sich dieser Akt kultischer Weihe in der Nähe der Götter vollzieht. Diese zwanglose Vergesellung setzt den Mythos zur gelebten Wirklichkeit der Menschen unmittelbar in Beziehung, setzt ihn aber auch der Gefahr theatralischer Apostrophierung aus. Die über das Haupt des zweiten, dem Dionysos nächsten Silen gehaltene Theatermaske bringt dieses Moment streiflichthaft zur Wirkung.

88
Blick auf den Burgberg von
Pergamon aus nordwestlicher
Richtung, im Tal Teile der
modernen Stadt Bergama
erkennbar.

90
Athena im Kampf gegen
Alkyoneus, Ostseite des
Gigantenfrieses von
Pergamon, 2. Jh. v. u. Z.
Berlin, Staatliche Museen,
Antikensammlung.

91
Hekate im Kampf gegen
Klytios (?) und Otos im Kampf
gegen Artemis, Ostseite des
Gigantenfrieses von
Pergamon, 2. Jh. v. u. Z.
Berlin, Staatliche Museen,
Antikensammlung.

92
Leto im Kampf gegen
Tityos(?), Ostseite des
Gigantenfrieses von
Pergamon, 2. Jh. v. u. Z.
Berlin, Staatliche Museen,
Antikensammlung.

93
Apoll im Kampf gegen
Ephialtes(?), Ostseite des
Gigantenfrieses von
Pergamon, 2. Jh. v. u. Z.
Berlin, Staatliche Museen,
Antikensammlung.

94
Aphrodite am östlichen Ende
der Nordseite des Gigantenfrieses von Pergamon,
2. Jh. v. u. Z. Berlin, Staatliche
Museen, Antikensammlung.

Folgende Seiten:

95
Göttin Nyx(?), den
Schlangentopf schleudernd.
Mittelpassage der Nordseite
des Gigantenfrieses von
Pergamon, 2. Jh. v. u. Z.
Berlin, Staatliche Museen,
Antikensammlung.

96
Stiernackiger Gigant von der
Südseite des Gigantenfrieses
von Pergamon, 2. Jh. v. u. Z.
Berlin, Staatliche Museen,
Antikensammlung.

97
Löwenköpfiger Gigant von
der Südseite des Gigantenfrieses von Pergamon,
2. Jh. v. u. Z. Berlin, Staatliche
Museen, Antikensammlung.

98
Bau der Arche für die Aus-
setzung der arkadischen
Königstochter Auge, Kleiner
Fries des Pergamonaltars,
2. Jh. v. u. Z. Berlin, Staatliche
Museen, Antikensammlung.

99
Alexander im Angriff gegen
das Führungszentrum der
persischen Armee, Aus-
schnitt des Alexander-
mosaiks (Abb. 101).

100
Perserkönig Darius III. in
Bedrängnis, Ausschnitt des
Alexandermosaiks
(Abb. 101).

101
Alexandermosaik aus
Pompeji, Casa del Fauno,
3. Jh. v. u. Z. Neapel,
Nationalmuseum.

102
Verlesung eines kultischen
Textes, Mysterienfries in
Pompeji, Villa Item,
1. Jh. v. u. Z. (Abb. 87).

103
Reinigungsszene vom
Mysterienfries (Abb. 87).

104
Leierspielender Silen und
Satyrgruppe vom Mysterien-
fries (Abb. 87).

Folgende Seiten:

105
Fliehende vom Mysterienfries
(Abb. 87).

106
Dionysos und Ariadne vom
Mysterienfries (Abb. 87).

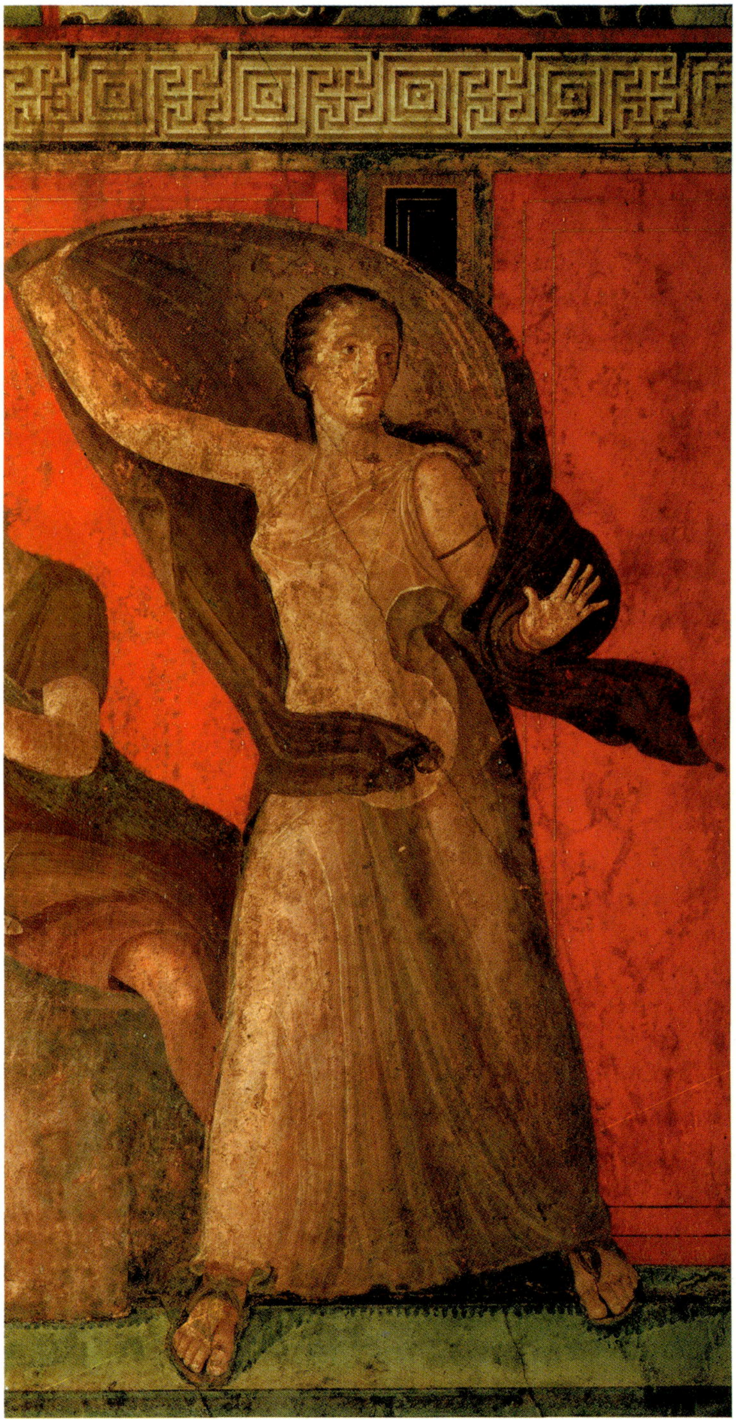

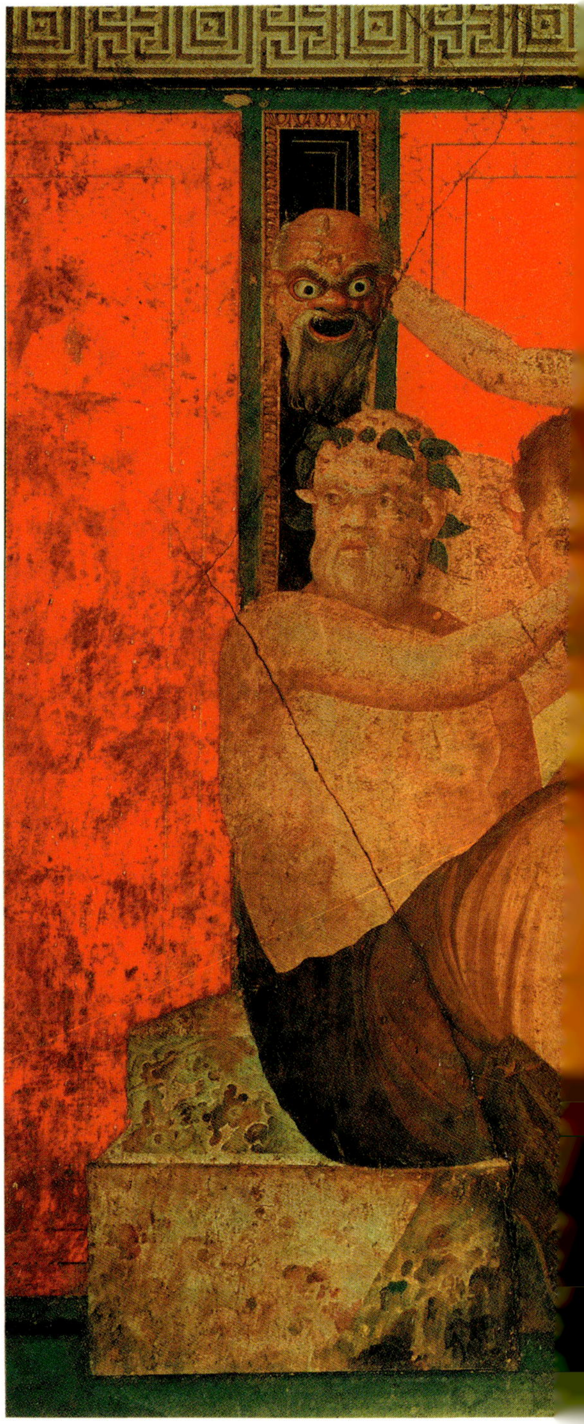

107
Enthüllung des Phallos vom
Mysterienfries (Abb. 87).

108
Flügelgöttin vom Mysterienfries (Abb. 87).

Folgende Seite:

109
Initiantin und Tanzende vom
Mysterienfries (Abb. 87).

MYTHOS ALS POLITISCHE ALLEGORIE IN DER SPÄTEN REPUBLIK UND FRÜHEN KAISERZEIT

Mythos als Allegorie bei den Römern

Die Römer sind mit der Welt des griechischen Mythos erst seit jener Zeit intensiver in Berührung gekommen, als sie mit Griechenland und den anderen hellenistischen Staaten im Zuge der militärischen Auseinandersetzungen unmittelbaren Kontakt fanden. Die aus den eroberten Gebieten nach Italien gebrachten Kunstwerke waren eine der Voraussetzungen für das vertiefte Kennenlernen der griechischen Kultur. In dem Maße, wie sich die Römer zu Herren des östlichen Mittelmeergebietes machten, gerieten sie zunehmend unter den Einfluß des dort verwurzelten Kulturerbes. Die militärischen Sieger wurden zu Besiegten der Kulturen, die sie dort antrafen.

Etwa gleichzeitig setzten auch die Bemühungen um die Integration der literarischen Leistungen der Griechen ein. Schon Plautus (um 250 bis 184) hatte in seinen Komödien Stoffe des neuattischen Lustspiels, vor allem des Menander (342/341 bis 293/290), verarbeitet und dem römischen Publikum nahegebracht. Terenz (um 190 bis 159) folgte ihm darin. Er behandelte die Vorlagen schonender und ebnete dadurch den Weg zum Original. Waren diese Stücke auch vorwiegend nicht an mythische Fabeln gebunden, indem sie die menschlichen und gesellschaftlichen Probleme unmittelbar zur Darstellung brachten, so vermittelten sie dennoch eine Fülle mythischer Bezüge und Streiflichter. Ennius (239 bis 169), der bedeutendste römische Dichter dieser Zeit, hatte mit seinen »Annalen« das Nationalepos der Römer begründet. In 18 Büchern beschrieb er die Geschichte Roms von der sagenhaften Flucht des Aeneas aus dem brennenden Troja bis zu seiner Zeit. An seine Vorleistung konnte dann Vergil (70 bis 19) bei der Schaffung seiner »Aeneis« in der frühen Kaiserzeit unmittelbar anknüpfen. Die Epen Homers standen bei ihm dabei ebenso Pate wie Ennius' »Annalen«.

So war den Römern zur Zeit der späten Republik im 2./1. Jahrhundert v. u. Z. der reiche Mythenschatz griechischer Prägung zum Teil in römischer, aber auch in etruskischer Bildvermittlung und zunehmend in griechischer Originalfassung zugänglich geworden. Gab es anfangs Bestrebungen, sich diesen Kultureinflüssen zu verschließen, so setzte sich am Ende doch die kulturfreundliche Einstellung in den gehobenen Gesellschaftsschichten durch. In den Volksmassen wurde dieser Prozeß durch den Zustrom von Sklaven aus den östlichen Gebieten ähnlich günstig beeinflußt. Das bedeutete aber, daß nun in einer alles Bisherige in den Schatten stellenden Aufnahmebereitschaft das griechische Kulturerbe nicht nur verarbeitet und angeeignet, sondern alsbald auch gezielt für die politische, speziell die dynastische Propaganda eingesetzt wurde.

Das betraf vor allem die vielen Mythenstoffe, die sich eigneten, die neu etablierten Machtverhältnisse den breiteren Bevölkerungsschichten von dieser Seite her plausibel zu machen und in allegorischer Umschreibung zu präsentieren. Boten sie doch die Gewähr der Allgemeinverständlichkeit und den Vorteil der unbedenklichen Wiederverwendbarkeit. Vielleicht ist gerade in der römischen Rezeption des griechischen Mythos die Verbundenheit beider Kulturen, nachdem sie nahe aneinandergerückt waren, am unverbrüchlichsten zum Ausdruck gekommen.

Zugleich machte sich mit der Verwendung des Mythos durch die Römer die für sie unverzichtbare Identifizierung, das heißt unmißverständliche Festschreibung im neuen historischen Bedingungsgefüge, geltend. Das war ein Versuch, die jeweils gewünschte Lesart in einer Weise festzulegen, die den Adressatenbezug allzu deutlich werden ließ. Hier liegt die Spezifik, aber auch der Reiz römischen Mythengebrauchs, der eigentlich nur dem Eingeweihten voll zugänglich war oder aber des Kommentars bedurfte. Griechisches Rezeptionsverständnis wäre bei einer solchen »Verwendung« des Mythos stets verletzt und irritiert worden.

So gesehen, hat man gerade in der jüngsten philologischen Forschung auf alle die Ungereimtheiten eines so anspruchsvollen und berühmten Epos wie Vergils »Aeneis« unter dem Motto »Es ist zum Weinen« hingewiesen.[73] Ein solcher Katalog von Fehlern ist nur dann aufzurechnen, wenn man mit der griechischen Elle mißt. Das betrifft eben auch die Besonderheiten römischer Beanspruchung des Mythos, die auf einer anderen als der griechischen Sinnebene angesiedelt sind und deshalb nicht »aufgehen« können. Diese Diskrepanzen wollen in Betracht gezogen sein, wenn man der römischen Rezeption des durch die Griechen vorgeformten Mythos gerecht werden will. Aus diesem Grunde — um die Spezifik römischer Benutzung des Mythos hinreichend kenntlich zu machen — scheint es geraten, von Allegorien in dem Sinne zu sprechen, daß die Römer mythische Stoffe als Träger und Beförderer ihrer Ideengehalte sich instrumental dienstbar gemacht haben.

Marcus Antonius als Neuer Dionysos

Zu den neuesten Entdeckungen einer möglichen politischen Allegorie in der späten Republik zählt die Rekonstruktion eines Tempelgiebels in Ephesos. Bernard Andreae unternahm den Versuch, die Skulpturenreste des dortigen Domitianbrunnens zu einer Giebelkomposition zusammenzurücken, die er mit dem Augustustempel auf dem Staatsmarkt in Ephesos in Verbindung bringt.[74] Dieser Tempel war wohl ursprünglich als ein Dionysostempel geplant, aber nicht zur vollen Ausführung gekommen. Das könnte mit der politischen Entmachtung des Marcus Antonius (82 bis 30 v. u. Z.) zusammenhängen, der um 31 v. u. Z. bei Actium von Augustus (63 v. u. Z. bis 14 u. Z.) geschlagen, sich mit Kleopatra VII. (69 bis 30 v. u. Z.) nach Alexandria zurückgezogen und mit ihr dort den Tod gefunden hat.

Marcus Antonius könnte der Initiator des Tempelbaus gewesen sein. Dafür spricht die Besetzung des genannten Giebels mit einem die Gewalt des Gottes Dionysos, als der sich Antonius verehren ließ, preisenden Themas. Die Brunnenfiguren haben sich nach sorgfältiger Untersuchung als wiederverwendete und in sekundäre Funktionszusammenhänge — als Figurationen eines Wasserspiels — eingefügte Skulpturen bestimmen lassen, die offenbar ursprünglich für die Besetzung des Dionysosgiebels angefertigt worden waren. 110

Bei diesen Giebelfiguren handelt es sich um einen Polyphem, der die Giebelmitte, auf einem Felsen sitzend, einnahm. In der linken und rechten Giebelhälfte verteilten sich jeweils drei in Aktion befindliche Figuren, Gefährten des Odysseus, die der Gewalt des menschenfressenden Riesen zu entkommen trachten. Links vollzieht sich

110 Rekonstruktion des
Polyphemgiebels vom
Dionysostempel in Ephesos
(nach Bernard Andreae),
1. Jh. v. u. Z.

das Abzapfen, Einfüllen und Weiterreichen des Weins, der den Kyklopen trunken machen soll. Odysseus stünde dabei in unmittelbarer Nähe des Unholds. Rechts sind drei Gefährten damit beschäftigt, den Pfahl anzuspitzen, mit dem der Riese geblendet wird. In die Giebelecken lassen sich die beiden zusammengebrochenen Opfer des Riesenschmauses hineingeschoben denken, eine Anordnung, bei der sie von dem Menschenfresser freilich etwas zu weit abgerückt erscheinen. Immerhin ergibt das Figurenensemble ein Ganzes, und man kann dem Entdecker dieser Lösung – bei allen in der Forschung geäußerten Bedenklichkeiten – nur gratulieren zu diesem Schritt in Richtung auf ein Gesamtverständnis dieser Skulpturengruppe.

Für unseren Zusammenhang interessant ist nun die Deutung, die von Andreae vorgeschlagen worden ist. Als Bauherr des Tempels ließe sich durchaus Marcus Antonius ins Auge fassen, der 41 v. u. Z. Ephesos als zeitweilige Residenz gewählt, sich aber dann über Tarsos nach Alexandria begeben hatte. Ephesos bedachte er in der Folge zusammen mit Kleopatra mit Staatsbesuchen, die sich für 38 und 32

196

v. u. Z. nachweisen lassen. Da er sich selbst als Neuen Dionysos inszenierte und als solcher mit aufwendigem Gefolge – wie wir aus seiner von Plutarch (um 46 bis nach 119) verfaßten Biographie (24,10f.) wissen – in Ephesos Einzug hielt, ist es naheliegend, ihn als Stifter dieses dem Dionysos geweihten Kultbaus zu vermuten.

Das Giebelthema wäre gewählt geworden, um die Macht dieses Gottes, die den Kyklopen überwand und den Griechen die Flucht aus seiner Höhle ermöglichte, zu demonstrieren. Ob und inwieweit sich Antonius mit Odysseus identifiziert wissen wollte, ist eine ganz andere Frage. Immerhin hat Andreae auf einen Kopf in diesem Fundzusammenhang hingewiesen, der sich bei aller Idealisierung zur Physiognomie des vermuteten Tempelstifters in Beziehung bringen ließe.

Mag auch die Pointe des Entdeckers, in dem »Rohverschlinger« und »Grausamwilden«, als welcher Dionysos laut Plutarch von den Leuten betitelt worden sein soll, eine Anspielung auf Antonius selber und zwar im pejorativen Sinne nach seiner Niederlage zu vermuten, übers Ziel schießen, so macht eine derartige Lesart immerhin deutlich, wie gefährlich es war, sich des Mythos zu bedienen. Es konnte durchaus geschehen, daß ursprünglich intendierter Sinn sich unversehens in Gegen- und Widersinn verwandelte. Demnach wäre Antonius als Verlierer alsbald in die Lage gekommen, mit Polyphem selbst identifiziert zu werden. Mag dieser »politische Witz«, wie ihn Andreae selbst apostrophiert hat, reichlich konstruiert erscheinen, so ist er dennoch geeignet, die vielfältigen Möglichkeiten mythischen Verständnisses und die Gefährlichkeit solcher Verlesungen anzudeuten.

Im vorliegenden Falle wird damit zu rechnen sein, daß die Giebelskulpturen gar nicht auf den für sie bestimmten Platz kamen, vielmehr mit dem Wechsel der Machtverhältnisse und im Zuge der Umfunktionierung des Sakralbaus in einen Augustustempel zur Seite geräumt wurden. Endlich fanden sie zur Bestückung des Domitianbrunnens als Wasserspeier Wiederverwendung.

Iphigeniekrater

Ein viel komplizierteres Beispiel politischer Allegorisierung stellt der mit Iphigeniedarstellungen versehene Bronzekrater in Warna dar.[75] Es handelt sich um einen Fund, der im Jahre 1907 aus einem Grabbau der mittleren bis späteren Kaiserzeit in Balčik (Bulgarien) an der Stelle der antiken Dionysopolis zutage kam. Auf dem Gefäßkörper reihen sich, in Relief getrieben, Szenen aus der Iphigeniensage nebeneinander, die auf die Iphigenie in Tauris Bezug nehmen.

Auf der Vorderseite findet sich das Briefdiktat dargestellt. In der Mitte gruppieren 115 sich Iphigenie und Pylades um einen Altar, an dem sich eine Opferdienerin mit einem Gefäß zu schaffen macht. Die Opferung des links vor einem Baum gefesselt stehenden Orest, der dem Betrachter den Rücken zukehrt, scheint unmittelbar bevorzustehen. Zwischen Orest und Iphigenie schiebt sich ein Stück Tempelarchitektur. Davor stützt sich eine das Opfermesser haltende Dienerin auf eine Säule. Damit ist die Hauptgruppe, die zwei Drittel der Bildfläche einnimmt, beschrieben.

Pylades hat sein linkes Bein angehoben, den Fuß auf einen Erdhügel gesetzt. Er hält in der linken Hand ein Diptychon, in das er mit der rechten einschreibt, was ihm 197

Iphigenie gleichsam ins Heft diktiert. Es ist offensichtlich der Brief, der Kunde von ihrer Existenz nach Argos, in ihre Heimat, bringen soll. Diese Version der Briefschreibeszene weicht von der in der gleichnamigen Euripidestragödie insofern ab, als dort der bereits geschriebene Brief dem Pylades überreicht und dessen Inhalt nochmals für den Fall seines Verlustes referiert wird.

Auf dem rechten Drittel sehen wir – soweit diese Passage noch intakt ist – einen Skythen mit Lanze und Messer eine gefesselte Gestalt nach rechts abführen, vor der sich vermutlich noch eine weitere befand. Es handelt sich offensichtlich um den Gang ans Meer, um die beiden Freunde zu entsühnen, in Wirklichkeit aber, um die Flucht unmittelbar vorzubereiten.

Über die volle Breite der Rückseite spannt sich die Darstellung des Kampfes zwischen Skythen und dem flüchtigen Freundespaar am Meer. Von links her drängen die Barbaren heran, geführt von dem Skythenkönig Thoas. Rechts kämpfen Pylades und Orest vom Schiff herab, dessen Rumpf die verhüllte Iphigenie birgt. Getrennt wird dieser Kampf durch Apoll selbst, der zwischen die Streitenden tritt und sie zum Ablassen bewegt, also in der Funktion des »deus ex machina«, des plötzlich eingreifenden und schlichtenden Gottes, auftritt. Auch dies ist eine Abweichung von der Tragödienfassung des Euripides, denn dort greift in diese äußerst zugespitzte Situation nicht Apoll, sondern die Göttin Athena ein. Die Tragödienversion war offenbar ein Zugeständnis an die Stadt Athen, in der das Trauerspiel zur Aufführung gelangte.

Ikonographisch darf der Krater als Bildquelle seine Sonderstellung voll und ganz für sich in Anspruch nehmen. Er hat uns diese offenbar viel ursprünglichere Variante des Einschreitens Apolls in vorzüglicher Qualität bewahrt. Das Bild auf der Gegenseite hat die dort geschilderte Begebenheit sozusagen auf den Punkt, den Kairos, den fruchtbaren Augenblick, im Sinne des Hellenismus gebracht. Während des Briefdiktats fällt das Stichwort, das Orest aufmerken läßt und das Wiedererkennen der Geschwister auslöst. Das ist ja die Voraussetzung gemeinsamen Planens und Handelns, die zur Flucht führen.

Komposition und Gestaltung der Einzelfiguren erinnern an eine hellenistische Bildvorlage, die hier reproduziert worden ist. Die raumtiefe Einbeziehung der Landschaft, auch die erscheinungsbildhafte Erfassung der Gestalten, nicht zuletzt ihre Ein- und Unterordnung in das differenzierte Kompositionsgefüge, sprechen für eine Bildkonzeption, die im mittleren bist späteren Hellenismus zu suchen ist. Vergleiche mit ähnlich raumbezogenen Reliefpassagen des Kleinen Frieses am Pergamonaltar legen das nahe, etwa der Abschnitt mit dem Bau der Arche, in der die Königstochter Auge ausgesetzt werden soll.

Dieses hellenistische Vorbild kann zunächst einmal frühkaiserzeitlich adaptiert worden sein. Aus diesem Zusammenhang lassen sich gewisse Verflachungstendenzen in der Figurenwiedergabe, auch die betonten Linearismen, das harte Ausschneiden des Gestaltungskonturs, vor allem aber die nachweisbare Verwendung des Figurentextes als eine politische Allegorie verstehen, die ursprünglich nur in diese Zeit gehört haben kann. Betrachten wir die Köpfe der beiden vom Schiff aus

kämpfenden Freunde etwas näher, so weist der links voranstehende – es ist Pylades
– physiognomische Ähnlichkeiten mit Agrippabildnissen auf, der rechts folgende – 117
es ist Orest – solche mit Augustusbildnissen. Münzvergleiche legen die Porträtähnlichkeit nahe.

Eine Allegorisierung des mythischen Freundespaares mit Kaiser Augustus und
seinem Schwiegersohn Marcus V. Agrippa (63/64 bis 12 v. u. Z.) wäre nicht verwunderlich. Beide historischen Persönlichkeiten verband tatsächlich eine enge politische Freundschaft, die durch dynastische Verflechtung unverbrüchlich scheinen
mußte. Agrippa hatte Iulia (39 v. u. Z. bis 14 u. Z.), die einzige Tochter des Augustus,
nach dem Tode ihres ersten Mannes Marcus C. Marcellus (43 bis 23 v. u. Z.) im Jahre
23 v. u. Z. geehelicht. Bis zu Agrippas Tode 12 v. u. Z. bildeten die Genannten unbestritten eine Art politisches Dreigestirn. Deshalb liegt es nahe, auch nach einer allegorischen Verschlüsselung der Iulia zu suchen. Sie bietet sich mit der Iphigenie der
Vorderseite nicht nur an, sondern läßt sich durch einen Vergleich mit Münzen und
einer erst jüngst publizierten Spielmarke, die eine Reliefdarstellung der Iulia Augusti 111
und Beschriftung auf der Rückseite aufweist,[76] einigermaßen sichern.

Das mythische Exempel ist allerdings nicht vollkommen mit der politischen Reali-

111 Spielmarke aus Bein
mit dem Bildnis der Iulia
Augusti, 1. Jh. v. u. Z.
Alexandria, Museum.

tät in Einklang zu bringen; denn Orest war ja nicht der Vater, sondern Bruder der
Iphigenie. Und Pylades hat sich nicht mit Iphigenie verbunden, sondern mit Orests
Schwester Elektra. Aber solche strikten Entsprechungen darf man bei Allegorien wie
dieser auch gar nicht erwarten.

Es kommt ein weiteres erschwerendes Moment bei der Interpretation hinzu. Der
Pylades der Vorderseite, in der Szene mit dem Briefdiktat, gibt bei genauerem Hin- 115
sehen claudische Porträtzüge zu erkennen. Nimmt man die morphologischen Besonderheiten des Kraters hinzu, die in die gleiche Zeit weisen, auch noch die Tatsache, daß sich mit dem Orest und Pylades der Schiffsszene am besten Restitutions-
münzen claudischer Zeit vergleichen lassen, so spricht vieles dafür, in dem Krater
eine Neuauflage dieses Gefäßtyps mit annähernd gleichlautender Figurenkomposi-

A   B   C   D

tion aus der Regierungszeit des Kaisers Claudius (41 bis 54) zu erkennen. Bei einer solchen Spätdatierung des Kraters[77] will jedoch bedacht sein, daß die vormals erprobte Allegorie der Iphigenie-Iulia unbedingt einer Korrektur bedurfte, denn Augustus hatte seine Tochter wegen ihrer politischen Aktivitäten – offizielles Argument war unmoralisches Verhalten – im Jahre 2 v. u. Z. in den Bann getan. In der Folge war sie also nicht mehr porträtfähig gewesen.

Nun war die Porträtähnlichkeit der mythischen Figuren ohnehin nicht so präzise festgelegt, daß man nicht mit leichtem Eingriff in eine Richtung ändern konnte, die erwünscht war. So ließe sich aus dem Gesicht der Iphigenie ohne Gewaltsamkeit auch das Bildnis einer Antonia minor, der Mutter des Claudius (10 v. u. Z. bis 54 u. Z.), herauslesen. Das Gegenüber der diktierenden Kaisermutter und ihres buchstabenbeflissenen Sohnes entbehrte dann nicht einer möglicherweise beabsichtigten Ironie. Auch die Verkürzung des linken Beines durch das diptychonstützende Anheben spräche für eine Allegorie des lahmenden Kaisers Claudius.

Zugegeben, eine solche Überschichtung allegorischer Deutungsebenen mag reichlich kompliziert anmuten. Unangefochten jedoch bleibt die Erkenntnis, daß in dem Freundespaar Orest und Pylades die beiden Doppelprinzipes Augustus und Agrippa verewigt worden sind. Das ist ein dieser Freundschaft und Zusammenarbeit angemessenes Denkmal.

E   F   G

112 Figurenkomposition
auf der Portlandvase,
1. Jh. v. u. Z. (Abb. 118).
London, Britisches Museum.

Das Beispiel veranschaulicht, wie die im Mythos gespeicherten Qualitäten für die Gesellschaft, speziell für die führenden Kreise, in Anspruch genommen worden ist. Die Ausschöpfung der Mythen darf in dieser Hinsicht nicht zu gering veranschlagt werden. Die breit gefächerten Darstellungsmöglichkeiten kamen vor allem den Auftraggebern und ihren Kreisen zustatten, die mit ihren allegorisierenden Absichten den Mythos transparent für die Machtverhältnisse und Bedeutungsansprüche ihrer Zeit bis hin zur personellen Fixierung zu machen trachteten.

Portlandvase

Der Iphigenievergleich, wie er sich auf dem Krater für die Kaisertochter Iulia anbot, steht als politische Allegorie dieser einflußreichen Frau nicht vereinzelt. Auf einem hochgeschätzten Glasgefäß, wohl der frühen Kaiserzeit, der Portlandvase, ist gleichfalls eine Allegorie der Iulia ausfindig gemacht worden. Allerdings ist diese nicht weniger problematisch als die auf dem Iphigeniekrater.[78] 118

Man hat die Figuren des Gefäßes in ganz verschiedener Weise interpretiert. Der umfassendste Versuch letzter Zeit stammt aus der Feder von Erika Simon.[79] Sie hat 112
den links die Bildszene Eröffnenden (A) als Apoll, die vor ihm Liegende als Atia, die Mutter des Augustus, den darauf folgenden Bärtigen (D) als Romulus-Quirinus, den auf dem Felsen Sitzenden (E) nochmals als Apoll, die Liegende (F) wiederum als Atia und die Sitzende (G) als Venus Genetrix gedeutet.

Ohne auf die Deutungsfinessen im einzelnen hier einzugehen, lag auf der Hand, daß die Doppelung des Apoll, auch der Atia, auf die Dauer nicht befriedigen konnte. Die links Liegende, aus deren Schoß sich die Schlange Apolls — und nicht eines Seedrachens, wie schon Johann Joachim Winckelmann annahm — ringelt, überzeugt als Atia, der der Gott in dieser Form im Traum erschienen war, um das Kommen des Augustus anzukündigen. Die Gesellschaft des Romulus fügt sich nahtlos an. Der rechts auf dem Felsen thronende Apoll konnte von mir als Augustus identifiziert werden, der zusammen mit der Venus Genetrix jene liegende Figur flankiert, in der Luigi Polacco Iulia, die Tochter des Kaisers erkannt hat.[80] Die Benennung des von links auf Atia Zuschreitenden als Marcellus, des ersten Schwiegersohnes des Kaisers und ersten Gatten der Iulia, mutet in solchem Zusammenhang durchaus plausibel an.

Die kaiserliche Familie findet sich hier in Gesellschaft jener Götter dargestellt, deren Verflechtung mit dem Kaiserhaus schon in dieser frühen Zeit als begründet gelten konnte. Venus, die Mutter des Aeneas, der die Penaten, Hausgötter, aus dem brennenden Troja gerettet und nach Italien gebracht und der als Urahn Roms im gleichzeitigen Epos Vergils monumentale Würdigung erfahren hatte, beschließt den Figurenreigen. Romulus, der Gründer Roms, ist ein weiteres wichtiges Bindeglied. Er blickt dem von Eros beschwingten Thronerben Marcellus entgegen, der von der Mutter des Kaisers begrüßt und zu ihrer Enkelin Iulia weitergeleitet wird.

Bei Kombinationen dieser Art will bedacht sein, daß von physiognomischen Anhaltspunkten weitgehend abgesehen wird. Leitlinie ist das durch die Realität vorgezeichnete Bedingungsgefüge der kaiserlichen Ideologie und Propaganda. Letzte Sicherheit ist bei der personellen Identifizierung auch hier nicht zu erlangen. Aber daß mythische Darstellungen wie diese mit Lesarten wie den vorgeschlagenen befrachtet waren, steht wohl außer Zweifel. Das soll nicht bedeuten, daß sich mit diesen Intentionen ihr Sinngehalt erschöpfte. Ganz im Gegenteil, auch die Römer müssen lebhaft empfunden haben, daß selbst bei den eindeutiger profilierten Lesarten der mythischen Modelle ein Gutteil von darüber hinausgehender Aussagefähigkeit unangetastet blieb.

Darin lag ja die Spezifik des griechischen Erbes begründet, eine Vitalität, von der sich die Römer bis in ihre Spätzeit nicht zu trennen vermochten. Das war um so beachtlicher, als sie neben der mythischen Allegorie figurative Versinnbildlichungen von Staatstugenden und -parolen entwickelten, die in mythisierender Funktion von ihnen mit historisch präzis erfaßter Sinnpotenz aufgeladen, aber eben auch in idealer Verkörperung dargeboten wurden. Sie zu entschlüsseln, bereitet in vielen Fällen nicht geringere Schwierigkeiten als das Mythenverständnis. Mögen auch Münzlegenden in Verbindung mit den dort präsentierten Personifikationen dieser Wesenheiten einen gewissen Einstieg bieten, so fällt es nach wie vor schwer, Gestalten wie virtus (Mannhaftigkeit), honos (Ehrbarkeit), pietas (Frömmigkeit), securitas (Sicherheit), liberalitas (Freizügigkeit), ganz abgesehen von den Genien, Schutzgeistern verschiedenster Funktion (S. 256 ff.), immer eindeutig zu benennen.

113 Figurenfolge auf einem
Silberkalathos, spätes
1. Jh. v. u. Z. (Abb. 119).
Bonn, Rheinisches Landes-
museum.

Silberbecher in Bonn

119

Auch für die dritte Ehe der Kaisertochter Iulia hat sich ein allegorisches Denkmal er-
schließen lassen. Es handelt sich um einen Silberkalathos, auf dem eine Hochzeitsszene dargestellt ist. Aus ihr hat Ernst Künzl eine Anspielung auf die Verehe-
lichung der Iulia mit Tiberius, dem Stiefsohn des Kaisers Augustus, herausgelesen.[81]
Nach dem Tode des Agrippa im Jahre 12 v. u. Z. hatte der Kaiser gewaltsam Einfluß
genommen auf die Lösung der bestehenden Tiberiusehe mit Vipsania Agrippina, um
seinen Stiefsohn mit der verwitweten Iulia zusammenzutun. Diese neue Ehe verlief
nicht glücklich und war auch nicht von langer Dauer. Schon im Jahre 2 v. u. Z. wurde
die Kaisertochter aus dem oben genannten Grunde (S. 200) verbannt. Immerhin
könnte in den zehn Jahren davor diese ihre dritte Ehe mit Tiberius aus dynastischen
Gründen ideologisch hochgespielt und bildkünstlerisch propagiert worden sein. Ein
solcher Bildreflex scheint sich auf dem Silbergefäß tatsächlich abzuzeichnen.

Rund um den kalathosförmigen Gefäßkörper zieht sich eine Reliefdarstellung, in   113
deren Mittelpunkt sich eine sitzende Frau als Braut zu erkennen gibt. Von links heran
tritt, auf eine Säule gestützt, der Bräutigam, flankiert von zwei Knaben, die Sonnen-
schirmchen, Parfümflasche und Gaben auf einer Schale der Braut kredenzen. Diese
sitzt auf einem eleganten Stuhl, unter der Andeutung eines Gebäudes, das mit einer
Tänie geschmückt ist. Neben ihr steht eine weibliche Gestalt mit der Hochzeitsfak-
kel. Eingefaßt wird die Szene links von einem Pfeiler mit Schild und Gefäß, rechts
von einem aufgesockelten Baitylos, einem heiligen Stein. Dieser Gruppierung for-
dert Künzl mit Blick auf palatinische Wandgemälde in den kaiserlichen Gemächern
einen engen Bedeutungszusammenhang mit der kaiserlichen Familie des Augustus
ab. In ihren Kreisen dürfte demnach die auf dem Becher dargestellte Hochzeit zu suchen sein.

Die Verknüpfung mit Tiberius und Iulia bleibt Hypothese. Für sie spricht die Kennt-
lichmachung der Braut als einer Wiedervermählten, wie ihr Kopfputz zu erkennen   203

gibt, sodann die Einkreisung des Ereignisses durch ein Szenarium, für das sich zeitgleiche Parallelen in der Wandmalerei nachweisen lassen.

Bei einer solchen Allegorie, die sich auf die neue Ehe Iulias mit Tiberius bezöge, wäre es bemerkenswert, daß die Komposition unverkennbar auf mythische Vorbilder, und zwar aus der Medeasage, Bezug nimmt. Die Überreichung der Brautgeschenke in Gegenwart des Bräutigams Iason und der neuen Braut Kreusa, wie sie zum Beispiel auf dem Medeasarkophag dargestellt ist, drängt sich als motivischer Prototyp geradezu auf. Braut und Bräutigam sind Zug um Zug in der gleichen Handlung erfaßt. Auch eines der beiden Medeakinder hält die Schale ähnlich vor sich. Das Kompositionsmuster ist evident, und mit ihm dürfte das Moment der Wiedervermählung assoziiert worden sein. Nun treten auf dem Silberbecher die Braut (Iulia) und der Bräutigam (Tiberius) zum wiederholten Mal in den Stand der Ehe. Auch dürften mit den beiden Knäblein – wie vermutet worden ist – Gaius und Lucius Caesar gemeint sein, also Kinder der Braut (Iulia) und nicht des Bräutigams (Tiberius).

Was mit diesen durch das mythische Vorbild bedingten Vertauschungs- und Abänderungsmomenten in die bildmäßige Präsentation der neuen Ehe zwischen Tiberius und Iulia hineingetragen, interpretativ hineingeheimnist worden ist, läßt sich kaum mit Sicherheit sagen. Der vordergründige Figurentext trägt zunächst einmal der neuentstandenen Situation Rechnung: Iulia war neuvermählt. Die Kinder von ihrem verstorbenen Gatten Agrippa, auf die Augustus als mögliche Thronfolger zunächst einmal seine Hoffnung gesetzt hatte, brachte die Neuvermählte in die Ehe mit. Wie wir wissen, ging diese Ehe nicht gut. Tiberius' zwangsweise Scheidung von seiner vormaligen Gattin belastete das Verhältnis zu Iulia.

Fast hat es den Anschein, daß auf diesen Fluch der neuen Unglücksehe das Medeareferat der Komposition anspielt: Hatte im Mythos die korinthische Ehe Iasons den Kindern aus erster Ehe Verderben gebracht, so brachte nach der Lesart mancher Zeitgenossen die Tiberiusehe Iulias ihren Kindern (von Agrippa) ähnliches Unglück. Ob auch die Verärgerung des Tiberius, weshalb er im Jahre 6 v.u.Z. in die selbstgewählte Verbannung nach Rhodos ging, und die politischen Aktivitäten Iulias, mit denen sie bei ihrem Vater Augustus in Ungnade fiel, unmittelbar mit dieser wenig erfolgreichen Ehe zusammenhingen, kann eher nur vermutet, nicht bewiesen werden. Überliefert ist der Unmut des Tiberius über seine beiden Stiefkinder, die Augustus als Nachfolger bestimmt hatte. Die Thronfolge ging erst auf Tiberius über, als die Agrippakinder nicht mehr im Wege standen.

Handhabung des Mythos

Alle drei der hier besprochenen Allegorien der Iulia Augusti lassen deutlich werden, in welch verschiedenem Maße Mythos zur Versinnbildlichung historischer Tatbestände von den Römern in Anspruch genommen worden ist. Beim Iphigeniekrater fällt der mythische Kontext in enger Anlehnung an das griechische Vorbild voll ins Gewicht. Aus diesem Grunde muß physiognomische Anähnlichung der einzelnen Bezugspersonen zu Hilfe kommen, um die allegorischen Anspielungen auch zur Wirkung zu bringen.

Im Falle der Portlandvase wird zwar auf mythosgebundene Gestalten wie Apoll oder Venus zurückgegriffen. Sie werden aber in ein Beziehungsgefüge eingebunden, in dem sie mit historischen Gestalten wie Atia, Augustus, Marcellus oder Iulia aussagereich verbunden sind. Für die Inszenierung der letzteren müssen freilich idealisierte Figurentypen eingesetzt werden, die den gestalterischen Gleichklang der Komposition gewährleisten. Das Ganze aber bleibt ein Konstrukt, dessen Mythosgebundenheit abgeschwächt und in stärker historisierende Bahnen gelenkt wird. Das erschwert auch, die angesprochenen Bedeutungsebenen im einzelnen herauszufinden.

Bei den mit dem Bildprogramm Konfrontierten – das waren bei Prunkgefäßen wie der Portlandvase vor allem die höfischen Kreise und gehobenen Gesellschaftsschichten – wurde die Kenntnis gewisser aufschließender Bildindizes gewiß vorausgesetzt, um das Ganze in seinem Sinngehalt adäquat zu erfassen. Das schloß selbstverständlich das Erkennen von – oft unbeabsichtigten – Hintersinnigkeiten nicht aus.

Das Gleiche gilt für so anspruchsvoll gearbeitete Kompositionen wie auf dem beschriebenen Silberbecher. Hier wiederum wird mit dem Zitat vorgeformter mythischer Darstellung ein ganz bestimmter Bedeutungszusammenhang aufgesucht, in den die aus der historischen Situation abgeleitete Darstellung eingebettet und damit interpretiert wird. Das Deutungsmuster wird dabei durchaus nicht immer irreversibel gewesen sein, das heißt, es konnte Deutungslinien assoziieren, die offiziell durchaus unerwünscht sein mochten.

Bei den Auftraggebern und Adressaten kursierten solche Bildmodelle eben auch als ein Verständigungsmittel, um sich gleichsam unter der vorgehaltenen Hand über politischen Zündstoff auszutauschen. Gerade der Silberkalathos mit seiner doppelbödigen Hochzeitsszene ist geeignet, eine solche Rezeptionsvielfalt mit ihren einkalkulierbaren Risiken für die Antike selber schon anzunehmen.

Die Deutungsmöglichkeiten der Darstellung auf dem Silberbecher lassen sich im Hinblick auf – wie vermutet – doppelbödige Sinnschichten insofern eingrenzen, als spätestens mit dem Verbannungsurteil gegen Iulia im Jahre 2 v. u. Z. der Propagierung dieser neuen Ehe ein Riegel vorgeschoben war. Auch muß gefragt werden, ob dem Lobpreis des neuen Paares am Kaiserhof mit dem rhodischen Exil des Tiberius im Jahre 6 v. u. Z. nicht schon der Boden entzogen war. Es würden demnach nur sechs Jahre bleiben, also von 12 bis 6 v. u. Z., in denen die Demonstration des neuen Eheglücks der Iulia im Sinne der dynastischen Repräsentanz gesellschaftsfähig gewesen wäre.

Überlegungen dieser Art warnen vor einer Überforderung des Aussagegehalts von politischen so hoch angebundenen Darstellungen wie auf den besprochenen Gefäßen. Andererseits müssen wir in etlichen Fällen mit Gesellschaftskritik und Infragestellung der herrschenden Verhältnisse auch in dieser Form rechnen.

Die eklatanteste Parallele auf dem Gebiete der Literatur ist wohl die Verbannung des Dichters Ovid (43 v. u. Z. bis 18 u. Z.). Dieser Akt der kaiserlichen Exekution an einem der fähigsten Poeten der frühen Kaiserzeit resultierte ganz offensichtlich aus der Betroffenheit der höfischen Kreise, die sich durch das Wirken des Literaten angegriffen fühlten. Bisher ist diese Verstimmung aus der moralischen Ungebundenheit der »Liebeskunst« Ovids und der historiographisch verbürgten Nachricht abgeleitet worden, der Dichter habe über seine Intimbeziehungen zur Familie des Kaisers »geplaudert«.

In der neueren Forschung sind als mögliche Anlässe dafür, daß Ovid in Ungnade fiel, vor allem seine »Metamorphosen« in Erwägung gezogen und zum Gegenstand diesbezüglicher Untersuchungen gemacht worden.[82] In diesem Werk könnte er mehr, als bisher vermutet worden ist, in mythischer Verschlüsselung Kritik an der Gesellschaft seiner Zeit, besonders aber an ihrer Führungsschicht, geübt haben. Diese neuen Ansätze zu einem graduell gewandelten Verständnis der politischen Motivation seiner Verbannung, die bis zu seinem Lebensende wirksam blieb, sind noch zu frisch und in der wissenschaftlichen Diskussion noch zu wenig abgesichert, um als brisante politische Allegorie voll in Anspruch genommen werden zu können. Immerhin zeigt das Beispiel, wie sehr man in den letzten Jahren auf diese Aspekte aufmerksam geworden ist.

Wie solche politisch riskanten Medien sogar das Leben ihrer Initiatoren fordern konnten, soll an einer Begebenheit auf dem Gebiet der darstellenden Künste aus der frühen Kaiserzeit veranschaulicht werden. Es geht um eine Tragödieninszenierung unter Kaiser Tiberius (42 v. u. Z. bis 37 u. Z.). Sie hat den Regisseur das Leben gekostet. Aus der Geschichtsquelle (Cassius Dio 58,24) erfahren wir folgendes darüber:

> »Aber Mamercus Aemilius Scaurus, der weder ein Amt bekleidet noch Bestechung sich hatte zuschulden kommen lassen, wurde wegen eines Trauerspiels verurteilt und hatte ein traurigeres Schicksal als der Held seines Trauerspiels.
> Das Stück war ›Atreus‹ betitelt, und dieser (Titelheld) gab einem seiner Untergebenen mit (einem Zitat des) Euripides den Rat, sich in die Torheit seines Herren zu schicken. Tiberius hörte das und sagte, damit habe er ihn selbst (also Tiberius) gemeint, durch das vielfach vergossene Blut habe er sich freilich zum Atreus gemacht, fuhr aber fort: ›Und ich will einen Aias aus ihm machen.‹
> Und so nötigte er ihn, sich selbst ums Leben zu bringen.«
>
> (Übersetzung Leonhard Tafel)

Bei aller kritischen Vorsicht gegenüber der Schriftquelle scheint dieser Theaterskandal zu seiner Zeit die Gemüter Roms bewegt zu haben. Mit weniger Sicherheit ist zu entscheiden, ob der Angriff gegen das Staatsoberhaupt unter allen Umständen so deutlich aus dem Kontext der Theateraufführung hervorstach, womöglich noch durch entsprechende Intonation und Gesten des Schauspielers unterstrichen und vom Publikum heftig beklatscht wurde, oder ob die Überempfindlichkeit und der Argwohn gerade dieses Kaisers zufällig an diese Stelle anknüpfte, um seiner möglicherweise durch andere Vorkommnisse motivierten Aversion gegen Mamercus Aemilius Scaurus Luft zu machen und ihn über die Klinge springen zu lassen. Der Hinweis auf Aias, der sich vor Troja selbst ins Schwert gestürzt hatte, meinte nichts anderes, als daß sich der vom Zorn des Kaisers Betroffene selbst aus dem Leben zu bringen hatte.

Zu den längst gedeuteten Allegorien der frühen Kaiserzeit zählt das Tellusrelief von der Ara Pacis Augustae, dem Friedensaltar an der nördlichen Ausfallstraße Roms, der Via Flaminia, der im Jahre 13 v. u. Z. begonnen und vier Jahre später eingeweiht worden ist.[83] An der östlichen Zugangsseite der Umfassungsmauer des Altarhofes befindet sich linkerhand dieses Relief, das zu den erlesensten der anbrechenden Kaiserzeit gehört. **Tellusrelief**

In der Mitte des Bildfeldes sitzt Tellus, die Erdmutter, auf einem Felsensockel. Auf ihrem linken Knie und an ihrer rechten Seite befinden sich zwei Knäblein, die Nahrung suchen. Auf ihrem Schoß liegt ein Fruchtgebinde. Einen Mantel, den sie über dem von der rechten Schulter geglittenen Untergewand trägt, hat sie im Rücken bis auf den Kopf emporgezogen. Vor dem Felsen lagert eine Kuh, weidet ein Schaf. Rechts hinten wächst ein Büschel aus Mohnblüten und -kapseln sowie Getreide. *127*

Flankiert wird diese Mittelszene beiderseits von zwei weiblichen Figuren, deren Gewand sich, vom Winde gebläht, im Rücken bauscht. Es sind Verkörperungen der Land- und Seewinde. Die linke sitzt auf einem Schwan, die rechte auf einem Seedrachen. Hinter der linken Figur sprießt üppiges Gesträuch an einer Quelle empor, die durch das einem Krug entströmende Wasser angedeutet ist. Unter der rechten Figur sind Meereswellen angegeben. *126, 128*

Erdmutter Tellus verkörpert hier in Gesellschaft der Land- und Seelüfte die Fruchtbarkeit der Menschen, Tiere und Pflanzen nährenden Erde. Interessant ist nun, daß in Tellus nicht nur die Erde, sondern das befriedete italische Land inkarniert erscheint, das nach der Beendigung der Bürgerkriege sich zu erholen begonnen hatte und sich zu neuer Trächtigkeit anschickte. Auch hat man im Antlitz der Tellus Porträtmerkmale der Kaiserin Livia entdeckt. Die Propagierung des durch die Bemühungen des Augustus herbeigeführten Friedens und der dadurch gesicherten Erholung des Landes zu neuem Wachstum wird hier mit der Rolle der Livia, seiner Gemahlin, als der Landesmutter aufs engste verknüpft.

Römische Ideologie konnte, gerade bei der Repräsentation der Verdienste der Landesherrn und den sich daraus ergebenden Konsequenzen für Land und Leute, Pflanzenwuchs und Viehzucht, Bevölkerungsanstieg und Siedlungsbereitschaft, nicht von der persönlichen Festschreibung und der Zurückführung all dieser Verdienste und neuen Qualitäten auf den Initiator derselben absehen. Der Hinweis auf Augustus und die von ihm konstituierte neue Führungsschicht der herrschenden Klasse war unverzichtbar.

An der Spitze all dieser Errungenschaften stand die kaiserliche Familie. So ist es kein Zufall, daß man in den beiden Knaben auf dem Schoße der Tellus Gaius und Lucius Caesar, die Kinder des Agrippa und der Iulia, hat erkennen wollen. Möglicherweise war der Tod ihres Vaters noch nicht eingetreten, als man das Relief zu meißeln begann. Aber auch danach galten sie noch als die Kronprinzen. Wir begegneten ihnen bereits auf dem Silberbecher, allerdings in Gesellschaft ihres Stiefvaters Tiberius (S. 204).

Das Spezifische der römischen Beanspruchung des Mythos von der Erdmutter Ge beziehungsweise Tellus-Italia, hebt sich im Vergleich mit griechischen Darstellungen dieser Personifikation der Erde, etwa auf dem Gigantenfries von Pergamon, in der Zeus-Athena-Gruppe, ganz deutlich ab. In der pergamenischen Komposition stellt sich Ge in ihrer Allgemeinbezüglichkeit dar, als Mutter der Götter und Titanen, die Seite an Seite gemeinsam kämpfen, also der Siegermächte sozusagen, aber auch der Giganten, also ihrer Feinde, speziell des Athenagegners Alkyoneus, der nach ihr das Bein ausstreckt, um im rettenden Kontakt mit ihr zu bleiben. Ge ist hier die Allmutter, die Allnährerin, Gemahlin des Himmels, mit dem sie die Göttergeschlechter gezeugt hat, gleichsam das Bindeglied zwischen den antagonistisch zerspaltenen Mächten.

Demgegenüber fällt an der Tellus des römischen Reliefs sofort das Bewußte ihres Auftritts, das Künstliche des Arrangements, auf. Sie mutet wie eine Dame der höfischen Gesellschaft an. Ihre Präsentation entbehrt nicht der Selbstreflektiertheit und der betonten Selbstdarstellung. Das nachdrückliche Zusammenreimen der verschiedenen Elemente, die sie umgeben, verrät die Absicht, sie in einen klar akzentuierten Sinnzusammenhang zu rücken, dessen Aussage eindeutiger festgelegt ist als am griechischen Relief. Das macht die Stärke des römischen Mythengebrauchs im Hinblick auf seine historische Verifizierbarkeit, zugleich aber seine Schwäche hinsichtlich des Sinndefizits in der poetischen Gesprächigkeit und Bedeutungsvielfalt des Mythos aus.

Eines aber kann das römische Relief gegenüber dem griechischen voll und ganz für sich in Anspruch nehmen, nämlich die nunmehr durchreflektierte Friedensideologie, die das an diesem Altar jährlich vollzogene Friedensopfer bildprogrammatisch zu stützen versuchte. Erst in dieser Zeit ist in der Bestimmung des Verhältnisses von Krieg und Frieden dem letzteren als dem Normalzustand der eindeutige Vorzug gegeben worden. Als Zeugnis für diese gewandelten Auffassungen kann die »Aeneis« des Dichters Vergil (70 bis 19 v. u. Z.) hinzugezogen werden. Bei aller Verherrlichung des Waffenhandwerks und der Kriegstüchtigkeit der römischen Vorfahren wird das Auslösen des Krieges als eine Art Infekt, gleichsam als ein Befall durch einen Bazillus, geschildert, der das Wüten der Waffen bewerkstelligt. Es versteht sich von selbst, daß Vergil Roms Militärverdienste und den Überlegenheitsanspruch seiner Armeen nicht diskreditieren konnte. Um so verdienstvoller ist seine Fürsprache für den Frieden als dem Wünschenswerteren. Eine solche Propaganda, mochte sie auch noch so versteckt in das Epos eingebettet sein, resultierte nicht allein aus der Kriegsmüdigkeit der durch Bürgerkriege geplagten und ausgebluteten späten Republik. Hier leuchtet vielmehr durchgehend eine neue Qualität auf, die Vergil schon in seinem Epos über den Ackerbau erprobt hatte.

Das Tellusrelief hat seinen festen Platz im Bildprogramm der Ara Pacis. Ihr gegenüber an der Ostseite, also rechts von dem Straßeneingang, ist die auf den Waffen thronende Roma, die Personifikation der militärischen Stärke Roms, angeordnet worden. Die im einzelnen verlorene Komposition läßt sich aus Bildreflexen rekonstruieren. Die beiden Figuren, Tellus und waffenbesitzende Roma, waren die Exponenten der einander bedingenden Machtfaktoren Roms. Unter dem Schutz der römischen Waffen konnte die Erde wieder gedeihen und ihre Fruchtbarkeit zurückgewinnen. Selbstverständlich waren mit dieser Roma die Armeen unter dem Kommando des Augustus und der ihm beigeordneten Senatoren gemeint. Eine Alternative gab es ja nicht mehr seit der Schlacht bei Actium im Jahre 31 v. u. Z., als Marcus Antonius und Kleopatra aus dem Felde geschlagen und besiegt wurden. Der eingetretene Zustand des Kaiserkommandos währte zunächst einmal bis ins Dreikaiserjahr 69 v. u. Z. Nach den damals entstandenen Thronwirren, die auch zu einer Zerspaltung des Militärs führten, wurde die kaiserliche Kommandogewalt alsbald wieder in der Hand des regierenden Prinzeps vereint. Auf der Gegenseite der Einfassungsmauer des Altares, an der Eingangsseite von Westen, waren beiderseits wichtige Stationen der römischen Frühgeschichte zur Darstellung gebracht. Links die Gründungssage Roms, das heißt die von der Wölfin gesäugten Kinder des Mars und der Rhea Silvia, Romulus und Remus. Rechts die noch davor liegende Landung des Aeneas am Latineruder und seine erste Opferhandlung. Das waren zwei der durch die frühkaiserzeitliche Geschichtsschreibung aufgewertete Knotenpunkte der Frühgeschichte Roms.

Livius (59. v. u. Z. bis 17 u. Z.) gewährt uns Einblick in diesen Prozeß der Aufarbeitung und im augusteischen Sinne vorgenommenen Akzentuierung römischer Geschichte. Die einschlägigen Bücher, die diese Kapitel behandelten, sind erhalten. Aus ihnen erfahren wir den Stellenwert des mythischen Bezugs, den die kaiserliche Dynastie hinsichtlich ihrer Abstammung von Aeneas, dem Sohne der Venus, festzuschreiben verstand. In Augustus war Rom gleichsam ein neuer Aeneas erstanden, der die Neuordnung und Stabilisierung der imperialen Verhältnisse garantierte. Es überrascht also keineswegs, wenn die mythische Präfiguration des neuen Herren der römischen Welt im Bilderzyklus der Ara Pacis Augustae auftaucht.

Die nur fragmentarisch erhaltene Darstellung des Romulus und Remus gegenüber dem Aeneasopfer gehört in gleicher Weise zu den Emblemen römischer Herrschaftspraxis. In dieser Metapher wird auf Rom als das Zentrum der Macht und auf seinen Ursprung hingewiesen. Der nahm seinen Anfang mit den im Schilf des Flußufers ausgesetzten, von einer Wölfin gesäugten Zwillingen. Die überlebenden Brüder sind so zum Wahrzeichen und Inbegriff des Rombezugs mediterraner Herrschaft geworden.

Bildprogramm der Ara Pacis

209

Skulpturen von Sperlonga

Der Skulpturenfund in der Grotte des Tiberius bei Sperlonga (zwischen Rom und Neapel an der Küste gelegen), der die Fachwelt in den späteren 1950er Jahren in Atem hielt, gehört zu den herausragenden Beispielen archäologischer Forschung, bei denen man seit dem Auftauchen sofort die Frage nach ihrem bildprogrammatischen Zusammenhang und der mythischen Metaphorik zu stellen begann.[84] Es handelt sich um vier Gruppenkompositionen, die sich im Grotteninneren so verteilen, das sie von dem Triclinium, dem Speisesaal, aus im Halbkreis, bei gestaffelter Tiefenordnung, zu überschauen waren. Höchstwahrscheinlich sind diese plastischen Schöpfungen, die auf hellenistische Vorbilder – wohl aus Bronze – zurückgehen, zur Zeit des Tiberius in Marmor gefertigt und hier aufgestellt worden.

Als Meister kommen die inschriftlich an den Funden ausgewiesenen Rhodier Hagesandros, Athenodoros und Polydoros in Frage, die bei Plinius in seiner »Naturgeschichte« als Meister der Laokoongruppe überliefert sind. Daraus erklärt sich der anfängliche Optimismus, in der Grotte auf das Original der Laokoongruppe gestoßen zu sein. Umgekehrt ist man jetzt geneigt, die Laokoongruppe, die als Umsetzung eines Bronzeoriginals in Marmor verstanden wird, in die Zeit der Sperlongaskulpturen, also fast ein Jahrhundert später als vormals, zu datieren.

Bei den Gruppen von Sperlonga geht es im einzelnen um die Blendung des Polyphem, das Skylla-Abenteuer des Odysseus, den von ihm und Diomedes durchgeführten Palladionraub und eine auf Odysseus umgemünzte Achill-Patroklos-Gruppe.

Bei der Polyphemgruppe tritt Odysseus mit zwei Gefährten, die den Pfahl zur Blendung des Riesen bereithalten, von links an diesen heran, während rechts der Weinschlauchträger, der zur Bezechung des Unholds beigetragen hat, entsetzt die Flucht ergreift. Weniger übersichtlich ist der Anprall des Seeungeheuers Skylla an das Schiff des Odysseus zu rekonstruieren. Die erhaltenen Reste dieser Gruppe zeigen die mit Hundeköpfen zubeißende, schwanzschlagende Skylla in Aktion. Die vom Palladionraub aus Troja zurückkehrenden Helden Diomedes und Odysseus werden kompositorisch in dem Augenblick festgehalten, da letzterer einen feigen Überfall auf den ersteren plant, um sich des Palladions zu bemächtigen. Bei der letzten Gruppe im Typus des seinen gefallenen Freund Patroklos aus der Schlacht schleifenden Achill spricht vieles für die Umbenennung des Achill in Odysseus, des Patroklos in Achill. Der springende Punkt bei dieser Umfunktionierung ist die nachweisbare Achillesferse des geretteten Toten, sonst gleicht die Gruppe im Typus ganz der vorgenannten.

In unserem Zusammenhang interessiert vor allem die allegorische Lesart, bei der die vier Gruppen als Teile eines einzigen Gestaltungskonzepts fungieren. Voraussetzung für eine solche zusammenfassende Interpretation ist die Datierung der Skulpturen. Vieles spricht für eine Entstehung in der Regierungszeit des Kaisers Tiberius (14 bis 37), der bis über die Mitte der 20er Jahre des 1. Jahrhunderts u. Z. diese Grotte als Landsitz bevorzugt haben dürfte, ehe er sich nach dem durch Schriftquellen überlieferten Steinschlag in derselben, der ihn fast das Leben gekostet hätte, wenn sich Seianus, der Prätorianerpräfekt, nicht schützend über ihn geworfen hätte, nach Capri veränderte.

Stilistisch will sich ein solcher Datierungsvorschlag nach den herkömmlichen Betrachtungsweisen kaum mit den Gestaltungsmerkmalen der Figurengruppe aus der Tiberiusgrotte zusammenreimen. Mögen die Gruppen auch als mehr oder weniger hochhellenistische Schöpfungen gelten, so spricht ihre Reproduktion in den vermuteten 20er/30er Jahren u. Z. doch für eine Geschmacksrichtung des Kaisers, die bisher nicht als allgemein für diesen Zeitpunkt angenommen worden ist. Vielmehr schienen diese Dezennien unter dem tonangebenden Einfluß des in der frühen Kaiserzeit begründeten Klassizismus zu stehen, der in der Tiberiuszeit eher noch seine letzte linearistische, flächenhafte Zuspitzung erfuhr, als daß er abgebaut wurde. Es ist durchaus möglich, daß von den Sperlongafunden her die allgemeine Stilentwicklung in den ersten Jahrzehnten des 1. Jahrhundert u. Z. neu überdacht werden muß. Das setzt jedoch die Datierung dieser Funde in die Tiberiuszeit voraus. Angenommen, die in Erwägung gezogene Datierung der Skulpturen von Sperlonga in die frühe bis mittlere Regierungszeit des Tiberius trifft zu, so sind günstige Voraussetzungen gegeben, das Bildprogramm – wie versucht worden ist – als ein an dem Helden Odysseus orientiertes exemplum virtutis, Vorbild der Tüchtigkeit, Tapferkeit und Gerissenheit dieses Helden, aufzuschließen.

Eine solche Hypothese ließe sich mit der offenbar ähnlich gelagerten Neigung des Kaisers Tiberius zusammenbringen, der in dem Helden Odysseus im Guten wie im

114 Rekonstruktionsversuch von B. Conticello, V. Moriello und F. Angelelli zur Aufstellung der Gruppen in der Grotte von Sperlonga.

211

Schlechten eine Art Prototyp seines eigenen Handelns gesucht und gefunden haben mag. Diese Annahme muß fraglich bleiben. Doch bietet sie den Vorteil, die Bestückung der Grotte von Sperlonga gleichsam mit einer marmornen Odyssee durch die Vorliebe des Kaisers für diesen Helden motiviert zu sehen. Eine derartige Auslegung würde sich eben auch mit den gerade diesem Kaiser nachgesagten Hinterhältigkeiten und Grausamkeiten in Einklang bringen lassen.

In dieser Beziehung hebt die Odysseus-Diomedes-Gruppe eine Qualität hervor, die mit menschlicher Schwäche äußerst schmeichelhaft umschrieben wäre. Die psychologische Hinterfragung dieses Kommandounternehmens könnte bereits in einer Euripidestragödie angeregt, im Hellenismus aufgegriffen und ausgestaltet worden sein. Auch könnte es bereits in dieser Zeit bildkünstlerische Umsetzungen gegeben haben, die dieses Moment psychischen Versagens des Odysseus aufgriffen. Die Gruppe in Sperlonga würde zweifellos zu den meisterhaften Ausformungen dieses Themas zählen.

Dürfen wir also annehmen, daß Kaiser Tiberius so selbstkritisch war, seine Schliche und Manöver, wie sie von dem Geschichtsschreiber Tacitus (um 55 bis um 120) ihm zahlreich angekreidet worden sind, in entsprechenden Anwandlungen des Helden Odysseus sich vor Augen rücken zu lassen? Das Charakterbild des Kaisers, wie es sich in den Quellen abzeichnet, ist viel zu zwielichtig, um hier eine eindeutige Antwort geben zu können.

Bemerkenswert bleibt bei diesem Gruppenensemble die Leitfigur des Odysseus als tertium comparationis, als thematisches Bindeglied. Das setzt die Ummodelung der Achill-Patroklos-Gruppe in eine Odysseus-Achill-Gruppe, wie sie bereits ins Auge gefaßt worden ist, allerdings voraus. Unbeantwortet ist bisher die Frage geblieben, wie die vor allem im Porträt dieses Kaisers ausgewiesene betont flache und lineare Gestaltung, insgesamt die rational betonte Selbstdarstellung, sich mit der Bevorzugung hellenistischer Vorbilder für das Grottenbildprogramm vereinen läßt. Es ist auf das selbstgewählte rhodische Exil des Tiberius von 6 v. u. Z. bis 2 u. Z. hingewiesen worden, das ihn mit Arbeiten dieses Stils hätte vertraut machen können. Doch alles, was sich an Denkmälern bisher auf die Jahre seiner Regierungszeit hat beziehen lassen, spricht insgesamt eine andere Kunstsprache.

Es ist deshalb nicht verwunderlich, daß auch spätere Datierungen des Skulpturenhortfunds erörtert worden sind. Besonders gut würden diese hellenistischen Reproduktionen in die Zeit Neros passen, dessen Kunst- und Kulturpolitik unter dem Aspekt einer großangelegten Rehellenisierung längst begriffen worden ist. Doch ist eine solche Umdatierung zu sehr und zu einseitig den in eben dieser Zeit nachweisbaren Stilbeobachtungen verpflichtet, um etwa mehr zu überzeugen als die historisch begründete Datierung in die Tiberiuszeit.

115
Iphigenie diktiert Pylades den
Brief nach Argos, Ausschnitt
von der Vorderseite des
Bronzekraters von Balčik mit
Darstellungen in Claudischer
Rezeption einer politischen
Allegorie des 1. Jh. v. u. Z.
nach hellenistischem Vorbild
des 2. Jh. v. u. Z. Warna,
Archäologisches Museum.

116
Ansturm der Skythen unter
Thoas' Führung gegen das
Schiff mit Pylades und Orest,
Rückseitenbild des Bronze-
kraters (Abb. 115).

117
Verteidigung des Schiffes
durch Pylades und Orest,
Ausschnitt vom Rückseiten-
bild des Bronzekraters
(Abb. 115).

120
Überreichung der Braut-
geschenke, Ausschnitt des
Medeasarkophags, 2. Jh. u. Z.
Berlin, Staatliche Museen,
Antikensammlung.

121
In Flammen stehende Braut,
Ausschnitt des Medea-
sarkophags (Abb. 120).

122
Kindermord und Flucht
Medeas, Ausschnitt des
Medeasarkophags
(Abb. 120).

123
Gefährte des Odysseus von
der Skyllagruppe aus der
Grotte von Sperlonga,
1. Jh. u. Z. (Abb. 114).
Sperlonga, Museum.

124
Polyphemgruppe aus der
Grotte von Sperlonga
(Abb. 114). Vorbereitung der
Blendung Polyphems durch

Odysseus und seine Gefährten (Rekonstruktionsversuch
von Bernard Andreae und
Heinrich Schroeteler).
Sperlonga, Museum.

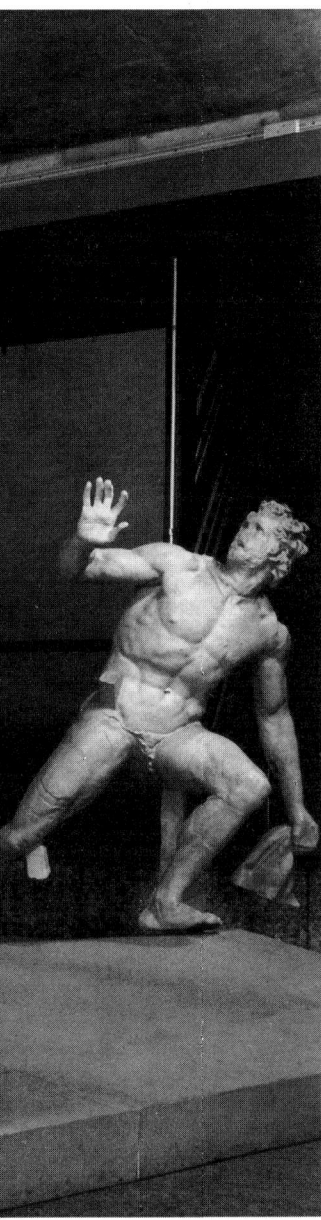

125
Kopf des Odysseus von der
Polyphemgruppe aus der
Grotte von Sperlonga
(Abb. 124), 1. Jh. u. Z.
Sperlonga, Museum.

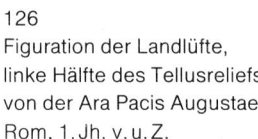

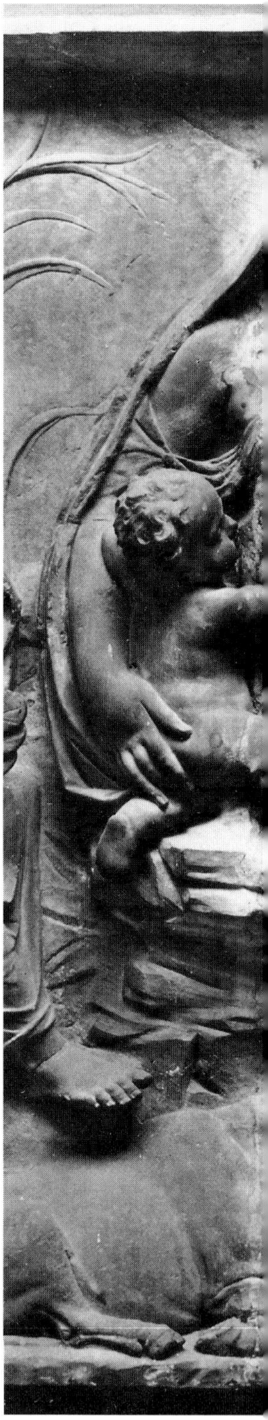

126
Figuration der Landlüfte,
linke Hälfte des Tellusreliefs
von der Ara Pacis Augustae,
Rom, 1. Jh. v. u. Z.

127
Tellus auf dem Felsensitz,
Bildmitte des Tellusreliefs.

128
Figuration der Seelüfte,
rechte Hälfte des Tellusreliefs.

129
Panzerrelief der Statue von
Primaporta (Abb. 130).

130
Panzerstatue des Kaisers
Augustus von Primaporta,
1. Jh. v. u. Z. Rom, Vatikan,
Braccio Nuovo.

131
Priamos vor Achill, Silberbecher aus Hoby, Dänemark,
1. Jh. u. Z. Kopenhagen,
Nationalmuseum.

132
Trajan auf dem Marsfeld,
Relief vom Trajansbogen in
Benevent, 2. Jh. u. Z.

Folgende Seiten:

133
Marmorkopf des Kaisers
Gallienus, 3. Jh. u. Z.
Kopenhagen, Ny Carlsberg
Glyptothek.

134
Marmorkopf des Kaisers
Caligula, 1. Jh. u. Z.
Kopenhagen, Ny Carlsberg
Glyptothek.

135
Marmorkopf des Kaisers
Nero, 1. Jh. u. Z. Rom,
Nationalmuseum.

136
Marmorkopie der Ildefonso-
gruppe. Potsdam, Staatliche
Schlösser und Gärten.

137
Apotheose des Antoninus
Pius und der Faustina,
2. Jh. u. Z. Rom, Vatikan.

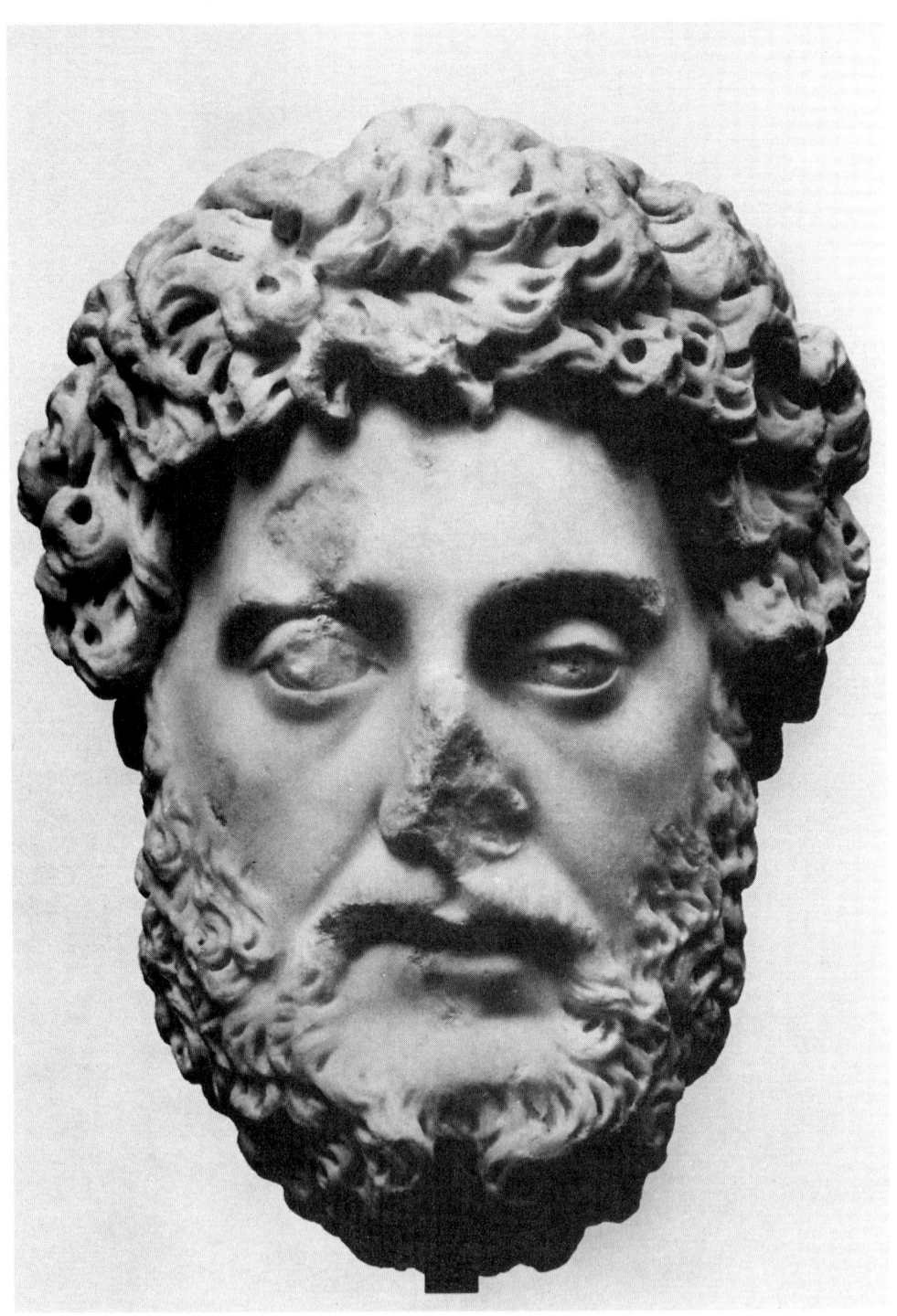

138
Marmorkopf des Kaisers
Commodus, 2. Jh. u. Z.
Malibu, Getty Museum.

139
Marmorkopf des Kaisers
Caracalla, 3. Jh. u. Z. Berlin,
Staatliche Museen, Antiken-
sammlung.

140
Marmorporträt des Kaisers
Elagabal, 3. Jh. u. Z. Boston,
Museum of Fine Arts.

MYTHISCHE ORIENTIERUNGEN DES HERRSCHERBILDES

Die erste markante Erprobung des Götterbildes durch einen Herrscher fällt in die hellenistische Zeit. Sie ist aufs engste mit dem Anspruch Alexanders von Makedonien (356 bis 323) verbunden, die politische Machtfülle durch Gottessohnschaft oder gar durch Identifizierung mit einem der Götter ins Religiöse zu steigern. Alexander verschaffte sich eine solche Legitimation erstmals im Ammonheiligtum der Oase Siwa. Dieses Unternehmen zweigte er von der Eroberung Ägyptens ab. Das war ein religionspolitisch hochbedeutsamer Akt, der sich an die Gründung der nach ihm benannten Stadt im Nildelta, Alexandrias, im Jahre 332 v. u. Z. anschloß. Der Gott im Wüstenheiligtum hatte, so wußte man zu berichten, zu dem Herrscher gesprochen und ihn als seinen Sohn anerkannt.

Dieser Schritt war zweifellos die erste Stufe einer Orientalisierung des Machtbewußtseins und der sich daraus ergebenden Forderung göttlicher Verehrung. Alexander ist bei seinen nach der Überwindung der Perser angestrengten Fusionsbemühungen eine derart motivierte Annäherung des Herrscherbildes an das Gottesbild nur zugute gekommen. Galt es doch, seine bisher ausgeübte Makedonenherrschaft hellenistischen Stils mit der Einverleibung und Nutzbarmachung des Perserreiches und seiner auf den König hin ausgerichteten Führungspraxis zur Synthese zu bringen. Es ist schwer zu entscheiden, ob er mit dieser religiösen Inauguration spätere Erfordernisse kühn antizipiert oder aber aus den oben genannten Gründen diesen Akt der Inthronisation bewußt angestrebt hat.

Soweit wir den von Alexander bewirkten Prozeß der Metamorphose von der griechisch-hellenistischen Machtausübung zur persisch-orientalischen Despotie rekonstruieren können, scheinen politische und religiöse Erwägungen Hand in Hand gegangen zu sein. Eine solche Entwicklung kam auch den kulturellen Hinterlassenschaften der persischen Satrapien und der in ihnen etablierten Herrschaftsstrukturen entgegen. Das war ein Moment, das bei der Schaffung des Großreiches Alexanders berücksichtigt sein wollte.

Alexanders Nachfolger, die Diadochen, vor allem des hellenistischen Ostens, haben von dem in dieser Hinsicht durch Alexander geschaffenen Vorlauf erwartungsgemäß nur profitiert. Die Herrscher des seleukidischen Königshauses ließen sich als Heilande ihrer Ländereien verehren. Die Ptolemäer, Könige des ägyptischen Diadochenreiches, konnten gleichfalls auf die in dieser Region jahrhundertelang erprobte Götternähe des Landesoberhauptes nicht verzichten. Die Locke der Berenike II., der Gemahlin Ptolemäus' III. (284 bis 221), konnte durch Kultlegende an den Himmel versetzt und verstirnt werden.

Gerade hier im ptolemäischen Reich hatten sich diese Praktiken früh herausgebildet und gefestigt. Sie gewannen Einfluß auf die römischen Eroberer. Marcus Antonius (82 bis 30), der sich mit der ägyptischen Königin Kleopatra VII. (69 bis 30) verbündete, ließ sich als »Neuer Dionysos« feiern (S. 196 f.) und hatte sich den Helden Herakles als Vorkämpfer und Prototyp bei seinen Auseinandersetzungen mit Octavian, dem späteren Kaiser Augustus (63, reg. 27 v. u. Z. bis 14 u. Z.), erwählt. Im Gegensatz dazu hatte sich Octavian dem Schutze des Apoll anvertraut. Er hatte diesen

Gott sowie dessen Schwester Diana (Artemis) zu Hauptgöttern, zunächst des römischen Westens, dessen Unterstützung er sich im Kampf gegen Marcus Antonius zu versichern hatte, dann aber des ganzen römischen Imperiums gemacht (S. 242). Nicht zufällig ist der Kaiserkult aufgrund der genannten Vorleistungen im griechisch-hellenistischen Osten viel früher in Gang gekommen als in den westlichen Gebieten des Imperiums. Das hing engstens mit der hellenistischen Vorstellung bei der Begründung des vergöttlichten Herrscherbildes zusammen.

Kaiser Augustus hat – nach den in der Forschung bisher gewonnenen Einsichten zu urteilen – offenbar nur geringe Ambitionen entfaltet, sich mit den Göttern oder Heroen zu identifizieren. Immerhin gibt es ein hochbedeutsames Standbild, das Anlehnung an die berühmte Doryphorosstatue des Polyklet aus dem 5. Jahrhundert v. u. Z. zu erkennen gibt, das heißt aber eine Bedeutungsebene anstrebt, auf der schon zur Zeit der griechischen Klassik das Heroenbild des Achill als Norm des Polisbürgertums propagiert wurde. Bei dem Kaiserbild handelt es sich um eine Marmorstatue, die im Jahre 1863 etwa 12 km vor der Porta Flaminia im Norden Roms, bei Primaporta, zutage kam. Diese anspruchsvoll gearbeitete Porträtstatue wies etliche Farbreste auf.[85] In der Forschung konnte keine Einigung darüber erzielt werden, ob es sich bei diesem Marmorwerk um ein Original oder eine Kopie nach Bronzevorbild handelt. Ebenso geringe Gewißheit besteht hinsichtlich der Annahme, die Schaffung dieses Statuentypus mit den politischen Vorgängen im vorletzten Jahrzehnt vor der Zeitenwende, vor allem mit der Jahrhundertfeier im Jahre 17 v. u. Z. verknüpft zu sehen. Für eine solche Datierung sprächen allerdings die Reliefdarstellungen auf dem Panzer, den der Kaiser trägt. Sie weisen das gleiche Thema wie das aus diesem feierlichen Anlaß geschaffene Chorwerk des Dichters Horaz (65 bis 8) auf (S. 242 f.).

Zunächst interessiert der Heroisierungsaspekt, der mit dem Rückgriff auf den Doryphorostypus, in dem der Kaiser dargestellt wird, zur Wirkung kommt. Bei dem Doryphoros des Polyklet ist die in sie eingeschriebene Achilleusbedeutung aus einer Reihe nicht von der Hand zu weisender Indizien als Darstellungsobjekt mit ziemlicher Sicherheit erschlossen worden.[86] Unbeantwortet blieb bis heute die Frage, aus welchem Grunde im Laufe der Jahrhunderte diese mythische Vorgabe vergessen werden konnte. Bei den Römern läßt sich nur noch die Bezeichnung Doryphoros nachweisen, der als athletisches und militärisches Vorbild immer wieder genannt und nachgebildet worden ist.[87] An diesen Leitbildcharakter knüpft offensichtlich die Augustusstatue an, indem sie das Standmotiv des klassischen Musters – außer der zu imperatorischer Geste erhobenen Rechten – Zug um Zug reproduziert. Die angestrebte Klassizität ist bis in die Gesichtsbildung hinein zu verfolgen.

Wenn der Kaiser sich in Gestalt dieses Heros präsentieren ließ, so war das aufs engste mit der klassizistischen Rezeption dieses Leitbilds verknüpft. Diese bewußte Rückorientierung kann zweifellos als ein Bestandteil des Führungskonzepts des nunmehr ersten Mannes im Staate erkannt worden sein. Er grenzte sich damit von dem Herrschaftsanspruch hellenistischer Prägung, wie er von den um die Macht rin-

130

56

genden Rivalen zur Zeit der späten Republik praktiziert worden ist, entschieden ab. Das eben war ja auch die Bedingung dafür, daß es ihm gelingen konnte, die Phase der blutigen Auseinandersetzungen in den Bürgerkriegen des 1. Jahrhunderts v. u. Z. zu beenden und eine Reorganisation der Führungsschicht einzuleiten und zu erzwingen, die sich als Voraussetzung einer erfolgreichen Fortexistenz des römischen Imperiums auf die Dauer zu bewähren begann.

In einer solchen Konzeption, die sich aufs engste mit der propagierten Wiederherstellung der Republik verband, liegen auch die Wurzeln des Klassizismus als eines weitgefächerten kultur- und kunstpolitischen Anliegens. Das Zurücktreten des individuellen Anspruchs im Herrscherbild entsprach den Erfordernissen der Zeit, nachdem in der spätrepublikanischen Krise die personell betonte Beanspruchung der Macht zu einem Prozeß der Selbstzerfleischung geführt hatte. Selbst Caesar (100 bis 44), der in vieler Beziehung die Absichten des Augustus vorweggenommen und ihm bei der Zentralisierung der Staatsmacht vorgearbeitet hatte, ist an der Personalisierung seines Führungsanspruches gescheitert. Er fiel dem Attentat unverbesserlicher Republikaner zum Opfer, die damit freilich die Republik alten Stils nicht zu retten vermochten.

Augustus hat in diesem Punkte, obwohl die Fäden des neuen Staatsapparates bei ihm faktisch zusammenliefen, geschickte Zurückhaltung geübt. Er hat sich als Prinzeps, das heißt Erster unter Gleichberechtigten, in das Senatorenkollegium eingegliedert, jährlich einen Amtskollegen im Konsulat an seine Seite bestellen lassen, im ganzen der neureformierten Führungsschicht die Mitbeteiligung an den Staatsgeschäften großzügig eingeräumt und gesichert.

So gesehen, überrascht nicht das Aufgreifen klassischer, das heißt demokratischer Normen und Muster zur Zeit des Augustus. Dieser Abkehr vom politischen und kulturellen Erbe des Hellenismus wird die Tatsache geschuldet, daß uns in vieler Hinsicht so wenig von den großen Errungenschaften dieser Kulturphase geblieben ist. Man denke nur an die Romanliteratur, die als phasenspezifische literarische Errungenschaft des Hellenismus große Triumphe gefeiert haben muß. Von ihr sind uns nur kümmerliche Bruchstücke erhalten.

In der Bild- und Baukunst erhielt jetzt ein breiter Strom ausgesprochen klassizistischen Gepräges Auftrieb. Zu den hervorragenden Werken dieser Art zählen die Reliefs von der Ara Pacis (S. 207 f.) ebenso wie die Augustusstatue von Primaporta. Sie sind Bildzeugen eines Prozesses, der nicht zuletzt auch den Mythos in seinen Dienst stellte. Wenn Augustus sich mit dem Glanz des ersten Griechenhelden Achill umgab, rückte er damit energisch von der Aureole des pathetischen Alexanderbildes ab, das von etlichen hellenistischen Herrschern und von römischen Feldherren, zum Beispiel von dem Caesargegner Pompeius (106 bis 48), als Bildnisformel aufgegriffen worden war.

Verwunderlich bleibt die Beobachtung, daß dieser am Doryphoros orientierte Typus des Herrscherbildes sich offenbar nur kurze Zeit der Gunst des Dargestellten und seiner Auftraggeber erfreute. Er wurde alsbald von anderen Bildnistypen abgelöst. Vermutet werden kann, daß sich der Achillesbezug nicht gut mit der Vorliebe der Römer für die Trojaner vertrug. Achill war laut Mythos der gefährlichste Gegner Trojas gewesen. Er hatte Hektor besiegt und dessen Leichnam bei mehrmaligem Umritt um die Festung geschleift und geschändet.

Römische Propaganda versuchte seit dem 3. Jahrhundert v. u. Z. die Anfänge römischer Geschichte zielstrebig von Aeneas und dessen Flucht aus dem brennenden Troja abzuleiten. Besonders in der Literatur fand die Trojafreundlichkeit willkommenen Nährboden. Ennius (239 bis 169) gab in seinem Epos dem Helden Aeneas in der Frühgeschichte Roms einen festen Platz. Vergil (70 bis 19) machte in augusteischer Zeit diesen Heros zur Zentralfigur seiner epischen Dichtung. Das alles vertrug sich wenig mit der Etablierung des Achill als mythischer Leitfigur. So ist die darstellerische Verschmelzung des Augustus mit Achill eine Episode geblieben. Mochte auch eine solche Synthese das Regierungsprogramm am unmißverständlichsten zum Ausdruck bringen, die ideologischen Begleiterscheinungen waren – wenn wir recht vermuten – zu belastend, um auf die Dauer befriedigen zu können. So trennte man sich alsbald von diesem Statuentyp des Herrscherbildes.

Noch unter einem anderen Gesichtspunkt stellt sich die Kaiserstatue von Primaporta als eine ganz auf der Höhe ihrer Zeit stehende Repräsentation des Prinzeps dar. Auf dem Panzerrelief, das Augustus über dem Leibrock trägt, findet sich ein ganzes System bedeutungsvoller Figuren zu einer aussagereichen Komposition zusammengefaßt. Bemerkenswert dabei ist die Mischung von unmittelbar wiedergegebenen historischen Ereignissen und mythisch verschlüsselten Aussagen.

Panzerrelief von Primaporta

129

Im Mittelfeld stehen ein römischer Feldherr und der Partherkönig einander gegenüber; letzterer händigt die von den Römern in den 50er Jahren des 1. Jahrhunderts v. u. Z. an die Parther verlorenen Feldzeichen aus. Das war ein gewichtiger Akt der Rehabilitierung des römischen Militäranspruchs auf militärische Überlegenheit. Tiberius (42 v. u. Z., reg. 14 bis 37 u. Z.), der Stiefsohn des Kaisers, hatte diese Feldzeichenübergabe im Jahre 20 v. u. Z. abgewickelt. Höchstwahrscheinlich ist er im Relief selbst dargestellt. Anklänge an sein Porträt sind in der Gesichtsbildung des Feldherrn festzustellen. Zugleich erscheint er hier als Inbegriff des römischen Kriegsgottes Mars, der sein Prestige wiederhergestellt wissen will.

Um die Darstellung dieser militärpolitisch hochrangigen Prozedur rankt sich ein Figurenreigen meist mythischer Provenienz. Am oberen Rand des Panzers breitet der Himmelsgott Caelius das Himmelszelt aus, unter dem der Sonnengott sein Gespann herbeiführt, ein Gleichnis des beginnenden Tages. Vor ihm schweben zwei weibliche Gestalten. Die eine trägt eine Fackel; es ist wohl Venus, der Morgenstern. Die andere schwenkt einen Krug; es ist Aurora, die Göttin der Morgenröte, die die Erde mit Tau benetzt. Am unteren Rand sieht man die Erdmutter Tellus hingelagert. Zwei Knäblein nesteln nahrungsuchend an ihren Brüsten. Das Füllhorn und hinter ihr aufsprießende Pflanzen wollen als Hinweis auf ihre Fruchtbarkeit verstanden sein. Etwas höher arrangiert bewegen sich links Apoll kitharaspielend auf einem

241

Greifen, rechts Diana, auf einer Hirschkuh reitend, in das Bildfeld herein. Über ihnen, die Mittelszene flankierend, sitzen zwei weibliche Gestalten, der Mitte zugewandt. Es sind Personifikationen von Provinzen, links vermutlich Germania, die im Begriffe ist, ihr Schwert auszuhändigen; rechts eine keltische Provinz, darauf deuten Eberstandarte und Drachentrompete. Man wird letztere am ehesten mit östlichen Donauprovinzen in Verbindung zu bringen haben.

Horaz hatte in seinem Säkularlied zur Jahrhundertfeier Roms, einem alten Sühnefest der Stadt, das nachweislich zum dritten Mal gefeiert wurde, Phoebus Apoll und dessen Schwester Diana an erster Stelle angerufen, dann den Sonnengott, die Geburtshelferin und -förderin Eileithyia, den Himmelsgott, der den Regen schickt, sowie die getreidespendende Ceres, insgesamt also Hauptgötter, die sich auch auf dem Relief dargestellt finden.

Apoll und Diana hatten gerade durch Augustus, vor allem seit der Endphase des Ringens mit Marcus Antonius, Aufwertung erfahren. Der Gebrauch der Tellus als Metapher für die durch den Augustusfrieden geförderte Fruchtbarkeit der Erde war schon auf dem Tellusrelief der Ara Pacis, links des östlichen Zugangs zum Altarbereich, begegnet (S. 207 f.) Der Himmelsgott trägt eindeutige Züge des höchsten Gottes, also des Jupiter. Sonnengott und Apoll sind bedeutungsmäßig eng miteinander verbunden. Venus erhielt als Stammmutter des Kaiserhauses, als Venus Genetrix, höchsten Rang im Pantheon. Augustus rückt gleichsam als ein neuer Aeneas in seine volle Berechtigung und in seine historische Legitimation als Staatsoberhaupt. Horaz läßt es den gemischten Knaben- und Mädchenchor, der bei Tag einmal auf dem Kapitol und einmal auf dem Palatin damit auftrat, wie folgt vortragen (V. 37 bis 52):

»Wenn durch Euch (ihr Götter) sich Rom erhob und Trojas
edle Schar ausstieg am Etruskerufer,
auf Geheiß umtauschend die Stadt und Laren,
glücklichen Laufes,
sie, vom Mordbrand Iliums unbeschädigt,
der der Held Aeneas, dem Fall der Heimat
fromm entrückt, Bahn öffnete, mehr gewährend,
als sie zurückließ.
Götter, Zucht und Sitte gebt der Jugend,
Götter, gebt friedliche Ruh' dem Alter,
gebt Quirinius' Volk Gedeihn und Nachwuchs,
jegliche Zierde auch.
Und worum Euch fleht mit weißen Rindern
Venus' und Anchises' erhabner Sprößling,
das erlang er, Kriegenden stark, bezwungnen
Feinden ein milder.«

(Übersetzung Johann Heinrich Voß)

Mit Venus' und Anchises' Sprößling ist Aeneas angesprochen, dessen mythische Rolle hier Augustus zugedacht wird. Er ist die Schlüsselfigur des mächtigen Rom, das den Feinden unerbittlicher Gegner, den Bezwungenen Garant des Friedens und Kulturbringer sein will.

Die Dichtung des Horaz kommt mit der Aussage des Panzerreliefs zur Deckung. Der gleiche Götterhimmel spannt sich über dem Friedenswerk des Augustus aus. Die Rückgabe der römischen Feldzeichen durch die Parther erinnert an die nicht weit zurückliegende Rehabilitierung römischen Militäranspruchs. Das ist auch der unmittelbarste Anknüpfungspunkt für die Frühdatierung der Kaiserstatue ins vorletzte Jahrzehnt vor der Zeitenwende, ganz abgesehen von der Bildpropaganda des Rahmenwerks, das sich – wie oben ausgeführt wurde – in dem mythischen Figurenarsenal eng mit dem Chorwerk des Horaz zusammenfindet. Alles spricht für eine Entstehung des Kaiserbildes in der Nähe der Jahrhundertfeier, ganz gleich nun, ob es sich um ein Original oder eine Kopie, etwa aus tiberianischer Zeit, handelt.

Überblickt man die Schaffenszeit des Augustus von der Errichtung des Prinzipats im Jahre 27 v. u. Z. bis zu seinem Tode im Jahre 14 u. Z., so fällt auf, daß er gegenüber den Besetzungsmöglichkeiten mythischer Rollen, die er für sich hätte in Anspruch nehmen können, im allgemeinen zurückhaltend gewesen zu sein scheint. Die geringe Zahl der bisher ermittelten Allegorien dürfte auf keinem Zufall beruhen.

Kaiser Tiberius

Ähnliches läßt sich auch für seinen Nachfolger Tiberius (42 v. u. Z., reg. 14 bis 37 u. Z.) nachweisen. Die im Zusammenhang mit den Skulpturen von Sperlonga versuchte Identifizierung dieses Kaisers mit der Gestalt des Odysseus bleibt unbewiesen (S. 211f.). Andererseits ist die Inanspruchnahme des Achillmythos für diesen Herrscher klar zu erweisen. Auf einem der beiden Hobybecher ist Tiberius in der Gestalt des Achill, den Priamos um die Auslieferung der Leiche des Hektor bittet, erkannt worden.[88]

Auf dem vergoldeten Silberbecher, dessen Meister Cheirisophos und dessen Eigentümer Silius durch eingravierte Inschriften am Gefäß verbürgt sind, ist auf der einen Seite Achill-Tiberius, auf einem Stuhl sitzend, dargestellt. Er streckt die rechte Hand vor, die der vor ihm kniende Barbarenfürst mit seiner Rechten zum Munde führt, um sie – Zeichen seiner Ergebenheit – zu küssen. Hosen- und Ärmeltracht sowie phrygische Mütze weisen den Barbaren als solchen hinreichend aus.

Der historische Bezug für diesen Prototyp »Priamos« ist leicht gefunden. Die Demütigung des Barbaren angesichts des als Achill inszenierten Tiberius kann sich nur auf die Feldzeichenübergabe durch die Parther beziehen, die Tiberius im Jahre 20 v. u. Z. im Auftrage des Augustus bewerkstelligt hatte. Es ist also der gleiche Vorgang, der die Mitte des Panzerreliefs der Augustusstatue von Primaporta bestreitet. Auf dem Hobybecher griff man zur mythischen Verschlüsselung dieses Vorganges auf das Darstellungsmuster Achill-Priamos zurück, das in der Bildkunst seit langem festgeschrieben war. Die militärpolitischen Verdienste des Sohnes der Livia sind also offensichtlich des öfteren in der dynastischen Bildpropaganda bedacht worden.

131

Die Unterwerfungsszene auf dem Hobybecher wird flankiert von zwei Zweiergruppen, links zwei junge Männer, rechts zwei Frauen. Auch hier hat man auf der Basis von Porträtähnlichkeit folgendes vermutet: Links seien der Drusussohn Germanicus (15 v. u. Z. bis 19 u. Z.), ein Neffe des Tiberius, und der jüngere Drusus (15/12 v. u. Z. bis 23 u. Z.), Sohn des Tiberius, dargestellt, eine Identifizierung, die im Hinblick auf die ikonographische Fixierung reichlich vage bleibt. Rechts seien die ältere Agrippina (14 v. u. Z. bis 33 u. Z.), Gattin des Germanicus, und Livia (58 v. u. Z. bis 29 u. Z.), die Mutter des Tiberius, abgebildet. Eine solche Gleichung läßt sich aber kaum mit Sicherheit beweisen.

Die Kombinationsmöglichkeiten bei der dynastischen Vernetzung des Figurenwerks auf Tafelsilber wie diesem ist ein Spiel, dem so schnell keine Grenzen gesetzt werden können; denn die Porträtaffinitäten der Mitglieder des iulisch-claudischen Kaiserhauses sind zunächst einmal ganz allgemein. Präzisierungsvorschläge basieren dabei vor allem auf vermuteten Prinzipien dynastischer Propaganda. Die Verifizierung des Achill auf dem Hobybecher als Tiberius ist bisher unwidersprochen akzeptiert worden und darf als politische Allegorie des Kaisers, vermutlich vor seiner Inthronisation, in Anspruch genommen werden.

Kaiser Caligula

Einen ersten Höhepunkt in der Berufung auf mythisch-göttliche Identität erreicht die Entwicklung in der frühen Kaiserzeit mit Caligula (12, reg. 37 bis 41). In der Phase 134 nachweisbaren Größenwahns ließ er sich als Gott, ja als eine Inkarnation des obersten Gottes Jupiter verehren und nahm bei seinen Ausschweifungen die Unberechenbarkeit göttlichen Waltens voll für sich in Anspruch. Das gilt auch für seine sexuellen Exzesse, die offenbar mit einer solchen Motivation Hand in Hand gingen. So wollte er nach dem Vorbild der in Alexandria praktizierten Geschwisterehe der ptolemäischen Könige mit seiner Schwester Drusilla ehelich vereint leben. Auch seine willkürlichen Entscheidungen über Leben und Tod seiner Untertanen sind unter diesem Aspekt zu begreifen.

Aufschlußreich ist seine Inszenierung als Neuer Alexander. Um diesem Auftritt den gehörigen Hintergrund zu geben, ließ er mit vielem Aufwand eine Pontonbrücke von Puteoli, dem Haupthafen Roms (in der Nähe Neapels), nach Bauli errichten und diese Brücke zu einer regelrechten Chaussee mit allem Komfort ausbauen, überschritt dieses Meisterwerk der Technik mit einem riesigen Heer und brüstete sich, die meerüberschreitenden Operationen der Perserkönige Darius und Xerxes im 5. Jahrhundert v. u. Z. damit noch übertroffen zu haben. Das Unternehmen fand in abendlicher Illumination seinen Gipfelpunkt. Aus dem Geschichtswerk des Cassius Dio (um 150 bis um 235) erfahren wir darüber folgendes (59,17):

»Die Gegend hatte Halbmondform, und die Beleuchtung fiel
daher wie im Theater von allen Seiten her, so daß man
nirgends Finsternis gewahrte. Er (Caligula) wollte die
244   Nacht zum Tage machen, wie er das Meer zu Land umge-

schaffen hatte. Als er sich wie toll und voll gegessen
und getrunken hatte, stieß er viele seiner Zechgenossen
in das Meer, viele versenkte er, mit einem Schnabel-
schiff umherfahrend, in den eigenen Schiffen, so daß
selbst einige das Leben verloren; die meisten aber,
obgleich berauscht, wurden gerettet, weil zur Zeit,
da die Brücke gebaut und dieser Unfug aufgeführt wurde,
das Meer ganz glatt und ruhig war. Auch tat er sich
darauf nicht wenig zugute und meinte, daß selbst Nep-
tun vor ihm gezittert habe.«

(Übersetzung Leonhard Tafel)

Caligula gebärdet sich also wie ein Gott unter Göttern. Welche Rollen er sich dabei
zulegte, ist nicht immer genau zu rekonstruieren. Daß hinter solchen und anderen
Ausschweifungen göttliche Anmaßung stand, ist nicht zu bezweifeln.

Kaiser Nero

An das erprobte Erbe des Caligula, den Mythos als Lebenswelt zu reprodzieren,
knüpfte am konsequentesten Kaiser Nero (37, reg. 54 bis 68) an. Für seinen Vorgänger fallen diese Exzesse unter das Verdikt krankhafter Abnormitäten, verursacht [135]
durch sein Gehirnleiden. So gesehen hat dort der Caesarenwahnsinn noch wenig
Methode. Bei Nero dagegen lassen sich die überlieferten Ausschreitungen eher in
einem wohldurchdachten System der Selbstdarstellung begreifen. Eine der Voraussetzungen dafür scheint die Analyse seines Regierungskonzepts zu sein, aus dem
sich Anmaßungen dieser Art mit einer gewissen Folgerichtigkeit ableiten lassen.
  In der neueren Forschung zur Neroproblematik ist man auf des Kaisers Bemühungen um eine Reintegration des griechischen Kulturerbes aufmerksam geworden.[89]
Für diesen Prozeß, den Nero selbst mit Initiative und gegen maßgebliche Vertreter
der römischen Führungsschicht vorangetrieben hat, gibt es etliche Anhaltspunkte.
Dazu zählt seine mehrmals in Angriff genommene, verzögerte und schließlich im
Jahre 66/67 u. Z. durchgesetzte Griechenlandreise, die dann freilich auch zu seinem Sturz mit beigetragen haben dürfte. Er verkündete den Griechen die Freiheit,
das heißt Abgabenfreiheit und Selbstverwaltung der Provinz Achaia. Er ließ die
olympischen Spiele reorganisieren und bekam Hunderte von Siegeskränzen zugesprochen. Das von Caesar einst schon ins Auge gefaßte Kanalprojekt am Isthmos
von Korinth ließ er in Angriff nehmen; es blieb freilich unvollendet.
  Was die römischen Führungskreise schon vor dieser Reise abgestoßen hatte, waren Neros Bemühungen um die Realisierung griechischer Bildungsideale. Das betraf sowohl die sportlichen wie die künstlerischen Fähigkeiten. So stiftete der Kaiser
den musisch orientierten Kapitolinischen Agon, führte die Neronischen Wettkämpfe
ein und ließ ein Gymnasium in Rom erbauen. Das alles wäre noch angegangen,
wenn er nicht selbst den Ehrgeiz gehabt hätte, bei allen diesen Wettbewerben als
der Beste hervorzugehen. Er trat seit den späten 50er Jahren u. Z. als Wagenlenker, 245

also als Rennfahrer, und in geschlossenen Gesellschaften als Kitharaspieler auf, gegen Mitte der 60er Jahre u. Z. dann auch öffentlich. Hinter solchen Ambitionen muß ein Herrschaftsideal vermutet werden, das den ersten Mann im Staate auch als den besten, den fähigsten, bewähren sollte, und das in möglichst vieler Hinsicht.

Besonders aufschlußreich in diesem Zusammenhang sind Neros Theaterauftritte, mit denen er nicht nur die Römer verärgerte, sondern auch diplomatische Gesandtschaften verprellte. Man hat bisher viel zu wenig differenziert nach Beweggründen eines solchen Verhaltens gefragt und es viel zu schnell als pathologisches Fehlverhalten abgestempelt. Gerade hier kommt man bei einiger Behutsamkeit dem mythischen Rollenanspruch des Herrschers auf die Spur. Das gilt nicht nur für die Theaterszene. Aus Cassius Dios Geschichtswerk (63,9 und 63,22) erfahren wir, daß zu seinen Lieblingsrollen Oedipus, Thyestes und Hercules zählten, auch die beiden ausgemachten Muttermörder Alcmaeon und Orest. Wer dächte nicht sogleich bei der Inszenierung der letztgenannten Prototypen an mögliches Rollenverständnis Neros bei dem groß inszenierten Muttermord an Agrippina der Jüngeren (15 bis 59), auch wenn er nicht selbst in der dramatischen Endphase dieses Vernichtungsfeldzuges das Schwert gegen seine Mutter zückte, sondern diese Schandtat seine Schergen ausführen ließ?

Nero hat auch weibliche Rollen auf dem Theater realisiert. Das erstreckte sich bis hin zu Gebärszenen, die imitiert wurden. In dem Anspruch, auch das andere Geschlecht darstellerisch zu verwirklichen, hatte er ja einen — wenn auch unrühmlichen und dem Fluch des Vergessens anheimgegebenen — Vorgänger. Das war Caligula, von dem bekannt ist, daß er sich in der gleichen Richtung produziert hatte. Diese Versuche mögen pervers anmuten, sind aber nur die Bestätigung des Prinzips, das im Hinblick auf die Darstellung weiblicher Rollen durch Männer in der Antike bereits erprobt worden war. Peinlich war eben nur, wenn der Kaiser selbst diese Rollen übernahm. Darin muß für ihn ein unglaublicher Reiz gelegen haben, diese Wandlungsfähigkeit bis zum äußersten auszukosten. Vielleicht hat dazu auch der mythisch vorgebildete Geschlechtertausch zwischen Herakles und Omphale den Anlaß gegeben. Der Held hatte sich ja bis zur Vertauschung der Gewänder — wie wir den Bildquellen entnehmen können — der weiblichen Rolle anbequemen müssen, während Omphale, die lydische Königin, sich das Löwenfell zulegte und zur Keule griff.

An einem späteren Punkt der römischen Kaiserzeit sollte sich dieser Transvestitismus des Staatsoberhauptes wiederholen und religionspolitisch brisant werden (S. 270ff.). In der Nerozeit müssen wir noch nicht mit dieser Polyvalenz pantheistischen Machtstrebens rechnen. Das blieb einer Zeit vorbehalten, die den Weg des Gottkaisertums, wie ihn Caligula eröffnet hatte, konsequenter einschlug, um auf diese Weise der spätantik-christlichen Auffassung vom Weltherrscher als zugleich göttlicher Instanz in jeder Hinsicht vorzuarbeiten.

MYTHISCHE
ESCHATOLOGIEN

Nachwirkungen der griechischen Tragödie

Die Rezeption des griechischen Mythos in dramatischer Form hatte in den Tragödien der Klassiker des 5. Jahrhundert v. u. Z., vor allem des Aischylos, des Sophokles und des Euripides, ihren unbestrittenen Höhepunkt erreicht. Probleme des gesellschaftlichen Zusammenlebens dieser Zeit waren darin ebenso aufgearbeitet worden wie die Probleme allgemein menschlicher Existenz. Darauf beruhte ja ihre über dieses Jahrhundert weit hinaus wirksame Aussagepotenz und ihre Allgemeinverständlichkeit. Eine solche Rezeptionsfähigkeit setzte allerdings das Wissen um den Mythos voraus. Dies war bei den Griechen der hellenistischen Jahrhunderte durchaus gegeben. Klassische Tragödien, vor allem die des Euripides (485/484 bis 406), kamen deshalb immer wieder zur Aufführung und lieferten am Ende auch die Vorlage für römische Inszenierungen.

Livius Andronicus, ein geborener Grieche, der im 3. Jahrhundert v. u. Z. als Kriegsgefangener aus Tarent nach Rom gekommen und dort von seinem Herrn freigelassen worden war, bearbeitete klassische Tragödien, übrigens auch Komödien, in lateinischer Sprache. Einen Schritt weiter ging Naevius (gest. um 201 v. u. Z.), ein Zeitgenosse des Livius Andronicus. Er verfaßte lateinische Tragödien, die griechischen Mythos, besonders aus dem trojanischen Sagenkreis, zum Inhalt hatten. Zugleich schuf er die fabula praetexta, das Drama mit nationalrömischen Stoffen. Griechischer Mythos wurde auch in den Tragödien der frühen Kaiserzeit aufgearbeitet. Wir wissen dem Titel nach von einer »Medea« des Ovid (43 v. bis 18 u. Z.), die leider verlorengegangen ist.

Tragödien des Seneca

Geradezu eine Renaissance erlebte die Tragödiendichtung in der neronischen Zeit im Werk des Dramatikers Seneca (4 v. u. Z. bis 65 u. Z.). Der vorwiegend als Philosoph in die Kulturgeschichte eingegangene, auch als Berater des Kaisers Nero in den ersten »goldenen« Jahren seiner Regierung gefeierte Seneca ist als Verfasser von Tragödien bekannt und berühmt geworden, obwohl dieser sein schriftstellerischer Ruhm umstritten ist. Abgesehen von der Tatsache, daß unter seinem Namen Werke umliefen, die offensichtlich gar nicht von seiner Hand stammten – wie zum Beispiel die Tragödie »Octavia« –, müssen wir damit rechnen, daß an manchen Stücken im nachhinein unter seinem Namen Änderungen und Weiterungen vorgenommen worden sind. Das zu entscheiden und textlich zu begründen, muß allerdings den Philologen vorbehalten bleiben.

Was die Tragödien Senecas betrifft, so sind sie in letzter Zeit als Dokumente zeitgeschichtlichen Geschehens viel ernster als jemals zuvor genommen worden. Ja man darf behaupten, daß die Erschließung der realpolitischen Aussagekraft überhaupt erstmals in diesen letzten Jahrzehnten im Angriff genommen wurde.[90] Das ist eine Betrachtungsweise, die aufs engste mit der Frage nach der Funktion mythischer Darstellungsmuster als Verständigungsmittel über Gegenwartsprobleme verknüpft ist. Hatte sich bisher die philologische Forschung auf die sprachliche Gestaltung der Senecastücke konzentriert und war dabei zu einer nicht allzuhoch veranschlagten Wertschätzung der Texte gelangt, so ist seit den 1950er Jahren der Sinn für die in den Tragödien verdichteten Aussagen über Herrschaftsstrukturen und die Sinnproblematik menschlicher, gesellschaftlicher Existenz ungemein geschätzt worden. Dieser Prozeß ist noch lange nicht zum Abschluß gekommen und hat bisher nur Teilantworten auf die Frage gebracht, »wieso dieser Engel der beste Mann in des Teufels Kabinett sein konnte«, wie das Peter Hacks in seinem Seneca-Essay formuliert hat.[91]

Am Beispiel der Medeatragödie soll die Sinnebene aufgesucht werden, auf der Senecas Weltansicht und Gegenwartsverständnis sich aus der mythischen Verschlüsselung ermitteln und interpretieren lassen. Die Fabel des Stücks ist von der Euripidestragödie her bekannt: Iason, der in Korinth Zuflucht sucht, hat sich von Medea getrennt. Er strebt die Vermählung mit Kreusa, der korinthischen Königstochter an. Das ist die Bedingung für die Festigung und Sicherung seiner neuen Existenz in Korinth. Medea sinnt auf Rache, läßt ihre beiden Kinder der Kreusa vergifteten Schmuck aushändigen, der diese in Brand versetzt und sie samt ihrem zu Hilfe eilenden Vater Kreon zugrunde richtet. Am Ende tötet Medea ihre Kinder, wirft sie Iason zu Füßen und entkommt mit einem schlangengezogenen Himmelswagen zu König Aigeus nach Athen.

Seneca hat nun in seinem Stück die Schuldproblematik im römischen Sinne zugespitzt. Iason und Medea, die aus Thessalien Flüchtigen, wären mit ihren Kindern verloren gewesen, wenn sie nicht in Korinth schützende Aufnahme gefunden hätten. Bedingung dieses Asyls ist die Heirat Iasons mit Kreusa. Die geforderte Tötung der Medea weiß er durch die neue Ehe zu verhindern. Die Kinder sollen ihm bleiben. Medea muß binnen kurzem das Land verlassen. Aus Iasons Sicht hat er alles getan, um das Überleben der Bedrängten zu sichern. Die Trennung von Medea war der Preis. Hier wurzelt sein tragisches Verhalten, das dann zur Katastrophe führt.

Medea wirft ihm Feigheit vor. Er hätte das Schwert nehmen und es darauf ankommen lassen müssen. Seinen Kompromiß, der ihrer aller Leben absichert, akzeptiert sie nicht. Sie sucht Rache und findet sie in der listig inszenierten Tötung der Braut und des Brautvaters durch ein Feuer, dessen Opfer zugleich Korinth wird. Iason vernichtet sie moralisch durch den vor seinen Augen sich abspielenden Mord an den Kindern. So erfüllt sich die Tragik Iasons auf das grausamste.

Die Tragik der Medea ist eine andere. Die Fragestellung nach ihr führt zur Konzeption Senecas vom Schuldigwerdenmüssen menschlicher Lebensbeanspruchung schlechthin. Das ist ein Moment, das in der Oedipustragödie des Sophokles schon keimhaft angelegt war (S. 108 f.). Seneca hat dieses Moment unvergleichlich konsequenter verdeutlicht. Medea ist die Sprecherin dieser Maxime. In der Vorbereitung ihrer Rache klingt das Motiv von vornherein unmißverständlich an (V. 50 bis 55):

»Größere Verbrechen stehen mir zu, nun ich Kinder geboren habe. Gürte dich mit Zorn und rüste dich zum Untergang mit allem Rasen; deine Verstoßung gelte deiner Hoch-

zeit gleich. Wie wirst du den Gatten verlassen? So wie
du ihm gefolgt bist. Nun gib auf das müßige Säumen: das
Haus, durch ein Verbrechen gewonnen, mußt du mit einem
Verbrechen verlassen.«

(Übersetzung Theodor Thomann)

Von Anfang an ist sich Medea schuldhafter Verstrickung bewußt. Als Iason sie in Kolchis gewann, hat sie sich an ihrem Vater vergangen, ihren Bruder ermordet, die Heimat verraten. Unentrinnbar ist sie in diese Kette von Vergehen eingebunden. Sie mußte schuldig werden. Das ist die Bedingung ihrer Existenz. Als einzige Möglichkeit, diese Schuld von sich abzuschieben, gibt es den Hinweis auf Tiphys, den Steuermann der Argo, jenes Schiffes, das Iason und seine Mannschaft nach Kolchis hat gelangen lassen (V.319 bis 336):

»Tiphys wagte es, Segel auszubreiten auf dem weiten Meere
und neue Gesetze den Winden zu schreiben ... Unsere
Ahnen sahen lichte Jahrhunderte, da Betrug weit entrückt war. Jeder, seßhaft an seinen eigenen Gestaden
und auf väterlicher Flur Greis geworden, mit wenigem
reich, kannte keine Schätze außer denen, die der hei-
mische Boden hervorgebracht hatte. Die Satzungen einer
zu ihrem Heil getrennten Welt zog in eine einzige zusammen die thessalische Fichte (Argo).«

(Übersetzung Theodor Thomann)

Seneca spricht damit dem römischen Imperium das Todesurteil. Dieses Riesenreich basierte auf der Kommunikation zu Lande und zu Wasser. Römerstraßen und Römerschiffe sind zum Inbegriff des Zusammenhalts der Organisationsstruktur des Reiches geworden. Man muß sich fragen, in welchem Maße diese Tragödien publikumswirksam geworden sind. Der Kulturpessimismus, der in solchen mythischen Bildern zum Ausdruck kommt, ist durch nichts zu beschönigen. Ihm wird durch Medeas Konzept, daß Verbrechen sich nur mit Verbrechen sühnen lasse, gleichsam die Krone aufgesetzt. Im letzten Zwiegespräch mit Iason, nachdem die Braut und ihr Vater vernichtet sind, kommt Medea klar mit der Sprache heraus (V.904 bis 911):

»Alles, was ich begangen habe bis jetzt, nenne ich Liebes-
werk. Solches betreiben und bewirken will ich, daß
sie erkennen, wie leicht und wie gewöhnlicher Art die
Verbrechen waren, die ich für angemessen hielt. Ein Vor-
spiel nur hat mein Schmerz gegeben durch sie: was konnten unerfahrene Hände Großes wagen? Was mädchenhafte
Raserei? Medea bin ich jetzt; gewachsen ist meine
Natur durch Leiden.«

(Übersetzung Theodor Thomann)

Wie sehr Medea diesen Racheakt mit Weltuntergangsstimmung ausstattet, geht aus den Passagen hervor, die die Giftmischerei begleiten (V.740 bis 849): Medea ruft die Todesgötter an, beschwört das finstere Chaos, erlöst die Büßer der Unterwelt Ixion, Tantalus, Sisyphus, die Danaiden und lädt sie zu ihrer neuartigen Hochzeit, dem Rachewerk, ein. Sie polt die Gezeiten um, verwirrt die Himmelserscheinungen, verkehrt die Jahreszeiten, läßt die Ströme aufwärts fließen. Dieses Beschwörungswerk, das die bestehende Welt aus den Angeln heben soll, beschließt sie, nachdem sie das Gift zusammengemischt hat, mit einem Blutopfer aus ihren Adern.

Selten ist ein apokalyptisches Drohbild in den Tragödien Senecas mit so grellen Farben ausgemalt worden wie hier. Iason bescheinigt der Mörderin seiner Kinder, die sich im Schlangengefährt in den Himmel auf- und davonhebt (V.1024 f.):

»Geh durch die hohen Räume im erhabnen Äther,
bezeuge, daß, wo du fährst, es keine Götter gibt.«

(Übersetzung Theodor Thomann)

Das ist der Schlußpunkt der Tragödie, mit dem die herbeigefluchte Gegenwelt, die Medea aufnimmt, der Gottlosigkeit, das heißt aber der Unmenschlichkeit, bezichtigt wird. Gern wüßte man, wie römisches Publikum, und sei es auch nur aus Vertretern der gehobenen Schichten zusammengesetzt, auf dieses Höllengemälde reagiert hat. Wir wissen nicht, wann Seneca seine Tragödien geschrieben hat, ob vor oder nach seiner Entlassung als Minister. Durfte ein solches Todesurteil über die bestehenden Verhältnisse überhaupt zur Aufführung gebracht werden? Sind diese Stücke jemals gespielt worden? Vieles spricht dafür, daß das zumindest im kleineren Kreise geschah.

Seneca im Vergleich mit Paulus

Für die existentielle Zuspitzung der Probleme, wie sie Seneca auch in seinen anderen Tragödien aufgeworfen hat, gibt es philosophisch eine schlagende Parallele: Das sind die Schriften des Apostels Paulus, der in der Nerozeit in Rom – vielleicht als ein Opfer der ersten Christenverfolgung – umgekommen ist. Paulus treibt in seiner Argumentation die Schuldhaftigkeit menschlicher Existenz – er nennt es das Prinzip der Erbsünde – ähnlich auf die Spitze, um den von ihm verkündeten Erlöser der Welt, Jesus Christus, und dessen Heilswerk motivieren zu können. Auch bei ihm werden ein neuer Himmel und eine neue Erde angesagt als Alternative zu dieser Welt, die er als sündhaft abqualifiziert.[92]

Man hat früh das Verbindende der Ideenwelt beider Männer erkannt und sogar einen Briefwechsel zwischen beiden konstruiert. Das ist ein Machwerk des 4. Jahrhunderts u. Z., das immerhin den Vorteil hatte, daß »das Werk des Heiden«, wie es Hacks formuliert hat, »im Bettelsack des Apostels unbeschlagnahmt durchs Mittelalter reiste«. Trotz dieser Reisegesellschaft, deren Effizienz für die Neuzeit man nicht überschätzen sollte, bleibt eine tiefe Kluft zwischen der Weltsicht beider Ideologien. Man kann sich mit Blick auf den jeweils gewiesenen Ausweg aus der beschriebenen Misere wiederum keinen krasseren Gegensatz vorstellen.

251

Paulus empfiehlt den Glauben als einzige Rettung. Aber dadurch wird die Sünde nicht aus der Welt geschafft. Sie bleibt als Bedingung des gesellschaftlichen Zusammenlebens bestehen, auch wenn die Gemeinde der Gläubigen sich konfessionell aus der Masse der Un- oder Andersgläubigen ausgegrenzt wissen will. Seneca dagegen läßt mit Medeas Rache seine Devise deutlich werden, daß das Verbrechen,

141 Medea vor dem Kindermord, Wandgemälde aus Herculaneum, 1. Jh. u. Z. Neapel, Nationalmuseum.

252

dem der Mensch als in der Welt Geborener ausgeliefert ist, nur durch neue Verbrechen vergolten werden kann. Das verbürge die Möglichkeit, zur Freiheit zu kommen. So lautet die Auskunft der Tragödien. Daneben bietet freilich das philosophische Werk Senecas eine andere Aussage. Rettung sei nur im Rückzug aus dem menschlichen, staatlichen Getriebe zu erlangen. Seneca hat das in seiner Schrift »Über die Muße« dargelegt.[93]

Rehellenisierung

In Anbetracht einer solchen weltanschaulichen Betrachtung des griechischen Mythos, wie sie in dem Tragödienwerk des Seneca mehr und mehr zur Gewißheit wird, darf man wohl von einer Reaktivierung des Mythenschatzes in dieser Zeit sprechen. Das ist eine Erscheinung, die nicht nur der Literatur abgelesen, sondern auch der Bildkunst abgewonnen werden kann. Nicht zufällig hat man die Skulpturen aus der Grotte von Sperlonga (S. 210 ff.) für die neronische Zeit in Anspruch nehmen wollen, obwohl vieles für eine frühere Entstehung dieser Skulpturengruppen spricht. Sie können aber durchaus als Vorläufer einer Entwicklung betrachtet werden, die dann unter Nero in der Bild- und Baukunst und eben auch – wie die Senecatragödien beweisen – in der Literatur faßbar wird. Es handelt sich dabei um Zeugnisse eines Rehellenisierungsprozesses, durch den das griechische Kulturerbe erneut Einfluß auf die italische, speziell die stadtrömische Kunstentwicklung gewann.

Nicht zufällig hat man in den Tragödien Senecas eine Tendenz der Barockisierung im sprachlichen Ausdruck, aber auch in dem so empfundenen Schwelgen in Bildern und grellen Farben entdecken wollen. Das aber ist genau die Umschreibung dieses Gestaltungsphänomens, bei dem von einer neuen Substanzauffassung, einem organischer konzipierten Raum- und Zeitbewußtsein, ausgegangen wird, die den Klassizismus der frühen Kaiserzeit abbauen und überwinden helfen. Am sinnfälligsten lassen sich diese Entwicklungen in der Wandmalerei, vor allem Pompejis, verfolgen. Das betrifft nicht nur die neugefestigten und organischer verräumlichten Wanddekorationen, sondern eben auch die substanzreicher gestalteten Wandbilder selbst, die uns das Bild der Medea vor dem Kindermord in neuer Vitalität beschert 141 haben.

Neros Apologie

Als Kaiser Nero seine Mutter, Agrippina die Jüngere (15 bis 59), ermorden ließ, mußte Seneca die Rechtfertigungsrede für Nero im Senat verfassen. Es ist immer wieder die Frage gestellt worden, wie wohl Seneca die Aufgabe gelöst haben mochte. Liest man seine »Medea«, so beginnen sich die Wege zum Verständnis einer solchen Ungeheuerlichkeit zu ebnen. Es versteht sich von selbst, daß eine Argumentierweise, wie sie die rachsüchtige Medea auf die Spitze getrieben hat, in dieser Unumwundenheit den Senatoren nicht angeboten werden konnte. Hinter der Rechtfertigung des Kaisers, die – wie konnte es auch anders sein – auf Unterstellung eines geplanten Mordes an ihm von seiten des Opfers hinauslief, stand gewiß der Gedanke, dem einen Verbrechen mit dem anderen zuvorzukommen, das heißt aber, Verbrechen mit Verbrechen zu begleichen, um sich Handlungsspielraum zu sichern. 253

Hinzukommen dürfte zu einer solchen Rechtfertigung des Muttermordes Neros Schwäche für mythisches Rollenverständnis, wie er es nachweislich im Theater auch wirklich praktiziert hat. Obwohl es unmittelbar keinen Anhaltspunkt dafür gibt, wäre es dennoch denkbar, daß er bei dieser blutigen Intrige die Rolle von Muttermördern wie Orest und Alcmaeon durchprobierte, von denen wir wissen, daß sie zu seinen Lieblingsrollen zählten.

Wie dem auch sei, wir erfahren aus den Tragödien Senecas viel über den Zeitgeist dieser Dezennien und über die Unbedenklichkeiten bei der Machtbeanspruchung und Machtbehauptung der führenden Schichten Roms, vor allem des Kaisers selbst, der vor Blutvergießen im engsten Familienkreis ebensowenig zurückschreckte wie seine Vorgänger. Der Unterschied bestand nur darin, daß die Rechtskraft dieser Akte mehr als früher durch die Beanspruchung mythischer Exempel salon- und theaterfähig gemacht wurde.

GENIUS DES KAISERS IN MYTHISIERTER GESTALT

Abstrakte Figurationen

Die herkömmliche Identifizierung römischer Kaiser mit Gestalten des Mythos, wie sie sich gelegentlich bei Augustus und Tiberius, ausgeprägter bei Caligula, vor allem aber bei Nero beobachten ließ, hat im 2. Jahrhundert u. Z. – bis auf den Kaiser Commodus (161, reg. 180 bis 192) – keine besonders wirksame Nachfolge gehabt. Die mit dem Regime der einzelnen Herrscher verbundenen Vorzüge und Qualitäten wurden jetzt mehr in Personifikationen propagiert, die der mythischen Formeln weitgehend entbehren konnten.

Ein aufschlußreiches Beispiel, das etliche solcher Figurationen aufweist, ist der Trajansbogen in Benevent (Mittelitalien), der mit einem in sich geschlossenen, in Relief ausgearbeiteten Bildprogramm bestückt ist.[94] Der Bogen läßt sich in das Jahr 114 u. Z. datieren. Auf dem rechten Attikarelief der Stadtseite findet sich der Kaiser dargestellt (rechts) mit den beiden Konsuln, die vorn links auf ihn zutreten. Im Mittelgrund ist höchstwahrscheinlich Romulus inszeniert, weiter links Roma-Italia, also allegorische Figuren, die Trajan als Neugründer der Stadt und des Staates charakterisieren. Auf den anderen Reliefs des Bogens gibt es weitere Verschlüsselungen dieser Art. Die Gestalt des Honos beherrscht die Rekrutierungsszene. Die Darstellung der Alimentarstiftung ist neben dem Kriegsgott Mars mit den Gestalten der Italia und der Roma sowie offenbar der Indulgentia, der Nachsicht, Güte, des Kaisers besetzt. Das sind alles Abstraktionen, die, in idealer Figürlichkeit präsentiert, neben Göttergestalten, Lokalgottheiten und Sterblichen, zwanglos unter sie gemischt, auftreten, um die Zentralgestalt des Kaisers in seinen Aktivitäten und Qualitäten zu kennzeichnen.

Die eine mythische Vergegenwärtigung einschränkende Darstellungsweise entsprach viel mehr dem historisch fixierenden Sinn römischer Geschichtsauffassung. Diese Einstellung hatte sich schon bei der Adaption des Mythos dahingehend ausgewirkt, daß er einer historisch präziseren Festschreibung unterzogen und damit bedeutungsmäßig enger eingegrenzt wurde. Erinnert sei an Beispiele wie die Tellus der Ara Pacis (S. 207 ff.) oder an den achilleisch apostrophierten Augustus von Primaporta (S. 239 ff.).

Mit der Etablierung neuer Allegorien auf der Basis abstrakter Wesenheiten, die im Dienste politischer Argumentation figurativ zur Wirkung gebracht wurden, ließ sich eine propagandistisch eindeutigere Personalisierung bewerkstelligen. Eine solche Entwicklung kam der Reichssituation entgegen. Die übergreifende Ideologie, die an einer Vergegenständlichung der politischen Botschaft orientiert war, kam auf diese Weise von den oft ortsgebundenen Mythenversionen frei und vermochte imperiumsweit sozusagen im Klartext zum Selbstverständnis römischen Herrschafts- und Kulturbewußtseins beizutragen.

Zu der neuen Situation gesellte sich auch die Schöpfung der verschiedenartigsten Genien. Das waren Verkörperungen von Schutzgeistern, Inkarnationen gleichsam dessen, was wir in der historisch interpretativen Synthese als »Zeitgeist« einer bestimmten Phase oder Periode zu bezeichnen in der Forschung seit einiger Zeit übereingekommen sind. Das gilt bis hin zur Spezifik eines Jahrhundertverständnisses, wie es der Geschichtsschreiber Tacitus (um 55 bis um 120) im Begriff von »sae-culum« (Jahrhundert) bedeutungsmäßig zu erfassen versucht hatte.

Eines der herausragendsten Beispiele dieser Art, in das zugleich die Realexistenz einer historischen Persönlichkeit eingeschrieben war, ist die Gestalt des Antinous. Das war der hochstilisierte Liebling des Kaisers Hadrian (76, reg. 117 bis 138), ein aus Bithynien stammender Jüngling, der den Freitod für seinen Herrn und Gebieter in den Fluten des Nils gestorben sein soll. Sein Bildnis ist zum Inbegriff der Bemühungen dieses Kaisers um das griechische Kulturerbe geworden.

Das Bildnis des Kaiserlieblings ist, zusammengestückt mit einem Gestaltungstyp aus dem Œuvre des Praxiteles (4. Jahrhundert v. u. Z.), zum Bestandteil einer hochberühmten Figurengruppe, der sogenannten Ildefonsogruppe, geworden.[95] Diese Marmorgruppe verdankt ihren Namen dem vormaligen Aufbewahrungsort Schloß Ildefonso in Spanien. Es handelt sich bei dieser Gruppe um ein in mehrfacher Hinsicht eklektisches Werk der hadrianischen Zeit. Die Endfassung zumindest muß aus dieser Zeit stammen, wie das Haupt des Antinous nahelegt, das schon in der Antike mit dem praxitelischen Rumpf vereint gewesen zu sein scheint. Eine Fülle von Deutungen hat sich um dieses Werk gerankt, deren Glaubwürdigkeit von der jeweiligen Funktionsbestimmung und der Ermittlung des Bedeutungsgehaltes, auch der Beurteilung des Werdeprozesses dieser Gruppe abhängt.

Der rechte der beiden Jünglinge gibt sich als eine polykletische Mischgestalt zu erkennen. Wenigstens drei Figurentypen dieses Meisters, der im 5. Jahrhundert v. u. Z. Schule gemacht hatte, konstituieren den Fackelträger, der in der Kopf- und Brustbildung dem Doryphoros, in der linken Armhaltung dem Diadumenos, in der Körperhaltung und Beinstellung dem Westmacottschen Epheben folgt. In der erhobenen Linken schultert er eine Fackel, in der am Leib herabhängenden Rechten führt er eine zweite Fackel zum Altar, der mit einem Bukranion-Girlandenfries und Blattrosetten verziert ist. An seinen linken Schenkel schmiegt sich eine im Korentyp gestaltete weibliche Stützfigur mit Polos als Kopfputz. Sie steht auf einem Sockel, rafft mit ihrer Linken das Gewand und hält mit der Rechten einen Granatapfel vor die Brust.

Der Antinouskopf sitzt also auf dem jünglingshaft gebildeten Körper der linken Figur, die das Motiv des Sauroktonos, des eidechsentötenden Apoll des Praxiteles, wiederholt. Die Linke hat er auf die Schulter des Fackelträgers gelegt, in der Rechten hält er eine Opferschale. Seine hintereinander gerückten Beine sind mit dem sich anlehnenden Satyr in Verbindung gebracht worden, der allerdings nicht mit Sicherheit Praxiteles zugehört. Die Gesichtsbildung verrät klar den Antinoustyp, wie er in etlichen Bildwerken überliefert ist. Um das Haupt windet sich ein Lorbeerkranz.

Der fackeltragende rechte Jüngling ist auch als Einzelfigur in einer Marmorstatuette überliefert, deren Authentizität allerdings von manchen Forschern angezweifelt wird. Sie gibt das Motiv des Fackelträgers Zug um Zug wieder, bis hin zum Aufstoßen der abwärts gehaltenen Fackel auf dem Altar, der ebenfalls mit einem Bukra-

136

143

56

142
144

145

nion-Girlandenfries geschmückt ist. Den Kopf des Jünglings kränzt gleichfalls ein Lorbeergebinde. Diese Kleinausgabe des Fackelträgers im polykletischen Mischstil weist aber eine Reihe gradueller Abweichungen auf, die für Originalität sprechen und auf eine frühere Entstehungsstufe verweisen. Man kann mit der Datierung bis ins 1. Jahrhundert v. u. Z. zurückgehen und selbst innerhalb dieses Jahrhunderts eher noch an die erste als an die zweite Hälfte denken. Wie großzügig zu diesem Zeitpunkt Figurentypen gemischt worden sind, entnehmen wir Schriftquellen, die gegen zu unbedenkliches Mischen dieser Art polemisieren.[96]

142 Kopf des Antinous aus der Ildefonsogruppe, bronzierter Gipsabguß, 2. Jh. u. Z. Weimar, Nationale Forschungs- und Gedenkstätten der klassischen deutschen Literatur.

Nach der Marmorstatuette zu urteilen, müßte es den Fackeljüngling gegeben haben, bevor er mit dem praxitelischen Gefährten zu einer Gruppe zusammengestellt worden ist. Für die Bildung der Gruppe ist als frühestes Datum die Tiberius/Caligula-Zeit, also die 20er/30er Jahre u. Z. ermittelt worden.[97] Eine solche Datierung läßt sich von der Oberflächengestaltung der beiden Jünglinge ableiten, vor allem am Kopf des polykletischen Mischtyps nachweisen. Das additive, rhythmisch vermittelnde Kompositionsprinzip, dem die beiden Jünglinge unterworfen sind, spricht gleichfalls eher für diese vorgeschlagene als eine andere Datierung. Akzeptiert man diesen Vorschlag, so stellt sich die Frage, mit welchem Kopf der praxitelische Jüngling ursprünglich versehen war. Am ehesten würden zu ihm Kopfbildung und Haartracht im Stile des 4. Jahrhunderts v. u. Z. passen.

Schwieriger ist die Frage zu beantworten, mit welchem Bedeutungsgehalt diese Gruppe, wenn sie zu diesem Zeitpunkt entstanden ist, befrachtet war. Versuchsweise kann in Erwägung gezogen werden, daß Tiberius mit dieser Gruppe die Darstellung des Zwillingsbrüderpaares der beiden Dioskuren für sich und seinen früher verstorbenen Bruder Drusus (38 bis 9 v. u. Z.) in Anspruch nahm. Dieses Denkmal

143 Kopf des polykletischen Jünglings aus der Ildefonsogruppe (Gipsabguß), 2. Jh. u. Z. Dresden, Staatliche Kunstsammlungen, Skulpturensammlung.

könnte in dem durch seine Initiative restaurierten Tempel der Dioskuren am Forum Romanum in Rom Aufstellung gefunden haben. Das wäre auch insofern ein günstiger Ausgangspunkt für die spätere Umfunktionierung der Gruppe, als sein Nachfolger Caligula diesen Tempel zur Eingangshalle der kaiserlichen Gemächer auf dem Palatin umgestalten ließ. Von dort könnte dann die Gruppe ohne weiteres in den inneren Palastbereich gelangt sein, wo Denkmäler solcher Art, wie wir aus den Kaiserbiographien, zum Beispiel aus der des Sueton (Caligula 7), wissen, gerne aufgestellt wurden.

Die Umwandlung des Jünglings mit der Opferschale in einen Antinous kann schlechterdings erst in hadrianischer Zeit, und zwar am ehesten nach dem Tode des Kaiserlieblings, also nach 130 u. Z., vorgenommen worden sein. Es sei nicht verschwiegen, daß auch die Ansicht geäußert wurde, erst in dieser Zeit seien die beiden Jünglinge zu einer Gruppe überhaupt verbunden worden.[98] Der opfernde Jüngling wäre dann von Anfang an mit einem Kopf des Antinous versehen gewesen. Eine sichere Entscheidung ist bis jetzt in diesem Punkte nicht herbeizuführen.

Ebensowenig läßt sich der von Kaiser Hadrian in Anspruch genommene Sinngehalt der Gruppe ermitteln. Der Antinousbezug ist freilich eindeutig. Mit der Etablierung dieses Jünglingsbildes, das unverkennbar die Züge seines Lieblings trug, bekannte sich der Kaiser programmatisch zum griechischen Erbe der Knabenliebe.

144 Apollon Sauroktonos, römische Kopie nach einem griechischen Vorbild des 4. Jh. v. u. Z. von Praxiteles. Rom, Vatikan, Galleria delle Statue.

Die Bemühungen gerade dieses Herrschers um die volle Einbeziehung dessen, was die Griechen an kulturellen Errungenschaften hervorgebracht hatten, in die imperiumsweit sich allmählich nivellierende römische Kultur, sind bekannt. Die Griechenliebe darf auch als Ursache der von dem Kaiser selbst praktizierten Barttracht, die wieder in Mode kam, vermutet werden. Die biographische Nachricht, Hadrian habe mit seinem Bart eine Narbe im Gesicht verdecken wollen, ist offenbar nur ein Vorwand gewesen, um dem Vorwurf allzu betonter Graecophilie zu entgehen.

So gesehen, mußte das Bildnis des Antinous, das ihn in griechischer Idealität präsentierte, zu einer Schlüsselfigur des kaiserlichen Anliegens werden. Dieses Bildnis ist bis hin zur Münzpropaganda verwertet worden. Seiner Signifikanz für die Ideologieprozesse ist in der Forschung schon früher nachgegangen worden.[99]

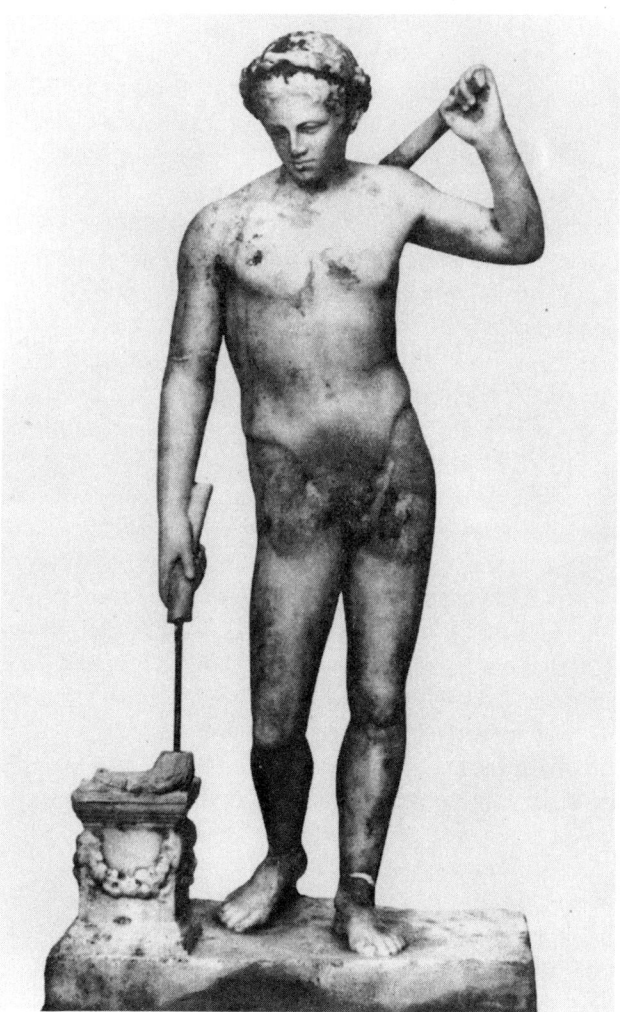

145 Marmorstatuette des polykletischen Jünglings vom Typ Ildefonso, 1. Jh. v. u. Z. Athen, Nationalmuseum.

Wie ist nun unter solchen Umständen der Begleitfigur des Antinous beizukommen? Man hat vorgeschlagen, in dem Fackeljüngling eine Verkörperung des Genius' des Kaisers zu sehen, eine Deutung, die den Vorteil bietet, den Kontrast zwischen Leben und Tod, der in dem Jünglingspaar polarisiert erscheint, voll zu berücksichtigen. Das war ja eine der Auslegungen gewesen, mit der man den Symbolwert der Gruppe hatte begreifen wollen. Der Fackelträger vergegenwärtigt dabei mit seiner aktiven Haltung und Bewegung offensichtlich den Lebensbereich. Der entspannt an ihm Halt suchende Gefährte scheint den Todesbereich oder die Vorahnung desselben zu verkörpern. Die Opferhandlung verbindet beide, den Lebenden und den verewigten Toten. Die als Unterweltsgöttin akzentuierte Stützfigur, demnach eine Persephone, die zwischen Lebenden und Toten wandelt, markiert den Grenzbereich, in dem beide zu feierlicher Handlung beim Opfer verbunden sind.

Es steht demnach nichts im Wege, den polykletischen Jüngling als Genius des Kaisers anzusprechen. Die ideale Jugendlichkeit, mit der er hier präsentiert wird, ist zugleich ein Bindeglied hinüber zur Renaissance des Jünglingsbildes in augusteischer Zeit. Dieser Verjüngungsprozeß des Menschenbildes war ja der Erwartung geschuldet, daß die Welt durch das Kommen des »Kindes« erneuert und damit ein goldenes Zeitalter heraufgeführt werden sollte. Die 4. Ekloge Vergils hatte diese mythisch gefaßte Vorhersage klar ausgesprochen. Nicht zufällig ist die Prophetie dieses Hirtengedichts später von den Christen für ihr Erlösungsverständnis der Welt durch das Christuskind übernommen worden.

Mit den Welterneuerungstendenzen, die dann Kaiser Augustus (63, reg. 27 v. u. Z. bis 14 u. Z.) voll für sich beanspruchte – er hatte als Neunzehnjähriger, als Jüngling also, das Caesarerbe angetreten –, hängt die Aufwertung des Jünglingsbildes in diesen Dezennien zusammen. Das war ein Prozeß, der auch auf das Herrscherbild übergriff. So wird in den Jahren, als Augustus alterte, ganz gegenläufig sein Jugendbildnis aufgesockelt. In diesen Zusammenhang gehört die Schöpfung des Prototyps der Ildefonsogruppe, in der sich vielleicht Tiberius und sein Bruder Drusus oder andere Angehörige des Kaiserhauses jugendlich dargeboten wissen wollten.

Wenn Hadrian auf diese in der frühen Kaiserzeit entstandene Bildschöpfung zurückgriff, bekannte er sich zugleich zu den Stiltendenzen dieser Zeit, zum augusteischen Klassizismus. Das war ein Unterpfand seiner eigenen kunst- und kulturpolitischen Anliegen, die in der Kunstgeschichte nach wie vor als ein Klassizismus des 2. Jahrhunderts u. Z., und zwar der hadrianischen Zeit, begriffen werden. Beide Orientierungen, die am griechisch-hellenistischen Erbe und die an den Leistungen des augusteischen Klassizismus, verbinden diese Stilphase der mittleren Kaiserzeit, die wesentlich und mitunter ganz eigenwillig von dem Geschmack des Kaisers Hadrian geprägt worden ist. Ein beredtes Beispiel dieses Eklektizismus ist die Gartenanlage der Villa Hadriana in Tivoli bei Rom. Sie zeigt ganz deutlich die Interpretationsbestrebungen dieses Kaisers, der die Breite des Kulturerbes der Provinzen den römischen Maßstäben dienstbar gemacht und dennoch zugleich auf die klassizistischen Maßstäbe ausgerichtet sehen wollte.

In diesem Sinne ist auch die Ildefonsogruppe ein eklektizistisches Werk, das dem Geschmack des Kaisers und seiner Zeitgenossen sicherlich entgegenkam. Begriff es doch die Idealität der beiden klassischen Jahrhunderte, des 5. und 4. v. u. Z., ebenso in sich, wie es in der keilförmigen Komposition hellenistisches Raumgefühl bewahrte und in der Personifizierung des Antinousjünglings mit römischem Zeitbewußtsein und Geschichtssinn ausstattete. Es ist kaum ein komplizierteres, zugleich harmonischeres Gebilde denkbar, das griechische und römische Kunstleistungen vereinte und zu gefälliger Wirkung steigerte.

Nicht zufällig hat sich diese Gruppe in den nachantiken Jahrhunderten, besonders zur Zeit des Klassizismus, so großer Beliebtheit erfreut. Goethe, dem »diese beiden Epheben immer höchst angenehm« waren, hat sich seinen Text, sein »kritisches Märchen«, darauf gereimt.[100] Wir heutigen bewundern diese Gruppe um so mehr, als diesem Mischwerk in zunehmend mathematisierbarer Analyse die Raffinesse seiner Ausgeklügeltheit entlockt werden kann. Die Gruppe gehört zweifellos zu den gelungensten Neuschöpfungen der Antike, die ein halbes Jahrtausend Kunstentwicklung in sich aufgenommen und zur Synthese gebracht haben.

Mit der Versinnbildlichung kaiserlichen Anliegens in diesem Jünglingspaar wird gleichsam ein neuer Mythos geschaffen, der den an früherer Stelle erwähnten Figurationen abstrakter Wesenheiten (S. 256) insofern nahekommt, indem der Bruch mit der herkömmlichen Mythentradition mehr oder weniger vollzogen wird. Vergleichbar bleibt die Metaphorik, mittels derer Bedeutungsgehalte bewegt werden, die im Darstellungsobjekt nicht unmittelbar evident sind. Beide Medien, die des alten und des quasi neuen Mythos, bedürfen des kundigen Entzifferers, der den indexikalischen Gehalt zu lesen und von diesem zum eigentlichen Erkenntnisobjekt vorzudringen vermag.

Hier wird sogleich eine Grenze deutlich, die den alten herkömmlichen Mythos in seiner Gegenständlichkeit als unbedingt breitenwirksam, volksverbunden, erscheinen läßt, demgegenüber die abstrakter gefaßten Allegorien mehr Vorkenntnis erfordern, um aufgeschlüsselt werden zu können. Römische Vorliebe für dieses Verfahren einer exklusiveren Ausdrucksweise hängt mit der schärferen sozialen Trennung in Gebildete und Wissende einerseits und der »plebs misera communis«, dem einfachen Volk, andererseits zusammen. Im griechischen Mythenverständnis dagegen schwingt immer ein hohes Maß von Allgemeinverständlichkeit mit, die dem in die Darstellung Eindringenden zumindest auf der Ebene elementaren Verständnisses den Zugang ermöglicht.

Dem Genius des Kaisers verwandt ist der die Ewigkeit repräsentierende Flügeldämon, der auf einem der Sockelreliefs der Ehrensäule für Antoninus Pius (86, reg. 138 bis 161) dargestellt ist, die dem verewigten Kaiser von seinen Nachfolgern Marc Aurel und Lucius Verus nach dessen Tod im Jahre 161 in Rom gestiftet worden ist.[101]

Die in jünglingshafter Idealität konzipierte Flügelgestalt beherrscht die Bildmitte des Marmorreliefs. Sie ist im Aufflug nach rechts oben begriffen; weit spannen sich

Apotheose des Antoninus Pius

137

die Flügel aus. In der linken Hand hält der Genius die Weltkugel mit der Angabe von Sternen, Mond und Tierkreiszeichen, umringelt von einer Schlange. Mit der Rechten faßt er das im Rücken flatternde Gewand. Hinter ihm tauchen die Verewigten, Kaiser und Kaiserin, auf, beide szepterhaltend und von Adlern flankiert, die den Prozeß der Divinisierung unterstreichen. Links unten die leibhaftige Verkörperung des Marsfeldes, auf dem die Feierlichkeiten in der Regel stattfanden. Der Obelisk kennzeichnet die Örtlichkeit. Rechts unten die kriegerische Roma auf einem waffengeschmückten Sitz, an dem ein Schild lehnt, auf dem sich die Romulus und Remus säugende Wölfin findet. Der Kranz der Staatsinsignien schließt sich damit dicht um die Vergötterung des Kaiserpaares.

Wir kennen den Vorgang einer solchen Konsekration, deren Schlußapotheose hier dargeboten wird, aus einschlägigen Quellen. Zunächst wurden die sterblichen Reste der Verstorbenen eingeäschert oder eingesargt, also regulär bestattet. Getrennt davon vollzog sich sodann die rituelle Einäscherung, bei der ein kunstvoller Scheiterhaufen pagodenartig aufgetürmt und mit einem Häuschen bekrönt wurde. Diesem Aufbau wurde der nachgebildete Leichnam des Verstorbenen anvertraut, mit feierlichem Umritt geehrt und dann den Flammen übergeben. Zum Zeichen des Aufstiegs in die Ewigkeit entschwebte der Spitze des turmartigen Gebildes ein Adler.[102]

Auf dem Relief deuten sowohl Flügelgestalt als auch die darüber flatternden Vögel dieses Hinüberwechseln in die Ewigkeit an. Der Genius vollstreckt diesen Prozeß in majestätischer Haltung. Sein Abhub ist aufs engste mit dem römischen Areal verbunden. Es ist nicht eine allgemeine Ewigkeit, die hier beansprucht wird, sondern römisch profilierte Ewigkeit. Die Divinisation des Kaiserpaares wirkte sich im praktischen Zusammenleben der Römer dahingehend aus, daß die Gesetzgebung eines solchermaßen vergöttlichten Kaisers anerkannt und sanktioniert, daß sein Andenken bewahrt und mit Opfern besiegelt wurde. Ganze Priesterkollegien nahmen sich dessen an. Der Mythos vom guten, gerechten Kaiser durfte seinen Lauf nehmen.

Garant einer solchen Einordnung in die Galerie der guten, nachahmenswerten Kaiser ist der hier im Bild festgehaltene Genius, der in mehrfacher Hinsicht transfigurativ ist. Einmal fungiert er als Seelengeleiter, gleichsam als Hermes Psychopompos. Zum anderen verkörpert er ein neues goldenes Zeitalter, dessen Segnungen in der mittleren Kaiserzeit gerade unter Antoninus Pius lebhaft empfunden worden sind. Aelius Aristides (wohl 117 bis um 187), der kleinasiatische Redner, formulierte die Vorzüge der im griechischen Bereich zu dieser Zeit voll wirksam gewordenen Romanisierung in seiner berühmt gewordenen Romrede.[103] So gesehen haftet dem Flügeldämon auch etwas Saeculumhaftes im Sinne des Zeitbewußtseins und Jahrhundertverständnisses an.

MYTHISCHES ROLLENVERSTÄNDNIS DER KAISER

Vorbereitende Phase

Schon Augustus, der Begründer des Prinzipats, hat, wie seine Porträtstatue aus Primaporta beweist, sich als Heros darstellen lassen (S. 239 ff.). Das Vorbild Achill reimte sich zwar nicht ohne weiteres mit der Traditionslinie des Helden Aeneas zusammen. Beide waren im Krieg um Troja erbitterte Gegner gewesen, und die Römer hatten im Laufe der Jahrhunderte ihre Herkunft auf den letzteren zurückgeführt. Das hielt sie offenbar nicht davon ab, auch den Haupthelden der Gegenseite zu bemühen. Das achilleische Leitbild, wie es von den Griechen in homerischer Zeit literarisch begründet und in der Klassik bildkünstlerisch neu formuliert worden war, hatte bis in die römische Kaiserzeit hinein nichts von seinem Wirkungspotential als athletisches und militärisches Vorbild eingebüßt. Polyklets Doryphoros gehörte nach wie vor zu den am häufigsten reproduzierten Idealtypen griechischer Plastik, die die Römer gern – wie wir aus Plinius' »Naturgeschichte« wissen (34,18) – auf ihren Sportplätzen aufstellten.

Im ganzen hielt sich Augustus – wie bereits an anderer Stelle angedeutet worden ist (S. 239) – in der Besetzung mythischer Rollen zurück. Anders sein Gegner Marcus Antonius, der sich als Neuer Dionysos feiern ließ (S. 195 ff.) und sich in der Rolle des Herakles gefiel. Zweifellos knüpfte er dabei an das Erbe Alexanders des Großen an, der sich bereits als Dionysos erprobt und einen großangelegten Umzug inszeniert hatte. Augustus' Aversion gegen solche mythischen Anmaßungen hing nicht nur mit der Gegnerschaft des Antonius zusammen. In diesen Zusammenstößen bahnte sich noch ein anderer Prozeß folgenreich an und trat in seine erste ausschlaggebende Etappe.

Die Auseinandersetzung mit dem Vorderen Orient war schon mit der Begründung des Alexanderreiches in ein entscheidendes Stadium getreten. Die Diadochen knüpften an diese Entwicklung an (S. 238 f.). Bereits in der Spätphase der römischen Republik hatte dieses hellenistische Erbe Furore gemacht und war zu einem Kriterium der Machtkämpfe geworden. Sulla (138 bis 78) hatte in der Phase seiner Diktatur damit begonnen. Pompeius (106 bis 48), gleichfalls Verteidiger der Republik, hatte paradoxerweise sein Porträt mit der Haartracht Alexanders, mit der Löwenmähne, ausstatten lassen. Sein alexandresk aufgemachter Herrschaftsanspruch mußte bei ihm als Vertreter der Senatspartei ins Absurde geraten. Weniger widersprüchlich ist die Zurückhaltung des Augustus gegenüber dem Sog hellenistisch sich gebärdender Machtbeanspruchung, obwohl er ja andererseits als Caesarerbe an dessen Monarchisierungstendenz anknüpfte. Er wollte jedoch diese seine Initiative als Erneuerung der Republik verstanden wissen. Daraus resultierte seine geschickte Zurückhaltung gegenüber dem Arsenal hellenistischer Herrschaftsinsignien.

Auch Tiberius (42 v. u. Z., reg. 14 bis 37 u. Z.) hat ähnlich wie sein Vorgänger Augustus mythisches Rollenspiel möglichst vermieden. Zwar sind auf ihn als Initiator die Skulpturen von Sperlonga bezogen worden (S. 210 ff.), die sich als eine Art Odyssee, als ein Lobpreis der Tüchtigkeit und eben auch Gerissenheit des Odysseus, zu verstehen geben. Der Herrscher dürfte dabei als Auftraggeber ein Stück

Selbstdarstellung angestrebt und verwirklicht haben. Solche Beispiele sind jedoch – 123, 124, 125 selbst wenn wir noch seine Rollen als Achill (S. 243 f.) und möglicherweise als einer 131 der beiden Dioskuren (S. 259) hinzunehmen – offenbar Randerscheinungen ge- 136 blieben.

Eine überraschend neue Qualität muß den Inszenierungen Caligulas (12, reg. 37 bis 41) und Neros (37, reg. 54 bis 68) zugesprochen werden. Das Identifizierungs- anliegen beider Kaiser grenzt an Größenwahn. So haben es die Zeitgenossen zu- mindest empfunden und bescheinigt. Die Kaiserbiographien lassen sich in diesem Punkte nicht nur als Stadtklatsch abtun. Mögen bei Caligula gesundheitliche Gründe mitgespielt haben (S. 244 f.), so praktizierte Nero ein Herrscherideal, das in seinen mythisch apostrophierten Auftritten und Anmaßungen klar erkennbaren Prinzipien verpflichtet war (S. 245 f.). Der Kaiser als erster Mann im Staate mußte nach Neros Gutdünken auch der beste, fähigste, zugleich der gottähnlichste, heldenmäßigste Verkörperer des Staatsganzen sein. Mochte eine solche Auffassung auch vom kul- tur- und bildungspolitischen Anliegen her motiviert sein, so stieß es doch auf den härtesten Widerstand der Zeitgenossen, die Nero am Ende die Gefolgschaft trotz der schon ausgebildeteren Machtmechanismen aufsagten.

Commodus

Das folgende Jahrhundert hat diese Inszenierung als Verirrungen gebrandmarkt und verworfen. Erst in spätantoninischer Zeit erneuerte sich mit den mythischen Aus- schweifungen des Kaisers Commodus (161, reg. 180 bis 192) das Verlangen, als 138 Herrscher die Vielfalt mythischer Realisationen verkörpern zu können. Zu diesem Zeitpunkt allerdings waren die religionsgeschichtlichen und kulturpolitischen Vor- aussetzungen andere als zuvor. Orientalische Kulte hatten im Zentrum des Impe- riums, in Rom und Italien, aber auch anderenorts, Fuß gefaßt und den Boden für ein gewandeltes Herrschaftsverständnis vorbereitet. Erst von einer späteren Entwick- lungsstufe her gesehen, rangieren sich die Exzesse des Commodus in ein Konzept ein, das sich dann spätestens in der Mitte des 3. Jahrhunderts u. Z., geradezu als un- entbehrliches Instrument zur Herrschaftsbegründung erwies.

Commodus brauchte geraume Zeit, bis er sich von dem Mitarbeiterstab seines Va- ters, des Kaisers Marc Aurel (121, reg. 161 bis 180), so weit frei gemacht hatte, daß er an die selbstherrliche Verwirklichung seiner Regierungspläne gehen konnte. Al- les, was wir aus den Quellen erfahren, spricht dafür, daß er seine unbeschränkte Macht in vergotteter und heroisierter Inszenierung auskosten wollte. Alle, die ihm dabei im Wege standen oder ihn bei diesem Spiele störten, ließ er erbarmungslos beiseite schaffen. In vielen Punkten erinnert er dabei an die Auswüchse herrscher- lichen Gebahrens, wie es Caligula produziert hatte. Fehlt uns bei letzterem jedoch ein aufschließendes Konzept, so lassen die Unberechenbarkeiten des Commodus Methode erkennen.

Commodus' Lieblingsrolle muß die des Herakles gewesen sein. Als solcher ließ er sich verehren. Bildnisse wurden mit den Attributen dieses Helden, mit Löwenfell, Keule, den Äpfeln der Hesperiden und anderen Beigaben, ausgestattet. Offenbar 267 war er ein ausgezeichneter Scharfschütze und hat Aufsehen erregende Mengen von wilden Tieren erlegt, auch das Stymphalidenabenteuer des Herakles, die Erlegung der Vögel vom stymphalischen See (Peloponnes), bis zur Neige ausgekostet. Den Götter-Giganten-Kampf, der bekanntlich von Herakles zugunsten der Olympier entschieden wurde, inszenierte er nach, indem er lebende Krüppel als schlangenfüßige Giganten verkleiden ließ und durch Pfeilschuß tötete. Seine Auftritte als Amazonius leiten sich angeblich von einer Amazonendarstellung seiner Beischläferin Marcia her, könnten aber ebenso auf die Amazonomachie des Herakles Bezug nehmen. Auch in den Isiskult mischte er sich ein, trug die Anubismaske vor sich her und stieß mit ihr tätlich gegen die Leute vor. Im Rahmen des Mithraskultes veranstaltete er Menschenopfer. Doch das war nur eine der vielen Formen seines Menschenverschleißes. Die Entscheidung über Leben und Tod seiner Untergebenen handhabte er mit der Unberechenbarkeit und Grausamkeit, die ihm in den Götterrollen zuzustehen schienen.

Die Geschichtsquellen haben ein graduell unterschiedliches Bild von ihm gezeichnet. Bemerkenswert ist die Zurückhaltung des Herodian, der im 1. Buch seines Geschichtswerks den Blutrausch, der diesem Herrscher zur Schuld gelegt wurde, aus der Verkettung unglücklicher Momente, massiver Anschläge und Attentate, vor allem aus der Entfremdung des Kaisers gegenüber Senat und Volk, zu erklären versucht. Wie dem auch sei, es bleibt die Tatsache eines breitgefächerten Rollenverständnisses nach mythischem Vorbild bestehen, bei dessen Konkretisierung Commodus eine unberechenbare Willkür entwickelt hat und vor Menschenopfern nicht zurückgeschreckt ist. Gerade darin lag das Unterpfand für die Göttlichkeit seiner Berechtigungen.

Caracalla Exzesse dieser Art haben sich fortan periodisch wiederholt. Sie ziehen sich wie ein Leitfaden durch das 3. Jahrhundert u. Z. und münden am Ende in das Gottkaisertum der Spätantike ein. Bis dorthin gab es noch viele Versuche, die in diese Richtung zielten, von der Willkür der Kaiser aber nicht freigesprochen werden können. Eine markante Erscheinung in dieser Beziehung war Kaiser Caracalla (186, reg. 211 bis 217). Zum Programm seiner Inszenierungen zählte einmal der Alexanderbezug. Herodian, der schon erwähnte Historiker des 3. Jahrhunderts u. Z., informiert uns über diese Eigenheiten des Herrschers wie folgt (4,8):

»Nach der Musterung der Heere an der Donau ging er (Caracalla) in das an Makedonien grenzende Thrakien und machte sich geschwind zum ›Anderen Alexander‹. Er erneuerte überall das Andenken desselben und befahl, daß man in allen Städten seine Statuen und Ehrensäulen aufstellen sollte. In ganz Rom ließ er eine Menge Statuen und Ehrensäulen, besonders auf dem Kapitol und in anderen Tempeln, aufrichten, welche nach dem Alexander gearbeitet

waren. Auch sahen wir einige lächerliche Gemälde, in
welchen auf einem Körper und auf einem Kopf zwei Gesichter, des Alexander und des Antoninus (Caracalla) waren.
Er erschien öffentlich in makedonischer Kleidung, hatte
eine Kausia (makedonische Kopfbedeckung) auf und Halbstiefel
an. Er wählte eine Anzahl junger Leute aus, die er unter
dem Namen der makedonischen Phalanx mit seiner Armee
vereinigte; die Offiziere derselben mußten die Namen
alter makedonischer Heerführer annehmen.«

(Übersetzung Johann Gottlieb Cunradi)

Die Schriftquelle macht nachdrücklich darauf aufmerksam, in welchem Maße Caracalla bei seinen Bildnissen das Darstellungsmuster Alexanders in Anspruch nahm.
Das eben erschien den Zeitgenossen als eine unzulässige Vermischung und deshalb lächerlich. Caracalla ließ sich als »Anderer«, als »Neuer« Alexander, verehren
und praktizierte diese Rolle vor allem bei seinen militärischen Vorhaben im Zweistromland, dem einstigen Operationsgebiet Alexanders, wo dieser die Entscheidungsschlacht gegen die Perser herbeigeführt hatte (S. 161 f.). Caracalla wünschte
diesen Modellfall mit der Gloriole Alexanders zu reproduzieren.

Überlagert wird diese Attitüde durch den gelegentlichen Rückgriff auf das achilleische Leitbild. Wiederum gibt uns Herodian im gleichen Kapitel (4,8) wünschenswer-
ten Einblick in den diesbezüglichen Auftritt des Kaisers:

»Nach seiner Ankunft hier (in Pergamon) ruhte er nach Be-
lieben aus und begab sich alsdann nach Ilium oder Troja,
durchsuchte alle Trümmer der Stadt und kam auch zu dem
Grabe des Achilleus, welches er prächtig mit Blumen und
Kränzen ausschmücken ließ, und spielte den ›Zweiten
Achilleus‹. Da man einen Patroklos vermißte, so tat er
Folgendes: Er hatte einen Freigelassenen, welchen er
sehr lieb hatte und der sein engster Mitarbeiter war,
mit Namen Festus; dieser starb während seines Aufent-
halts in Troja. Einige sagen, daß er vergiftet worden
sei, damit er ihn nur, so wie Achill den Patroklos, möchte
begraben lassen können; nach Aussage anderer soll er
aber an einer Krankheit natürlichen Todes gestorben sein.
Er befahl, daß man den Leichnam herausbringen solle, ließ
einen Scheiterhaufen aus vielem Holz errichten und ihn
mitten auf denselben legen. Es wurden Tiere von allerlei
Art geschlachtet. Er zündete den Scheiterhaufen an, goß
einen Becher mit Wein zu Ehren der Winde aus und richtete
seine Gebete an sie.«

(Übersetzung Johann Gottlieb Cunradi)   269

Bis zu diesem Zeitpunkt hatte demnach das Idealbild des Achill nichts an Attraktivität eingebüßt. Caracalla greift es unbedenklich auf und realisiert es bis hin zu den Trauerfeierlichkeiten für Achills Freund Patroklos. Sollte die Opferung des Festus gewaltsam herbeigeführt worden sein – einem Caracalla ist ein solches Vorgehen ohne weiteres zuzutrauen – so erinnert das an Commodus' Praktiken, der in dieser Hinsicht noch viel mehr Blut hatte fließen lassen.

Elagabal

Graduelle Steigerung erfährt die Mythisierung römischen Herrschaftsgebahrens unter dem Kaiser Elagabal (204, reg. 217 bis 222). Er entstammte einem syrischen Priestergeschlecht. Seine Großmuter Iulia Maesa hatte ihm durch geschicktes Taktieren mit der Armee auf den Thron verholfen. Von Anfang an ließ er sich den Römern als Priester seines Gottes Elagabalus vorstellen. Von Herodian (5,5) erfahren wir, daß er nach seiner Machtergreifung, die sich in der Nähe seines Heimatortes Emesa in Syrien zutrug, von sich ein Gemälde anfertigen ließ, das ihn als Priester in Gesellschaft seines Gottes darstellte, der vermutlich durch einen heiligen Stein (Baitylos) repräsentiert war. Das Bild sollte in der Kurie in Rom oberhalb der Victoria aufgestellt und vor ihm sollten Opfer gebracht werden.

In Rom angelangt, änderte Elagabal, der sich den Namen des syrischen Sonnengottes zugelegt hatte, seine Kostümierung und den Stil seiner Auftritte nicht im geringsten. Herodian (5,5) beschreibt seine Kleidung wie folgt:

»Er hatte sehr kostbare, mit Purpur und Gold bestickte
Kleider an, war mit Halsketten und Armbändern geschmückt
und hatte eine Krone auf dem Haupt, die nach Art einer
Tiara mit Gold und prächtigen Steinen besetzt war. Seine
Kleidung war ein Mittelding zwischen einem phönizischen
Priesterkleid und medischer Tracht... Wenn er ausging,
so begleiteten ihn Pfeifer und Trommelschläger, als wenn
er der Gottheit ein öffentliches Fest feiern wollte.«

(Übersetzung Johann Gottlieb Cunradi)

Auch in anderen Quellen, die zum Teil sein priesterliches Gepränge in übertrieben wirkender Schilderung ausmalen, zeichnete sich der permanente Anspruch des Herrschers ab, Priester seines Gottes zu sein. Mit allen Mitteln versuchte er, ihn zum Obergott des römischen Pantheons zu machen. Ja er inszenierte regelrecht die Hochzeit seines Gottes mit der Mondgöttin Urania, deren Kultbild, gleichfalls ein Stein, aus Karthago herbeigeschafft wurde. Sinnfälliger konnte die Verstrickung Roms mit dem orientalischen Kultkreis nicht zum Ausdruck gebracht werden.

Der göttliche Anspruch, mit dem Elagabal auftrat, implizierte sein Rollenverständnis auch anderen Göttern gegenüber, die ja alle seinem Gotte untertan waren. Die Geschlechtsgrenzen bedeuteten ihm dabei kein Hindernis. So wird in der »Historia Augusta«, einer Quelle des späten 4., frühen 5. Jahrhunderts u. Z., berichtet, daß er sich als Venus darbot (Elagabal 3,4/5):

»Er führte überdies in seinem Palast die Parisgeschichte auf, wobei er selbst die Rolle der Venus übernahm und plötzlich das Gewand auf die Füße herabgleiten ließ; nackt, die eine Hand an der Brust, die andere an der Scham, ging er in die Knie und streckte seinen emporgereckten Hintern dem Liebhaber entgegen, dem er sich preisgab. Überdies richtete er sein Gesicht ganz in der Art her, wie Venus gemalt wird, und ließ sich am ganzen Körper glätten; denn er hielt es für des Lebens höchsten Preis, wenn er möglichst vielen als würdiges und geeignetes Objekt ihrer Begierde erschien.«

(Übersetzung Ernst Hohl)

Dabei wird deutlich, daß Elagabal die sexuelle Ausschweifung offenbar als ein Götteropfer auffaßte. Alle seine Umtriebe und Perversionen, als die sein Treiben von den Römern bewertet wurde, hat die »Historia Augusta« mit besonders ausführlicher Referiersucht und Schmähsucht ausgebreitet.

Was im nachhinein wie ein ausgemachter Greuel erscheinen mochte und in eine Reihe mit den Schändlichkeiten der »schlimmen« Römerkaiser (Caligula, Nero, Commodus) gestellt wurde, zeigt im Ansatz ein Herrschaftsverständnis, das sich eines umfassenden Götterzuspruchs zu versichern suchte.[104] In zunächst undeutlichen Umrissen zeichnet sich bei all diesen Bestrebungen eine Tendenz zur Synthese der Göttervielfalt und in diesem Sinne zu einer Art Monotheismus ab. Der Sonnengott Elagabals, dessen Schandpriester seinen Kult mit großem Aufwand in Rom etabliert hatte, ebnete letztendlich den Weg zum Herrschaftsanspruch des all-einen Gottes, der in den Christengemeinden längst verehrt und angebetet wurde. Freilich dauerte es noch ein knappes Jahrhundert, ehe der Christengott, der sich in Jesus Christus geoffenbart hatte, in seine vollen Rechte als nicht nur geduldeter, sondern alsbald triumphierender Gott des christianisierten Imperiums eingesetzt wurde.

Gallienus

Eine interessante Zwischenstation auf dem Wege zu dieser monotheistisch begründeten und legitimierten Staatlichkeit spätantiker Prägung nehmen die Restaurationsversuche des Kaisers Gallienus (218, reg. 253 bis 268) ein. Dieser Herrscher hat nochmals den Versuch unternommen, das durch die Soldatenkaiserzeit aus den Fugen geratene römische Imperium zu einen. Mit Erfolg schlug er die Usurpatoren, die gestützt auf einzelne Militärkontingente da und dort zur Macht griffen, aus dem Felde. Ein wichtiges Hilfsmittel bei diesem Vorhaben war eine Militärreform, durch die er den Spezialisten den Weg in die Kommandostellen – unter Ausschaltung der militärisch nicht hinreichend qualifizierten Senatoren – bahnte. Das hat ihm dann auch die bitterste Kritik gerade von senatorischer Seite eingebracht. Seine Biographie in der »Historia Augusta« bezeugt das ganz ausführlich. Gallienus' Neuerungen betrafen auch die Schaffung neuer Waffensysteme und die Konstituierung neu-

133

er Spezialeinheiten, um den von außen gegen das Imperium andringenden Feinden in adäquater Ausrüstung erfolgreich entgegentreten zu können.

Alle diese Stabilisierungs- und Einigungsbestrebungen gingen Hand in Hand mit religiösen Erneuerungstendenzen. Zunächst stellte Gallienus die Christenverfolgungen ein, die unter seinen Vorgängern einen unbestrittenen Höhepunkt erreicht hatten. Zu dieser Toleranz gesellte sich offenbar ein umfassendes Programm der religiösen Restauration. Gallienus ließ sich, wohl in propagandistischer Absicht, in die Mysterien von Eleusis einweihen, die durch ihn nicht geringe Unterstützung erfahren haben. Insgesamt hielt er sich, wie sein enges Verhältnis zu dem Philosophen Plotin (204 bis 270) nahelegt, bei seinen religionsphilosophischen Orientierungen an den von diesem Manne begründeten Neuplatonismus.

146 Galliena-Augusta-Münze mit der Darstellung des vergöttlichten Kaisers Gallienus, 3. Jh. u. Z. Berlin, Staatliche Museen, Münzkabinett.

In diesem Zusammenhang ist in der Forschung vor allem auf die Tatsache verwiesen worden, daß sich der Kaiser ostentativ in die Eleusinischen Mysterien einweihen ließ.[105] Diesem Moment ist zunächst ein zu großes Gewicht beigemessen worden. Man berief sich dabei auf die Galliena-Augusta-Münzen, die den Herrscher in femininisierter Haartracht präsentieren. Dahinter schien die Absicht zu stehen, auch den weiblichen Anteil des römischen Pantheons gleichzuberechtigen und Indizien dafür mit ins Herrscherbild einzubringen. Die genannten Münzen ließen sich als stützendes Moment für eine solche Interpretation durchaus in Anspruch nehmen. Ihre Legende »Gallienae Augustae« titulierte den im Dativ angesprochenen Kaiser in weiblicher Form.

Seit langem ist bei einer solchen Betrachtungsweise vor Übertreibungen gewarnt worden.[106] Wenn auch Gallienus nicht unbedingt in erster Reihe auf die Eleusinischen Mysterien gesetzt haben mag, so ist doch der Aspekt der weiblichen Fassung göttlicher Legitimation des Kaisers nicht von der Hand zu weisen. Von hier aus ergibt sich ein interpretativ nicht zu unterschätzender Rückblick auf die Exzesse des Elagabal, der in diesem Punkte Gallienus' Anliegen gleichsam vorweggenommen hat, auch wenn es bei ihm zur priesterlichen Farce geriet und auf die Dauer massive Opposition bei den Römern hervorrief.

Interessant ist gleichfalls, daß für beide Kaiser, Elagabal und Gallienus, die spätantike Geschichtsschreibung der »Historia Augusta« ähnliche Wege der Verteufelung dieser Herrscher gegangen ist. Beide waren in ihrer Sicht Weichlinge und Genüßlinge, die sich weibisch aufführten und, in Wohlleben befangen, das Imperium angeblich verkommen ließen. Mag für Elagabal dieser Vorwurf noch zutreffen, so erstaunt um so mehr, daß auch Gallienus dieses Verdammungsurteil getroffen hat. Verursacht war es durch die Aussperrung der Senatoren aus der militärischen Befehlsgewalt. Und doch muß die Frage aufgeworfen werden, ob sich eine solche Verleumdung allein aufgrund dieser Tatsache so lange hätte halten können. Es muß dafür noch andere, weitere Gründe gegeben haben. Vieles spricht dafür, diese Gründe in der Religionspolitik des Gallienus, gerade in der Integration der weiblichen Aspekte im Gottesbild, zu suchen. Das war ja auch jenes Moment, das beide Kaiser – unter freilich ganz verschiedenen Voraussetzungen – miteinander verband.

Klassizismus

Mit seinen Reformen und Einigungsbemühungen griff Gallienus ganz entfernt auf das Erbe des Kaisers Augustus zurück. Auch dieser hatte es nach der Beendigung der blutigen Bürgerkriege, die das Imperium an den Rand des Ruins gebracht hatten, vermocht, mit der Konsolidierung einer neuen Führungsschicht, der Reorganisation des Heeres, der Stabilisierung der Wirtschaft, eine neue Moralität zu stiften (S. 240 ff.). Dabei ließ er es sich angelegen sein, durch geeignete kultpolitische Maßnahmen die Voraussetzung für eine religiöse Erneuerung zu schaffen. Das sind alles Punkte, die das Herrschaftsprogramm beider Kaiser vergleichbar und bis zu einem gewissen Grade ähnlich erscheinen lassen. Nicht zuletzt hat aus diesem Grunde Gallienus versucht, die künstlerischen Aktivitäten in Bahnen zu lenken, deren Ergebnisse wir heute noch in ihrer Gestaltungsstruktur und in ihrem Gehalt als Zeugnisse eines Klassizismus, und zwar des gallienischen Klassizismus, begreifen.

Hatte Augustus zu Beginn der römischen Kaiserzeit weitgehend auf die Erprobung mythischer Rollen verzichtet (S. 239) – die achilleische Inszenierung ist ebenso als Episode zu beurteilen wie eine Orestallegorie[107] –, so sah sich Gallienus mit der auf die Dauer unabweisbaren Notwendigkeit konfrontiert, die von ihm ausgeübte Staatsmacht mit dem Attribut göttlicher Berechtigung auszustatten. Er tat diesen Schritt wohl auch in der Absicht, die kulturellen Zuströme aus dem griechischen Osten und dem Orient mit dem italischen Erbe und dem der Westprovinzen in Einklang zu bringen. Zweifellos war dieses sein Werk zum Scheitern verurteilt.

130

273

Ende der Antike

Ein neues Staatsethos, ein neues Weltbild und Herrschaftsverständnis wuchsen dem Imperium an der Stufe zur Spätantike, also mit dem Beginn des 4. Jahrhunderts u. Z., unter Kaiser Constantin (272?, reg. 306 bis 337) aus der christlichen Religion zu. Das staatliche Fundament war unter den Herrschern der Tetrarchie, voran unter Kaiser Diocletian (245, reg. 284 bis 305, gest. 316), ökonomisch und militärisch für eine solche Entwicklung gelegt worden. Die damit sich anbahnende spätantike Zwangsstaatlichkeit, die die Bürger des Imperiums an ihren Arbeitsplatz band, auf ihren Funktionsbereich festlegte, ließ sich nur noch mit den christlichen Heilserwartungen ertragen, die auf das Jenseits orientierten.

Die Mythen verloren ihre Affinität zu den veränderten Lebenswirklichkeiten. Sie dienten allenfalls als Bildmedien einer neuen Geistigkeit, die sie als Symbole verwendete, also für das neue Welt- und Menschenverständnis transparent machte. Der letzte Versuch eines römischen Kaisers, des Iulian Apostata (332, reg. 361 bis 363), die alte Religiosität wiederherzustellen, scheiterte. Die christliche Religion, deren Märtyrerblut und neue Hoffnungen schon zu tief im Volk ihre Wurzeln geschlagen hatten, erwies sich trotz der zunehmenden Institutionalisierung und Staatsbindung als zukunftsträchtiger. Damit war dem antiken Mythos der Boden für ein Weiterwirken im alten Sinne entzogen.

Die Entmachtung der alten Götter hatte auch die Entzauberung ihrer Bilderwelt im Gefolge. Was in den christlichen Kosmos an Göttern und Mythengut einzugehen vermochte, überlebte mitunter noch Jahrhunderte. Dabei unterlagen die Altgötter nicht in jedem Falle der Verteufelung, sondern rangierten sich als Verkörperung der Elementarkräfte, etwa als Götter des Erdreichs, des Meeres und anderer irdischer Bereiche, ein. Aber sie hatten ihr Eigenleben, ihren vormaligen Sinn- und Machtanspruch verloren. Über allem thronte jetzt der neue Himmelsgott, der seinen eingeborenen Sohn zur Rettung in die Welt geschickt und ihn mit der Vollmacht ausgestattet hatte, am Ende das Weltgericht zu halten.

ANHANG

Anmerkungen

1 CALDER III, WILLIAM M. Wilamowitz on Schliemann, in: Philologus 124, 1980, S. 146–151, Zitat S. 149

2 SCHINDLER, WOLFGANG Heinrich Schliemann – Leben und Werk im Spiegel der neueren biographischen Forschungen, in: Philologus 120, 1976, S. 271–289

3 PODZUWEIT, CHRISTIAN Die mykenische Welt und Troia, in: Südosteuropa zwischen 1600 und 1000 v. Chr. (Prähistorische Archäologie in Südosteuropa, hg. von Bernhard Hänsel, Bd. 1). Berlin (West) 1983, S. 65–88

4 COBET, JUSTUS Gab es den Troianischen Krieg? in: Antike Welt – Zeitschrift für Archäologie und Kulturgeschichte 14, 1983, Heft 4, S. 39–58

5 SCHACHERMEYR, FRITZ Die Levante im Zeitalter der Wanderungen vom 13. bis zum 11. Jahrhundert v. Chr. (Die Ägäische Frühzeit V), in: Sitzungsberichte der Österreich. Akademie der Wissenschaften, Philosoph.-hist. Klasse 387, 1982, u. a. S. 93–112; ders.: Griechische Frühgeschichte, in: Sitzungsberichte der Österreich. Akademie der Wissenschaften, Philosoph.-hist. Klasse 425, 1984, S. 114–118

6 CAMBELL, COLIN Line of song provides a clue on ancient Troy, in: New York Times, 28. Januar 1985; geht auf diese Entdeckung von Calvert Watkins ein. American Journal of Archaeology 89, 1985, S. 553

7 MARWITZ, HERBERT Mythos–Dichtung–Sage, in: Österreich. Jahreshefte 53, 1981/1982, S. 1–17

8 MARINATOS, SPYRIDON Thera VI, Athens 1974

9 Eine solche Frühdatierung des Beginns der Tyrannis in Korinth ließe sich aus dem nunmehr schon für die Mitte des 6. Jahrhunderts v. u. Z. angenommenen Übergang vom protokorinthischen zum frühkorinthischen Malstil ableiten, der mit der jetzt für die Jahre 651/650 v. u. Z. nachgewiesenen Gründung von Selinus (die vormals ein knappes Jahrhundertviertel später datiert wurde) zusammenfallen dürfte: s. Selinus, in: The Princeton Encyclopedia of Classical Sites, hg. von Richard Stillwell. Princeton (New Jersey) 1976, S. 823 (V. Tusa)

10 KLEINE, JÜRGEN Untersuchungen zur Chronologie der attischen Kunst von Peisistratos bis Themistokles, Tübingen 1973, S. 13 ff.

11 SCHINDLER, WOLFGANG Kompositionsgruppen in der Figurenmalerei des attisch-schwarzfigurigen Stils – Versuch einer Zuordnung künstlerischer und gesellschaftlicher Phänomene im Athen des 6. Jh. v. u. Z. Phil. Diss. Habil. Berlin 1968, (Manuskript) S. 212 ff., 262 ff.

12 TECHNAU, WERNER Exekias (Bilder griechischer Vasen Heft 9). Berlin 1936, S. 18 f.; SCHINDLER Kompositionsgruppen (s. Anm. 11) S. 99, 230, 266

13 SCHINDLER, WOLFGANG Der Korfugiebel – Bemerkungen zur Komposition und Bedeutung, in: Actes du VIIᵉ Congrès de la Fédération Internationale des Associations d'Etudes Classiques Vol. I, Budapest 1983, S. 125–129, hier S. 127

14 KLEINE Untersuchungen zur Chronologie (s. Anm. 10) S. 16

15 PAYNE, HUMFRY und YOUNG, GERARD MACKWORTH Archaic marble sculpture from the Acropolis, London 1936; SCHRADER, HANS Die archaischen Marmorbildwerke der Akropolis I, Frankfurt (Main) 1939

16 BERVE, HELMUT Die Tyrannis bei den Griechen, München 1967, I. S. 66 f., II. S. 557; SCHINDLER Kompositionsgruppen (s. Anm. 11) S. 270; KLEINE Untersuchungen zur Chronologie (s. Anm. 10) S. 29

17 KLEINE Untersuchungen zur Chronologie (s. Anm. 10) S. 25 f.

18 RODENWALDT, GERHART Die Bildwerke des Artemistempels von Korkyra (Korkyra Bd. II), Berlin 1939

19 ARIAS, PAOLO ENRICO und HIRMER, MAX Tausend Jahre griechische Vasenkunst, München 1960, Taf. 29

20 SCHINDLER Korfugiebel (s. Anm. 13)

21 SCHEFOLD, KARL Götter- und Heldensagen der Griechen in der spätarchaischen Kunst, München 1978, S. 283

22 ders.: Kleisthenes – Der Anteil der Kunst an der Gestaltung des jungen attischen Freistaates, in: Museum Helveticum 3, 1946, S. 59–93

23 SCHINDLER Kompositionsgruppen (s. Anm. 11) S. 262–273

24 SCHEFOLD Kleisthenes (s. Anm. 22) S. 65–67; KLEINE Untersuchungen zur Chronologie (s. Anm. 10) S. 97 f.

25 GAUER, WERNER Weihgeschenke aus den Perserkriegen, Tübingen 1968, S. 45–65; KLEINE Untersuchungen zur Chronologie (s. Anm. 10) S. 94–97; GAUER, WERNER Das Athenerschatzhaus und die marathonischen Akrothinia in Delphi, in: Forschungen und Funde – Festschrift Bernhard Neutsch, Innsbruck 1980, S. 127–136

26 BAŽANT, JAN Heracles and Athenian hoplites, in: Studies on the use and decoration of Athenian vases (Rozpravy Československé Akademie Věd, Řada Společenských Věd) 91, 1981, Heft 3, S. 23–42

27 s. Anm. 16

28 ASHMOLE, BERNARD und YALOURIS, NICHOLAS Olympia – The sculptures of the temple of Zeus, London 1967; Olympia – von den Anfängen bis zu Coubertin, hg. von Joachim Ebert, Leipzig 1980, S. 32–41

29 GRUNAUER, PETER Zur Ostansicht des Zeustempels, in: X. Bericht über die Ausgrabungen in Olympia, Berlin (West) 1981, S. 256–301

30 ALSCHER, LUDGER Kompositionsgesetze der Olympiameister, in: Mitteilungen des Deutschen Archäologischen Instituts 4, 1951, S. 65–84

31 SCHINDLER, WOLFGANG Der Anteil der griechischen Kunstkreise an der Wandlung von der Archaik zur Klassik in der Vasenmalerei, in: Wiss. Zeitschr. der Humboldt-Univ. Berlin, Ges.-u. sprachwiss. Reihe 2, 1967, S. 221–231

32 ALSCHER Kompositionsgesetze (s. Anm. 30) S. 70–75

33 ALFIERI, NEREO und ARIAS, PAOLO ENRICO Spina – Die neuentdeckte Etruskerstadt und die griechischen Vasen ihrer Gräber, München 1958, Taf. 28/29

34 JEPPESEN, KRISTIAN Eteokleous Symbasis – Nochmals zur Deutung des Niobidenkraters, Louvre G 341, Århus 1968

35 Die Akropolis, aufgen. von Walter Hege, beschr. von Gerhart Rodenwaldt, Berlin 1930, 1934/35², 1937³/1941⁴; BERGER, ERNST Bauwerk und Plastik des Parthenon, in: Antike Kunst 23, 1980, S. 59–100; Parthenon-Kongreß Basel, Referate und Berichte, 4.–8. April 1982, hg. von Ernst Berger, Mainz 1984

36 ZINSERLING, GERHARD Zeustempel zu Olympia und Parthenon zu Athen – Kulttempel? Ein Beitrag zum Raumproblem griechischer Architektur, in: Acta Antiqua Academiae Scientiarum Hungariae 13, 1965, S. 41–80

37 BOARDMAN, JOHN The Parthenon Frieze, in: Parthenon-Kongreß Basel (s. Anm. 35) S. 210–215

38 SCHINDLER, WOLFGANG Bemerkungen zu Bernhard Schweitzers Mythischen Hochzeiten – Eine Interpretation des Bildkreises an dem Epinetron des Eretriameisters, in: Klio 56, 1974, S. 229–232

39 BROMMER, FRANK Die Skulpturen der Parthenon-Giebel, Mainz 1963

40 BERGER, ERNST Die Geburt der Athena im Ostgiebel des Parthenon, Basel 1974 (Studien der Skulpturhalle Basel, Heft 1)

41 BINDER, JUDITH The west pediment of the Parthenon: Poseidon, in: Studies presented to Sterling Dow on his eigthieth birthday, Durham 1984, S. 15–22

42 SIMON, ERIKA Die Mittelgruppe im Westgiebel des Parthenon, in: Tainia. Festschrift für Roland Hampe zum 70. Geburtstag, hg. von Herbert A. Cahn und Erika Simon, Mainz 1980, S. 239–255

43 BROMMER, FRANK Die Metopen des Parthenon, Mainz 1967

44 SIMON, ERIKA Versuch einer Deutung der Südmetopen des Parthenon, in: Jahrbuch des Deutschen Archäologischen Instituts 90, 1975, S. 100–120

45 KNELL, HEINER Perikleische Baukunst, Darmstadt 1979, S. 31

46 WESENBERG, BURKHARDT Perser oder Amazonen? Zu den Westmetopen des Parthenon, in: Archäologischer Anzeiger 1983, Sp. 203–208

47 KNELL Perikleische Baukunst (s. Anm. 45) S. 29–33

48 RODENWALDT, GERHART Köpfe von den Südmetopen des Parthenon, in: Abhandlungen der Deutschen Akademie der Wissenschaften zu Berlin. Philosoph.-hist. Klasse 1945/1946, Nr. 7, Berlin 1948

49 SCHINDLER, WOLFGANG Zur Interpretation mythischer Bildprogramme, in: Wiss. Zeitschr. der Wilhelm-Pieck-Univ. Rostock 34, 1985, G 1, S. 48–50

50 SCHINDLER, WOLFGANG Die Kompositionsgesetze griechischer Vasenmaler aus der 1. Hälfte des 5. Jh. Phil. Diss. (A) Berlin 1962, (Manuskript) S. 8 ff.

51 BUSCHOR, ERNST Griechische Vasen, München 1940, S. 193–195

52 ALSCHER, LUDGER Griechische Plastik II.2, Berlin 1982, S. 134–155

53 BORBEIN, ADOLF H. Polyklet: LORENZ, THURI Polyklet, Wiesbaden 1972; STEUBEN, HANS VON Der Kanon des Polyklet – Doryphoros und Amazone, Tübingen 1973, ders.: Polyklet, in: Göttinger Gelehrte Anzeigen 234, 1982, 3/4, S. 184–241

54 GAUER, WERNER Die Gruppe der ephesischen Amazonen – Ein Denkmal des Perserfriedens, in: Tainia (s. Anm. 42) S. 201–226

55 ALSCHER Griechische Plastik II.2 (s. Anm. 52) S. 46–49; DALTROP, G. und BOL, P. C. Athena des Myron. Frankfurt (Main) 1983

56 ALSCHER a. a. O. S. 47 f.

57 ALSCHER a. a. O. S. 49

58 SCHACHERMEYR, FRITZ Damon, in: Festschrift Franz Altheim, hg. von Ruth Stiehl und Hans Erich Stier, Berlin (West) 1969, Bd. I, S. 192–204

59 RICHTER, LUKAS Zur Frage der Klassik in der griechischen Musikgeschichte, in: Protokoll der Tagung über »Das Problem der Klassik im Alten Orient und in der Antike«, in Halle (Saale) vom 10.–12. Februar 1966, hg. von Bernhard Döhle und Heinrich L. Nickel. Berlin 1967, (Manuskript) S. 151–157, Archiv für Musikwissenschaft 25, 1968, S. 1 ff.

60 ARIAS und HIRMER Tausend Jahre griechische Vasenkunst (s. Anm. 19) Taf. 218

61 ALSCHER, LUDGER Griechische Plastik IV, Berlin 1957, S. 65–69

62 KÄHLER, HEINZ Der große Fries von Pergamon – Untersuchungen zur Kunstgeschichte und Geschichte Pergamons, Berlin 1948; SCHMIDT, EVA-MARIA Der große Altar zu Pergamon, Leipzig 1961; SCHALLES, HANS-JOACHIM Der Pergamonaltar. Zwischen Bewertung und Verwertbarkeit, Frankfurt (Main) 1986. Ein Jahrhundert Forschungen zum Pergamonaltar, Sonderausstellung Nov. 1986 bis April 1987 Berlin

63 KREISSIG, HEINZ Geschichte des Hellenismus, Berlin 1982, 1984², S. 172 bis 176

64 KERTÉSZ, ISTVÁN Der Telephos-Mythos und der Telephos-Fries, in: Oikumene 3, 1982, S. 203–215

65 KERTÉSZ a. a. O.

66 KERTÉSZ a. a. O. S. 211

67 ALSCHER Griechische Plastik IV (s. Anm. 61) S. 94–100

68 KÄHLER Der große Fries (s. Anm. 62) S. 118 ff.; RODENWALDT, GERHART Das Problem der Renaissancen, in: Archäologischer Anzeiger 1931, Sp. 318 bis 338

69 FÜHMANN, FRANZ Das mythische Element in der Literatur, in: Essays, Gespräche, Aufsätze 1964–1981, Rostock 1983, S. 83–140

70 SCHINDLER, WOLFGANG Das griechische Menanderbildnis in der Sicht römischer Kopisten – Eine neue Replik im Privatbesitz eines DDR-Bürgers, in: Wiss. Zeitschr. der Humboldt-Univ. Berlin G 4, 1976, S. 467–474

71 ANDREAE, BERNARD Das Alexandermosaik, Stuttgart 1967

72 HERBIG, REINHARD Neue Beobachtungen am Fries der Mysterien-Villa in Pompeji – Ein Beitrag zur römischen Wandmalerei in Campanien, Baden-Baden 1958; MAIURI, AMADEO La Villa dei Misteri, Rom 1960; CURTIUS, LUDWIG Die Wandmalerei Pompejis, Leipzig 1929, S. 343–376

ÍÍÍÍ

73 FUNKE, HERMANN Sunt lacrimae rerum – Komposition und Ideologie in Vergils Aeneis, in: Klio 67, 1985, S. 224–233

74 ANDREAE, BERNARD Odysseus – Archäologie des europäischen Menschenbildes, Frankfurt (Main) 1982, 1984, S. 69–90

75 SCHINDLER, WOLFGANG Griechischer Mythos als politische Allegorie der Römer – untersucht am Bilderzyklus aus der Iphigeniensage auf dem Bronzekrater in Varna, in: Wiss. Zeitschr. der Humboldt-Univ. Berlin G 4, 1976, S. 475–483; ders. Allegorie der Iulia Augusti als Iphigenie auf dem Bronzekrater in Varna, in: Klio 62, 1980, 99–109; ders. Der Iphigeniekrater in Varna – ein Restitutionsstück, in: Thracia 7, 1985, S. 123–134

76 GRIMM, GÜNTER Zum Bildnis der Iulia Augusti, in: Römische Mitteilungen 80, 1973, S. 279–282

77 Ausgehend von morphologischen Untersuchungen des Kraters schlägt eine ähnliche Datierung vor: CURTIUS, LUDWIG Orest und Iphigenie in Tauris, in: Römische Mitteilungen 49, 1934, S. 247–294

78 SCHINDLER, WOLFGANG Iulia Augusti im Spiegel ihrer politischen Allegorien, in: Concilium Eirene 16, Prag 1983, Bd. 2, S. 40–45

79 SIMON, ERIKA Die Portlandvase, Mainz 1957

80 POLACCO, LUIGI Osservazioni itorno al Vaso Portland, in: Athenaeum – Studi Periodici di Letteratura e Storia dell'Antichità N.S. 36, 1958, S. 123–141

81 KÜNZL, ERNST Der augusteische Silbercalathus im Rheinischen Landesmuseum Bonn, in: Bonner Jahrbücher 169, S. 321–292

82 LUNDSTRØM, S. Ovids Metamorphosen und die Politik des Kaisers, Stockholm 1980

83 MORETTI, GIUSEPPE Ara Pacis Augustae, Rom 1948; OPPERMANN, MANFRED Römische Kaiserreliefs, Leipzig 1985, S. 16–19

84 CONTICELLO, BALDASSARE und ANDREAE, BERNARD Die Skulpturen von Sperlonga, Berlin (West) 1974 (Antike Plastik XIV); ANDREAE Odysseus … (s. Anm. 74) S. 103–198

85 KÄHLER, HEINZ Die Augustusstatue von Primaporta, Köln 1959 (Monumenta Artis Romanae I); SIMON, ERIKA Der Augustus von Prima Porta, Bremen 1959 (Opus Nobile 13); ZINSERLING, GERHARD Der Augustus von Primaporta als offiziöses Denkmal, in: Acta Antiqua Academiae Scientiarum Hungaricae 15, 1967, S. 327–339; SCHINDLER, WOLFGANG Römische Kaiser – Herrscherbild und Imperium, Leipzig 1986, S. 32–38

86 LORENZ, THURI Polyklet, Wiesbaden 1972; STEUBEN, HANS VON Der Kanon des Polyklet – Doryphoros und Amazone, Tübingen 1973; ALSCHER Griechische Plastik II.2. (s. Anm. 52) S. 84–94

87 SCHINDLER, WOLFGANG Der Doryphoros des Polyklet – Gesellschaftliche Funktion und Bedeutung, in: Der Mensch als Maß der Dinge – Studien zum griechischen Menschenbild in der Zeit der Blüte und Krise der Polis, hg. von Reimar Müller, Berlin 1976, S. 219–237

88 VERMEULE, CORNELIUS Augustan and Iulio-Claudian court silver, in: Antike Kunst 6, 1983, S. 33–40, Taf. 12, 5+6; 13, 1+2; SIMON Die Portlandvase (s. Anm. 79) Taf. 37

89 SCHINDLER Römische Kaiser (s. Anm. 85) S. 78 f.

90 CALDER III., WILLIAM M. Seneca – Tragedian of Imperial Rome, in: The Classical Journal 72, 1976, S. 1–11

91 HACKS, PETER Seneca-Essay, in: Neue Deutsche Literatur 6, 1978, S. 61 bis 80

92 SCHINDLER, WOLFGANG Peter Hacks' Seneca-Essay – Anfragen, Bemerkungen, in: Wiss. Beiträge der Martin-Luther-Univ. Halle »Zur Rezeption des Altertums in modernen literarischen Werken«, 1980/36 (F 23), Halle (Saale), 1980, S. 69–84

93 MÜLLER, REIMAR Philosophie und Staat (Das Problem der Lebensform in Ciceros Staatsschrift und Senecas de otio), in: Studien zur Geschichte und Philosophie des Altertums. Budapest 1968, S. 121–134

94 HASSEL, FRANZ JOSEF Der Trajansbogen in Benevent – Ein Bauwerk des römischen Senats, Mainz 1966; SIMON, ERIKA Die Götter am Trajansbogen zu Benevent, in: 1./2. Trierer Winckelmannsprogramm 1979/1980, Mainz 1981; OPPERMANN Kaiserreliefs (s. Anm. 83) S. 79–104

95 SCHINDLER, WOLFGANG Umbildungen klassisch-griechischer Vorbilder durch die Römer – Eine Replik der Ildefonsogruppe, in: Wiss. Zeitschr. der Humboldt-Univ. Berlin G 4, 1976, S. 457–465

96 PREISSHOFEN, FRIEDRICH und ZANKER, PAUL Reflex einer eklektischen Kunstanschauung beim Auctor ad Herrenium, in: Dialoghi di Archeologia 1, 1970/1971, S. 100–119

97 ZANKER, PAUL Klassizistische Statuen – Studien zur Veränderung des Kunstgeschmacks in der römischen Kaiserzeit, Mainz 1974, S. 28–30; SCHINDLER Umbildungen (s. Anm. 95) S. 459

98 IWAS, WALTER Das Kompositionsschema der Gruppe Ildefonso als Beispiel römischer Gruppenbildung, in: Wiss. Zeitschr. der Humboldt-Univ. Berlin G 4, 1976, S. 485–488

99 KRAUS, THEODOR Das Bildnis des Antinous, in: Römische Porträts (Wege zur Forschung CCCXLVIII), Darmstadt 1974, S. 403–424

100 GRUMACH, ERNST Goethe und die Antike – Eine Sammlung, Potsdam 1949, Bd. II, S. 490

101 OPPERMANN Kaiserreliefs (s. Anm. 83) S. 146–151

102 SCHINDLER Römische Kaiser (s. Anm. 85) S. 153; (Herodian 4,2)

103 SCHINDLER Römische Kaiser (s. Anm. 78) S. 133 f.; KLEIN, RICHARD Die Romrede des Aelius Aristides – Einführung, Darmstadt 1981

104 SCHINDLER, WOLFGANG Klassizismus – ein Krisensymptom des 3. Jh. u. Z.? in: Protokollband der Hallenser Tagung zu Problemen der Krise des römischen Imperiums im 3. Jh. u. Z. im November 1984

105 ALFÖLDI, ANDREAS Die Vorherrschaft der Pannonier im Römerreiche und die Reaktion des Hellenentums unter Gallienus, in: Fünfundzwanzig Jahre Römisch-Germanische Kommission, Berlin/Leipzig 1929, S. 11–51, Nachdruck in: Studien zur Geschichte der Weltkrise des 3. Jh. u. Z., Darmstadt 1967, S. 228–284

106 ROSENBACH, MANFRED Galliena Augusta – Einzelgötter und Allgott im gallienischen Pantheon, Tübingen 1958

107 HAYNES, SIBYLLE Drei neue Silberbecher im Britischen Museum, in: Antike Kunst 4, 1961, S. 30 ff.

Literatur

Allgemeine Geschichte und Kulturgeschichte

ALFÖLDI, ANDREAS Studien zur Geschichte der Weltkrise des 3. Jahrhunderts nach Christus, Darmstadt 1967

ALFÖLDI, GÉZA Römische Sozialgeschichte, Wiesbaden 1975

Aufstieg und Niedergang der römischen Welt – Geschichte und Kultur im Spiegel der neueren Forschung, hg. von Hildegard Temporini, I.1–4, II.1–12, Berlin (West) 1972–1985

BENGTSON, HERMANN Griechische Geschichte von den Anfängen bis in die römische Kaiserzeit, München 1969[4] (Handbuch der Altertumswissenschaft III.4)

BENGTSON, HERMANN Grundriß der römischen Geschichte, München 1970[2] (Handbuch der Altertumswissenschaft III.5,1)

DIETER, HORST/GÜNTHER, RIGOBERT Römische Geschichte bis 476, Berlin 1979

EHRENBERG, VICTOR Aristophanes und das Volk von Athen – Eine Soziologie der altattischen Komödie, Zürich/Stuttgart 1968

EHRENBERG, VICTOR Sophokles und Perikles, München 1956

FINLEY, MOSES I. The ancient economy, Berkeley/Los Angeles 1973 (Sather Classical Lectures 43)

FISCHER Weltgeschichte 5 Griechen und Perser, hg. von Hermann Bengtson, Frankfurt (Main)/Hamburg 1965

FISCHER Weltgeschichte 8 Das Römische Reich und seine Nachbarn, hg. von Fergus Millar, Frankfurt (Main) 1966

GESCHE, HELGA Rom – Welteroberer und Weltorganisator, München 1981

GIGON, OLOF/WOTSCHITZKY, ALFONS Die Kultur des klassischen Altertums, Frankfurt (Main) 1969 (Handbuch der Kulturgeschichte)

GRANT, MICHAEL Roms Cäsaren, München 1975

Griechische Geschichte bis 146 v. u. Z., hg. von einem Autorenkollektiv unter Leitung von Heinz Kreißig, Berlin 1978

HARTKE, WERNER Römische Kinderkaiser – Eine Strukturanalyse römischen Denkens und Daseins, Berlin 1951, 1972

Hellenische Poleis – Krise, Wandlung, Wirkung, hg. von Elisabeth Ch. Welskopf, I bis IV, Berlin 1974

KAHRSTEDT, ULRICH Kulturgeschichte der römischen Kaiserzeit, Bern 1958[2]

KLEIN, RICHARD Prinzipat und Freiheit, Darmstadt 1969 (Wege der Forschung CXXXV)

Kulturgeschichte der Antike, hg. von einem Autorenkollektiv unter Leitung von Reimar Müller. I: Griechenland, Berlin 1976, II: Rom, Berlin 1978

MEIER, CHRISTIAN Die Ohnmacht des allmächtigen Dictators Caesar, Frankfurt (Main) 1980

MEIER, CHRISTIAN Res publica amissa – Eine Studie zu Verfassung und Geschichte der späten römischen Republik, Wiesbaden 1966, Frankfurt (Main) 1980

Der Mensch als Maß der Dinge – Studien zum griechischen Menschenbild in der Zeit der Blüte und Krise der Polis, hg. von Reimar Müller, Berlin 1976

MOMMSEN, THEODOR Römische Geschichte 1–3, 5, Leipzig 1854–1856, 1885; München 1976

ROSTOVTZEFF, MICHAEL Gesellschaft und Wirtschaft im römischen Kaiserreich, übers. aus dem Engl., Leipzig 1931

SCHTAJERMAN, E. M. Die Krise der Sklavenhalterordnung im Westen des Römischen Reiches, übers. aus dem Russ., Berlin 1964

SEYFARTH, WOLFGANG Römische Geschichte – Kaiserzeit, 2 Bde. Berlin 1974, 1980[3]

Soziale Typenbegriffe im alten Griechenland und ihr Fortleben in den Sprachen der Welt, hg. von Elisabeth Ch. Welskopf, Berlin Bd. 1, 1985; 2, 1985; 3, 1981; 4, 1981; 5, 1981; 6, 1982; 7, 1982

SYME, RONALD Die römische Revolution, übers. aus dem Engl., Stuttgart 1957

UTSCHENKO, S. L. Cicero, übers. aus dem Russ., Berlin 1978

UTSCHENKO, S. L. Caesar, übers. aus dem Russ., Berlin 1982

WELLS, COLIN Das römische Reich, übers. aus dem Engl., München 1985

WILCKEN, ULRICH Griechische Geschichte im Rahmen der Altertumsgeschichte, Berlin 1958, 1962[2]

Literatur, Philosophie, Lebensweise

BIEBER, MARGARETE The history of the Greek and Roman theatre, Princeton (New Jersey) 1939, 1961[2], 1971[3]

DEUBNER, LUDWIG Attische Feste, Berlin 1932, Hildesheim 1966[2]

ESCHEBACH, HANS Pompeji – Erlebte antike Welt, Leipzig 1978

FLEISCHHAUER, GÜNTER Musikgeschichte in Bildern: Etrurien und Rom, Leipzig 1964

Geschichte der griechischen Literatur, hg. von Wilhelm Schmid/Otto Stählin, München 1.2 1934 (1959); 1.3,1 1940 (1961); 1.4 1946 (1959); 1.5 1948 (1964) (Handbuch der Altertumswissenschaft VII.1,2–5)

Geschichte der römischen Literatur, hg. von Martin Schanz/Carl Hosius/Gustav Krüger, München 1–2 1927[4] bis 1935; 3 1922[3]; 4,1 1914[2]; 4,2 1920 (Handbuch der Altertumswissenschaft VIII)

JÜRSS, FRITZ Geschichte des wissenschaftlichen Denkens im Altertum, Berlin 1982

KALLISTOW, D.P. Antikes Theater, übers. aus dem Russ., Leipzig 1974

KRANZ, WALTHER Geschichte der griechischen Literatur, Leipzig 1958[3]

KRANZ, WALTHER Die griechische Philosophie, Leipzig 1941, 1986[2]

LEFÈVRE, ECKARD Senecas Tragödien, Darmstadt 1972 (Wege der Forschung CCCX)

LESKY, ALBIN Geschichte der griechischen Literatur, Bern/München 1963[3]

MARQUARDT, JOACHIM/MAU, AUGUST Das Privatleben der Römer, Leipzig 1886[2] – 1888

MAU, AUGUST Pompeji in Leben und Kunst, Leipzig 1908[2]

MAURACH, GREGOR Römische Philosophie, Darmstadt 1976 (Wege der Forschung CXCIII)

PICKARD-CAMBRIDGE, ARTHUR WALLACE The dramatic festivals of Athens, Oxford 1953, 1968[2]

SARKADY, JÁNOS Reise in das alte Athen, Leipzig 1974

SCHOTTLAENDER, RUDOLPH Römisches Gesellschaftsdenken – Die Zivilisierung einer Nation in der Sicht ihrer Schriftsteller, Weimar 1969

THOMSON, GEORGE Aischylos und Athen – Eine Untersuchung der gesellschaftlichen Ursprünge des Dramas, übers. aus dem Engl., Berlin 1957, 1979[2], Berlin (West) 1980

THOMSON, GEORGE Die ersten Philosophen, übers. aus dem Engl., Berlin 1961, Berlin (West) 1980

TRENCSÉNYI-WALDAPFEL, IMRE Die Töchter der Erinnerung – Götter- und Heldensagen der Griechen und Römer, mit einem Ausblick auf die vergleichende Mythologie, Berlin 1964

ÜRÖGDI, GEORG Reise in das alte Rom, Leipzig 1969[2]

WEGNER, MAX Musikgeschichte in Bildern: Griechenland, Leipzig 1970[2]

ZINSERLING, VERENA Die Frau in Hellas und Rom, Leipzig 1972

Religion, Mythos und Mythologie

ALTHEIM, FRANZ Griechische Götter im alten Rom, Gießen 1930

ALTHEIM, FRANZ Römische Religionsgeschichte, Baden-Baden 1951

ALTHEIM, FRANZ Römische Religionsgeschichte, 2 Bde., Berlin/Leipzig 1956[2]

BAILEY, C. Phases in the religion of ancient Rome, Berkeley 1932

BAYET, J. Histoire politique et psychologique, Paris 1957

BRELICH, A. Gli eroi greci. Un problema storico-religioso, Roma 1958

BURKERT, WALTER Griechische Religion der archaischen und klassischen Epoche, Stuttgart 1977

BURKERT, WALTER Homo necans – Interpretation altgriechischer Opferriten und Mythen, Berlin (West)/New York 1972

COOK, A.B. Zeus – A study in ancient religion, Cambridge I. 1914; II. 1925; III. 1940

CUMONT, FRANZ Die orientalischen Religionen im römischen Heidentum, Leipzig/Berlin 1931[3]

CUMONT, FRANÇOIS Recherches sur le symbolisme funéraire des Romains, Paris 1942

FESTUGIÈRE, A.J. Personal religion among the Greeks, Berkeley/Los Angeles 1954

FITTSCHEN, KLAUS Untersuchungen zum Beginn der Sagendarstellungen bei den Griechen, Berlin 1969

FRAZER, J.G. The golden bough – a study in magic and religion, 12 Bde., London 1925–1930[3]

GRANT, FREDERICK C. Ancient Roman religion, Indianapolis 1957

GRANT, FREDERICK C. Hellenistic religions, Indianapolis 1953

GRANT, MICHAEL Myths of the Greek and Romans, London 1962

GRENIER, A. Les religions étrusque et romaine, Paris 1948

HAMDORF, F.W. Griechische Kultpersonifikationen der vorhellenistischen Zeit, Mainz 1964

KERÉNYI, KARL Die Mythologie der Griechen – Die Götter- und Menscheitsgeschichten, Zürich 1951

KERN, OTTO Die Religion der Griechen, Berlin I. 1926; II. 1935; III. 1938

LATTE, KARL Römische Religionsgeschichte, München 1960 (Handbuch der Altertumswissenschaft V.4)

NESTLE, WILHELM Vom Mythos zum Logos, Stuttgart 1940

NILSSON, MARTIN P. Geschichte der griechischen Religion I: Bis zur griechischen Weltherrschaft, München 1941, 1955[2], 1967[3]; II: Die hellenistische und römische Zeit, München 1969[2] (Handbuch der Altertumswissenschaft V.2)

NOCK, ARTHUR DORBY Essays on religion and the ancient world, 2 Bde., 1985

OTTO, WALTER F. Gesetz, Urbild und Mythos, Stuttgart 1951

PÉPIN, J. Mythe et allégorie, Paris 1958

PFISTER, FRIEDRICH Die Religion der Griechen und Römer, mit einer Einführung in die vergleichende Religionswissenschaft, Leipzig 1930

PIPPIDI, D.M. Recherches sur le culte impérial, Bucarest 1939

RADERMACHER, LUDWIG Mythos und Sage bei den Griechen, Wien 1938, 1942[2]

RANKE-GRAVES, ROBERT Griechische Mythologie, 2 Bde., Hamburg 1968

ROSE, HERBERT J. A handbook of Greek mythology, London 1928, 1953[5]

ROSE, HERBERT J. Griechische Mythologie – Ein Handbuch, übers. aus dem Engl. München 1974[4]

ROSE, HERBERT J. Modern methods in classical mythology, St. Andrews 1930

SCHEFOLD, KARL Frühgriechische Sagenbilder, München 1964

SCHEFOLD, KARL Die Göttersage in der klassischen und hellenistischen Kunst, München 1981

SCHEFOLD, KARL Götter- und Heldensagen der Griechen in der spätarchaischen Kunst, München 1978

SCHEFOLD, KARL Griechische Kunst als religiöses Phänomen, Hamburg 1959[2]

SCHEFOLD, KARL Römische Kunst als religiöses Phänomen, Hamburg 1964

SNELL, BRUNO Die Entstehung des geschichtlichen Bewußtseins, in: Die Entdek-kung des Geistes – Studien zur Entstehung des europäischen Denkens bei den Griechen, Hamburg 1948[2], 1955[3]

SNELL, BRUNO Mythos und Wirklichkeit in der griechischen Tragödie, in: Antike 20, 1944, S. 115–113

STEUBEN, HANS VON Frühe Sagendarstellungen in Korinth und Athen, Berlin (West) 1968

TAYLOR, LILY ROSS The divinity of the Roman emperors, Middletown 1931

WALTER, HANS Vom Sinnwandel griechischer Mythen, Waldsassen 1959

WEIMANN, ROBERT Literaturgeschichte und Mythologie, Berlin/Weimar 1972

WILAMOWITZ-MOELLENDORF, ULRICH VON Der Glaube der Hellenen, Berlin I. 1931; II. 1932

WISSOWA, GEORG Religion und Kultus der Römer, München 1912[2]

Kunst ALPATOW, MICHAEL W. Geschichte der Kunst, I: Die Kunst der Alten Welt und des Mittelalters, übers. aus dem Russ., Dresden 1961

ANDREAE, BERNARD Römische Kunst, Freiburg 1973 (Ars Antiqua 5)

ARIAS, PAOLO ENRICO/HIRMER, MAX Tausend Jahre griechische Vasenkunst, München 1960

BERVE, HELMUT/GRUBEN, GOTTFRIED Griechische Tempel und Heiligtümer, München 1961

BIANCHI BANDINELLI, RANUCCIO Rom – Das Ende der Antike, übers. aus dem Italien., München 1971

BIANCHI BANDINELLI, RANUCCIO Rom – Das Zentrum der Macht, übers. aus dem Italien., München 1970

BIANCHI BANDINELLI, RANUCCIO Die römische Kunst (Text der beiden o.g. Bände), übers. aus dem Italien., München 1975, Dresden 1983

BOARDMAN, JOHN/DÖRIG, JOSÉ/FUCHS, WERNER/HIRMER, MAX Die grie-chische Kunst, München 1966

BROMMER, FRANK Die Parthenon-Skulpturen – Metopen, Fries, Giebel, Kultbild, Mainz 1979

FRANKE, PETER R./HIRMER, MAX Die griechische Münze, München 1964

GRUBEN, GOTTFRIED Die Tempel der Griechen, München 1966

HÖLSCHER, TONIO Griechische Historienbilder des 5. und 4. Jahrhunderts v. Chr., Würzburg 1973

KÄHLER, HEINZ Rom und sein Imperium, Baden-Baden 1962, 1980[4]

KÄHLER, HEINZ Rom und seine Welt – Bilder zur Geschichte und Kultur 1–2, Mün-chen 1958/1960

KENT, JOHN P. C./OVERBECK, BERNHARD/STYLOW, ARMIN U. Die römische Münze, München 1972

KOCH, GUNTRAM/SICHTERMANN, HELLMUT Römische Sarkophage, München 1982 (Handbuch der Archäologie)

KRAUS, THEODOR Das römische Weltreich, Berlin (West) 1967 (Propyläen Kunstgeschichte 2)

LULLIES, REINHARD/HIRMER, MAX Griechische Plastik von den Anfängen bis zum Ausgang des Hellenismus, München 1960^2

MEYER, HUGO Kunst und Geschichte – Zur antiken Historienkunst, München 1983

MUSIOLEK, PETER/SCHINDLER, WOLFGANG Klassisches Athen, Leipzig 1980

NASH, ERNEST Bildlexikon zur Topographie des antiken Rom 1–2, Tübingen 1961/1962

NASH, ERNEST/CURTIUS, LUDWIG/NAWRATH, ALFRED Das antike Rom, Wien/München 1970^5

NIEMEYER, HANS GEORG Studien zur statuarischen Darstellung der römischen Kaiser, Berlin (West) 1968 (Monumenta artis Romanae VII)

L'ORANGE, HANS PETER Apotheosis in ancient portraits, Oslo 1947

OPPERMANN, MANFRED Römische Kaiserreliefs, Leipzig 1985

PAUL, EBERHARD Antikes Rom, Leipzig 1970

RIWKIN, BORIS I. Kunst der antiken Welt, übers. aus dem Russ., Dresden 1972

ROHDE, ELISABETH Griechische und römische Kunst in den Staatlichen Museen zu Berlin, Berlin 1968

ROHDE, ELISABETH Pergamon – Burgberg und Altar, Berlin 1982

Römisches Porträt – Wege zur Erforschung eines gesellschaflichen Phänomens, hg. von Wolfgang Schindler, in: Wiss. Zeitschr. der Humboldt-Univ. Berlin G 2/3, 1982, S. 123–410

SCHINDLER, WOLFGANG Römische Kaiser – Herrscherbild und Imperium, Leipzig 1986

TECHNAU, WERNER Die Kunst der Römer, Berlin 1940

THOMAS, EBERHARD Mythos und Geschichte – Untersuchungen zum historischen Gehalt griechischer Mythendarstellungen, Köln 1976

TRAVLOS, JOHN Bildlexikon zur Topographie des antiken Athen, Tübingen 1971

WEGNER, MAX Das römische Herrscherbild, Berlin II.4 1939; II.3 1956; III.1 1971; III.3 1979; III.4 1984; III.5 1985; IV. 1982

ZINSERLING, GERHARD Abriß der griechischen und römischen Kunst, Leipzig 1977, 1982^4

Atlanten, Lexika

Atlas zur Geschichte I: Von den Anfängen der menschlichen Gesellschaft bis zum Vorabend der Großen Sozialistischen Oktoberrevolution 1917, Gotha/Leipzig 1973

Großer historischer Weltatlas, hg. vom Bayerischen Schulbuch-Verlag I: Vorgeschichte und Altertum, München 1953

Der Kleine Pauly – Lexikon der Antike, hg. von Konrat Ziegler u. Walter Sontheimer, I–V, Stuttgart 1964–1975, München 1979

Lexikon der Alten Welt, hg. von einem Autorenkollektiv, Zürich/Stuttgart 1965

Lexikon der Antike, hg. von J. Johannes Irmscher, Leipzig 1971, 1982[5]
Lexikon der Kunst, hg. von einem Autorenkollektiv, I–V, Leipzig 1968–1979, Berlin (West) 1984

speziell
zur Mythologie

HUNGER, HERBERT Lexikon der griechischen und römischen Mythologie, Wien 1953, 1959[5]
JACOBI, EDUARD Handwörterbuch der griechischen und römischen Mythologie, Leipzig 1847
PRELLER, LUDWIG/ROBERT, CARL Griechische Mythologie, Berlin 1887[4]–1926
ROSCHER, WILHELM H. Ausführliches Lexikon der griechischen und römischen Mythologie I–VI, Leipzig/Berlin 1884–1937, Hildesheim 1965

Bildnachweis

Bernard Andreae, Marburg 123, 124
Archäologisches Nationalmuseum, Ferrara 1
William Musgrave Calder III, Boulder/ Colorado 72, 73
Deutsches Archäologisches Institut, Rom 130
Getty Museum, Malibu 138
Thea Henkel, Berlin 4, 8, 9, 15, 17, 20, 24, 29, 33, 38, 39, 46, 51, 53, 54, 59, 61, 62, 63, 65, 74, 75, 79, 83, 87, 98, 99, 100, 101, 113, 114, 118, 120, 121, 122, 125, 129, 141, 144, 145
Hirmer Fotoarchiv, Hirmer Verlag, München 43, 44, 48, 49
Landschaftsverband Rheinland,
Rheinisches Landesmuseum, Bonn 119
Nationalmuseum, Kopenhagen 131
Ny Carlsberg Glyptothek, Kopenhagen 133, 134
Joachim Petri, Leipzig 3, 5, 6, 7, 10, 12, 16, 21, 22, 25, 26, 28, 32, 34, 35, 40, 41, 45, 47, 50, 52, 55–58, 60, 64, 66–71, 76–78, 80–82, 84–86, 88–97, 110–112, 126–128, 132, 135, 139
Scala, Florenz 102–109
Wolfgang Schindler, Berlin 11, 13, 15, 18, 19, 23, 27, 36, 37, 42, 115, 116, 117, 136, 137, 140, 143
Reinhart Schmitt, Halle 142
Staatliche Museen zu Berlin 146

Folgende Abbildungen entnahmen wir nachstehenden Veröffentlichungen:

Andreae, B., Odysseus – Archäologie des europäischen Menschenbildes, Frankfurt (Main) 1982 110
Antike Kunst 20, Bern 1977, Heft 2 57, 58
Antike Plastik XIV, Berlin (West) 1974 114, 125
Archäologischer Anzeiger, Berlin 1908 59
Arias, P. E. und M. Hirmer, Tausend Jahre Griechische Vasenkunst München 1960 66
Bonner Jahrbücher 169, 1969 113
Buschor, E., Griechische Vasen, München 1940 5 und Motiv des Einbandes
Corpus Vasorum Antiquorum, Bologna, Museo Civico 1957 60
Döhl, H., Heinrich Schliemann – Mythos und Ärgernis, München/Luzern 1981 4
Furtwängler, A. und K. Reichhold, Griechische Vasenmalerei I–III, München 1904/05, 1932 17, 53, 54

Hampe, R., Die Gleichnisse Homers und die Bildkunst seiner Zeit, Tübingen 1952 6

Haynes, D. E. L., The Portlandvase, London 1964 112

Herrmann, P. und F. Bruckmann, Denkmäler der Malerei des Altertums, München 1929 62, 63

Kähler, H., Die Augustusstatue von Primaporta, Köln 1959 129

Karo, G., Die Schachtgräber von Mykenai, München 1930/33 7

Maiuri, A., La Villa dei Misteri, Rom 1960 87

Marinatos, S., Thera VI, Athen 1974 8, 9

Rodenwaldt, G., Die Bildwerke des Artemistempels von Korkyra, Berlin 1939 28

Rodenwaldt, G. und W. Hege, Olympia, Berlin 1936 30, 31, 32

Römische Mitteilungen 80, Mainz 1973 111

Schliemann, H., Mykene, Leipzig 1878 3

Selbstbiographie, hg. von S. Schliemann, Wiesbaden 1968[10] 2

Simon, E., Die Portlandvase, Mainz 1957 118

Wiener Vorlegeblätter, Conze 1 61

Martin-Luther-Universität, Archiv des Robertinums, Halle 132

Humboldt-Universität, Bereich Klassische Archäologie, ehem. Winckelmann-Institut, Berlin 10, 12, 14, 16, 22, 24, 25, 26, 29, 33, 34, 35

38, 39, 40, 41, 45, 46, 47, 50, 51, 55, 56, 64, 65, 67, 68, 69, 70, 71, 74, 75, 76, 77, 79, 80, 81, 82, 83, 84, 85, 86, 88, 89, 90, 91, 92, 93, 94, 95, 96, 97, 98, 99, 100, 101, 120, 121, 122, 126, 127, 128, 135, 139, 141, 144

Folgende Institutionen stellten uns Vorlagen zur Reproduktion zur Verfügung

Die Textabbildungen 30 und 31 zeichnete Britta Matthies.

Die Karte Abbildung 2 fertigte Jens Borleis.